Claus Schweitzer

Traumhotels
für wenig Geld

215 Geheimtipps mit Charme und Charakter
Schweiz und Nachbarländer

AT Verlag

8. Auflage, 2011

© 2011
AT Verlag, Aarau und München
Umschlagbild vorne: Relais Villa Belpoggio, Toskana (Seite 230)
Fotos: Mehrheitlich von Claus Schweitzer, vereinzelte wurden uns mit freundlicher
Genehmigung von den vorgestellten Adressen zur Verfügung gestellt.
Karte (Klappe): Atelier Guido Köhler & Co., Binningen
Bildaufbereitung: Vogt-Schild Druck, Derendingen
Druck und Bindearbeiten: AZ Druck und Datentechnik, Kempten
Printed in Germany

ISBN 978-3-03800-585-8

www.at-verlag.ch

Inhalt

6 Editorial

8 **Schweiz**
9 Graubünden
40 Nord- und Ostschweiz, Zürichsee, Bodensee
64 Zentralschweiz, Vierwaldstättersee
72 Berner Oberland und Emmental
88 Dreiseenland, Freiburg, Jura
102 Genfersee
114 Wallis
128 Tessin

142 **Süddeutschland**
143 Markgräflerland, Schwarzwald, Baden-Württemberg
150 Allgäu, Bayern

163 **Österreich**
164 Vorarlberg, Bregenzerwald, Kleinwalsertal
174 Tirol

182 **Italien**
183 Südtirol
200 Lombardei
210 Piemont und Ligurien
223 Toskana und Umbrien

238 **Frankreich**
239 Savoyen
242 Provence
255 Burgund und Franche-Comté
260 Elsass und Vogesen

269 Die Hotels von A bis Z

Editorial

Geniesser im Glück: Traumhotels, die gar nicht so teuer sind

Die Frage, die mir als Reisejournalist von Freunden und Bekannten am meisten gestellt wird, lautet: «Kennst du ein schönes, bezahlbares Hotel in ...?»

Hotels, die grossen Ansprüchen und normalen Geldbeuteln gerecht werden, sind mehr denn je gefragt. Und seit der ersten Auflage dieses erfolgreichen Führers im Jahr 2004 ist entsprechend auch das Angebot guter, erschwinglicher Hotels kontinuierlich gewachsen.

Für die vorliegende Ausgabe bin ich Ihnen erneut vorausgereist und habe eine Vielzahl der unterschiedlichsten Unterkünfte von Graubünden bis zum Genfersee, vom Bregenzerwald bis in die Toskana und vom Tirol bis in die Provence getestet. Tausende von enttäuschenden Hotelerfahrungen in Häusern ohne Persönlichkeit und ohne das gewisse Etwas musste ich machen, um die wahren Perlen zu finden. 215 Traumhotels, die zu moderaten Preisen Gastfreundschaft, Stil und verlässlich gute Qualität bieten, sind in diesem Buch versammelt – davon sind 96 bezahlbare Topadressen erstmals aufgenommen.

In jedem der beschriebenen Hotels ist das Standard-Doppelzimmer (für zwei Personen während der Hochsaison) zu weniger als 300 Franken beziehungsweise 230 € erhältlich. Rund die Hälfte der präsentierten Hotels bietet sogar Doppelzimmer unter 222 Franken beziehungsweise 170 € in der Hauptsaison an – diese sind mit einer Münze speziell gekennzeichnet.
Jedes Haus hat seine Stärken und Schwächen, die mit dem einheitlichen

Bewertungsschema für Sie klar ersichtlich sind. Die Bewertungen in den Kategorien Ambiance, Lage, Service, Zimmer, Küche und Freizeitangebot reichen von ★ (schwach) bis ★★★★★★ (einmalig). Die Hotels konnten weder die Aufnahme ins Buch noch die Beschreibung finanziell oder inhaltlich beeinflussen.

Ob am See oder in den Bergen, ob cool, familiär oder romantisch: Die Hotels auf den folgenden Seiten mögen nicht immer jedermanns Geschmack treffen, sie sind aber alle in ihrer Art und in ihrer Klasse perfekt. Überall erwartet Sie das gute Gefühl, an einem besonderen Ort mit besonderen Menschen zu verweilen. Und beim Auschecken können Sie sich darüber freuen, dass Sie für den durchwegs angenehmen Hotelaufenthalt nicht Ihr Konto plündern müssen.

Claus Schweitzer

Schweiz

Graubünden

Neu Piz Tschütta 1
CH-7557 Vnà

Tel. +41 (0)81 860 12 12
Fax +41 (0)81 860 12 15
www.hotelvna.ch
info@hotelvna.ch
Anfang Februar bis Ende Oktober und Mitte Dezember bis Anfang Januar geöffnet

Preise
EZ 119–154 CHF
DZ 198–268 CHF
inklusive Frühstück

Vnà, drei kurvige Kilometer oberhalb Ramosch gelegen, könnte einem Bildband mit dem Titel «Unsere heile Schweiz» entstammen. Viel Originalarchitektur mit Patina, viel Sonne und Aussicht, kaum gesichtslose Betonbauten. Mitten im Siebzig-Seelen-Bergdorf steht das «Piz Tschütta», ein stattliches historisches Gebäude, das behutsam zum kleinen Gast- und Kulturhaus umfunktioniert wurde. Ohne sich bei der Engadiner Heimatarchitektur anzubiedern, setzen die teilweise avantgardistischen Neuerungen die architektonische Sprache und das Gefühl der Region dennoch hervorragend um. Neben dem Angebot von neun Gästezimmern, Restaurant, Laden und verschiedenen kulturellen Veranstaltungen koordiniert das «Piz Tschütta» auch weitere Zimmer und private Ferienwohnungen im Dorf – im kleinen Vnà sind die Distanzen nicht grösser als in einem grossen Hotel.

Ambiance: ★★★★★☆
Musterbeispiel für sanften, nachhaltigen Tourismus. Im Sommer 2008 wurde das Gast- und Kulturhaus als Motor und Herz des Dorfes neu belebt. Im Zentrum des Geschehens steht die einladende «Ustaria», wo sich Einheimische und Hotelgäste treffen.

Lage: ★★★★☆☆
Am Dorfplatz des authentischen Bergdorfs, auf 1650 Meter über Meer.

Service: ★★★☆☆☆
Freundlich und hilfsbereit, aber nicht immer zur Stelle wie in einem grösseren Hotel.

Zimmer: ★★★☆☆☆
9 sehr unterschiedliche Gästezimmer im Haupthaus. Vermietung weiterer Zimmer und privater Ferienwohnungen im Ort – besonders schön ist die Zweizimmer-

wohnung im Erdgeschoss der ehemaligen Sennerei am Dorfeingang («Chascharia»), mit Bündner Flair in alten Mauern, Schiefer- und Parkettböden sowie imposantem Ausblick auf die Engadiner Dolomiten (www.chascharia.ch).

Küche: ★★★★☆☆
Lokal, liebevoll, lecker kommt hier alles auf den Tisch. Das dreigängige Mittagsmenü kostet zwischen 25 und 30 Franken.

Freizeitangebot: ★☆☆☆☆☆
Regelmässig Ausstellungen, Konzerte und Kurse (Romanisch lernen, Malen, Wildbeobachtung usw.). Jeden Mittwoch «Kinder- und-Eltern-Abend» von 18.30 bis 20.30 Uhr: Die Kinder gehen unter Aufsicht auf Entdeckungsreise, und die Eltern geniessen einen «kinderfreien» kulinarischen Abend.

Anfahrt: Landstrasse Scuol–Martina bis Ramosch, dort nach Vnà abbiegen und auf kurviger Strasse hinauf ins Dorf. Das «Piz Tschütta» liegt mitten im Ort und ist nicht zu verfehlen.

Belvédère 2
CH-7550 Scuol

Tel. +41 (0)81 861 06 06
Fax +41 (0)81 861 06 00
www.belvedere-scuol.ch
info@belvedere-scuol.ch
Ganzjährig geöffnet

Preise
EZ 160–290 CHF
DZ 280–650 CHF
inklusive Halbpension

Das Jugendstilhotel aus dem Jahr 1876 wurde für die Zukunft flottgemacht und erfreut mit einer unkomplizierten Ferienatmosphäre, in der sich die verschiedenen Gästegenerationen zwanglos mischen. Insbesondere die Zimmer und die Lounge im modernen Ala-Nova-Trakt erfüllen auch höhere ästhetische Ansprüche. Mit einem Blick aufs Kleine und Ambitionen aufs Grosse sorgt Kurt Baumgartner mit seiner netten Crew dafür, dass jeder Gast seine persönlichen Vorstellungen von Glück, Freude, Genuss und Wellbeing erfahren kann. Dank einem gläsernen, 135 Meter langen Verbindungskorridor lässt sich das benachbarte Erlebnisbad «Bogn Engiadina» bequem im Bademantel erreichen – der Eintritt ist für Hotelgäste kostenlos.

Ambiance: ★★★★☆☆
Trendig-heimelige Wohlfühlstimmung.

Lage: ★★★★☆☆
An sonniger Aussichtslage mitten im Dorf.

Graubünden

Service: ★★★★☆☆
Freundlich und hilfsbereit, mit kleinen Nachlässigkeiten.

Zimmer: ★★★★☆☆
72 Zimmer, davon 15 besonders empfehlenswerte im Ala-Nova-Trakt. Originelles Turmzimmer im Haupthaus.

Küche: ★★★★☆☆
Schweizer und regionale Spezialitäten im grossen Hauptrestaurant (jeweils mit attraktivem Käse- und Dessertbuffet), thailändische Spezialitäten im «Nam Thai». Die Weinkarte ist bemerkenswert kundenfreundlich kalkuliert und enthält so ziemlich alles, was Italien an Gutem hervorbringt.

Freizeitangebot: ★★★★☆☆
Im Hotel: kleiner Wellnessbereich mit zwei Saunas, Dampfbad, Whirlwannen, Erlebnisduschen sowie diversen Körperbehandlungen (klassische Massagen, Kräuterstempelmassage) und Beautyanwendungen (Gesichtspflege, Peelings und Packungen). Jazz- und Klassikkonzerte, geführte Sommer- und Winterwanderungen, Biketouren sowie Dorfbesichtigungen und Wildbeobachtungen im Nationalpark, Kinderspielzimmer, Kinderbetreuung in der Wintersaison, hoteleigener Smart für kleine Ausflüge. Direkter Zugang zum benachbarten «Bogn Engiadina» mit weitläufiger Bäder- und Saunalandschaft (Eintritt für Hotelgäste kostenlos).

Anfahrt: Via Vereinatunnel (Autoverlad) nach Sagliains, dann Landstrasse nach Scuol. Das Hotel liegt an der Hauptstrasse im Ortszentrum und ist nicht zu verfehlen.

Engiadina 3

CH-7550 Scuol

Rablüzza 152
Tel. +41 (0)81 864 14 21
Fax +41 (0)81 864 12 45
www.hotel-engiadina.ch
info@hotel-engiadina.ch
Mitte Mai bis Ende Oktober und Mitte Dezember bis Anfang April geöffnet

 Preise
EZ 110–250 CHF
DZ 174–259 CHF
Suite 224–299 CHF
inklusive Frühstück

«Chi ha prescha perda seis temp» hat im alten Dorfkern von Scuol einer in seine Hauswand geritzt: Wer sich eilt, verliert seine Zeit. Tourismus ist zwar auch im Hauptort des Unterengadins längst kein unbekanntes Wort mehr, aber an manchen Ecken fühlt man sich um Jahrhunderte zurückversetzt. Aus manchem «Cuort» hört man noch das Blöken der Schafe, und die rau gepflasterten Gassen könnten einem Kalenderbild entsprungen sein. Inmitten dieser ländlichen Idylle findet sich eine stattliche Zahl perfekt restaurierter Engadinerhäuser, eines davon beherbergt das Hotel «Engiadina». Die zwölf hübschen Zimmer sind in Arvenholz eingerichtet, die Bäder sind ein Vergnügen der modernen Art. In den rustikalen Restaurantstuben werden einheimische Gerichte serviert, wie

Ambiance: ★★★★☆☆
Gastliches, Atmosphärisches und Kulinarisches findet sich hier in schöner Harmonie unter einem Dach.

Lage: ★★★★★☆
Im alten Dorfkern von Scuol.

Service: ★★★★★☆
Herzlich familiär und unaufdringlich zuvorkommend.

Zimmer: ★★★★☆☆
12 komfortable, behagliche Zimmer im Haupthaus, 5 geräumige Suiten im Nebengebäude.

Küche: ★★★★☆☆
Ambitionierte Regionalküche.

Freizeitangebot:
Kein spezifisches Angebot. Haltestelle des Skibusses (zu den Bergbahnen Motta Naluns) wenige Schritte vom Hotel entfernt.

Anfahrt: Via Vereinatunnel (Autoverlad) nach Sagliains, dann Landstrasse nach Scuol. Das Hotel liegt im alten Dorfkern unterhalb des Erlebnisbades und ist ausgeschildert.

sie keine Grossmutter köstlicher auf den Tisch bringen könnte. Die Gastgeberfamilie Barbüda-Giston sorgt dafür, dass man sich im vierhundertjährigen Haus pudelwohl fühlt. Und wenn es mal regnet, ist das Erlebnisbad Scuol zwei Gehminuten entfernt.

Neu **Guarda Val** 4
CH-7550 Scuol

Tel. +41 (0)81 861 09 09
Fax +41 (0)81 861 09 00
www.guardaval-scuol.ch
info@guardaval-scuol.ch
Mitte Mai bis Anfang November und Mitte Dezember bis Anfang April geöffnet

Preise
EZ 140–235 CHF
DZ 230–470 CHF
Juniorsuite 300–470 CHF
inklusive Frühstück

Bis vor wenigen Jahren war das «Guarda Val» ein von Muff und Tristesse bestimmtes Berghotel. Heute, nach einer kompletten Erneuerung, fühlt man sich gleich nach der Ankunft in eine heiter stimmende Ferienwelt versetzt. Silvia und Heribert Dietrich beherrschen den Spagat zwischen

Graubünden

Professionalität und Herzlichkeit perfekt und führen das Haus scheinbar ohne Anstrengung. Immer wieder tauchen sie auf, fragen da einen Gast, ob sein Fuss wieder in Ordnung sei, reden dort einem Kind gut zu und geben Insidertipps für Tagesausflüge im Unterengadin.

Ambiance: ★★★★☆☆
Zeitgemäss behagliches Boutique-Berghotel ohne rustikalen Alpenkitsch.

Lage: ★★★★☆☆
An sonniger Aussichtslage, ein paar Schritte oberhalb der Hauptstrasse im Ortszentrum.

Service: ★★★★★☆
Unaufdringlich zuvorkommend.

Zimmer: ★★★★★☆
Fast keines der 36 Zimmer ist gleich wie die anderen, jedes hat seinen eigenen Grundriss und einen speziellen Touch. Diejenigen im historischen Gebäudetrakt («Chasa Döss» aus dem Jahr 1650) gehen in einen wunderschönen zweistöckigen Vorraum mit Holzgalerie über. Sämtliche Zimmer wurden 2009 total renoviert und mit modernen Bädern versehen.

Küche: ★★★★★☆
Das zweistöckige Restaurant ist so ländlich behaglich, wie nur etwas Gewachsenes sein kann. Am Herd steht der Berner Heribert Dietrich, der vorwiegend heimische biologische Produkte zu fünfgängigen Auswahlmenüs verarbeitet. Weinkarte mit einschlägigen Produzenten aus Italien, Österreich und der Bündner Herrschaft.

Freizeitangebot: ★★☆☆☆☆
Kleiner Wellnessbereich mit zwei Saunas, Dampfbad und klassischen Massagen. Im Sommer geführte Wanderungen und Biketouren. Kostenloser Eintritt ins wenige Schritte entfernte «Bogn Engiadina» mit weitläufiger Bäder- und Saunalandschaft.

Anfahrt: Via Vereinatunnel (Autoverlad) nach Sagliains, dann Landstrasse nach Scuol. Im Ortszentrum der Beschilderung zum Hotel folgen – das «Guarda Val» liegt schräg oberhalb des «Belvédère».

Piz Linard 5
CH-7543 Lavin

Tel. +41 (0)81 862 26 26
Kein Fax
www.pizlinard.ch
hotel@pizlinard.ch
Ganzjährig geöffnet

Preise
EZ 160–200 CHF
DZ 220–360 CHF
Palazzo-Zimmer 420–440 CHF
Familienzimmer 3–5 Personen
300–500 CHF
inklusive Halbpension

Die Augen von Grossstadtmenschen beginnen zu leuchten, wenn sie das geschichtsträchtige rosafarbene Gebäude am Dorfplatz betreten. Es wurde unlängst von der quereingestiegenen jungen St. Galler Familie Gaby und Hans Schmid zum trendig-heimeligen Gasthaus umgebaut. Sowohl die fünfzehn Zimmer als auch das Restaurant bringen den Charme vergangener Zeiten und warmherzigen Lifestyle auf einen Nenner.

Ambiance: ★★★★★☆
Hier wird der Charme des Einfachen kultiviert und das eigentlich Selbstverständliche aussergewöhnlich gut gemacht. Die Gastgeberfamilie hat Freude am Verspielten, verleitet zum Geniessen, ist Meister im unkomplizierten Verwöhnen.

Lage: ★★★☆☆☆
Am Dorfplatz im Ortszentrum, auf 1430 Meter über Meer.

Service: ★★★★★☆
Man fühlt sich wie ein hoch willkommener Gast in einem herrschaftlichen Landsitz.

Zimmer: ★★★★☆☆
15 sehr unterschiedliche, durchwegs geschmackvoll gestaltete Zimmer, darunter die 5 besonders geräumigen «Palazzo-Zimmer». 4 weitere Zimmer sind geplant.

Küche: ★★★★★☆
Den Betreibern liegt viel an der lokalen Identität und einer natur-

verbundenen Küche. Diese besticht immer mit tadellosem Handwerk zu genussfreundlichen Preisen. In der Café-Bar gibt's den ganzen Tag regionale Leckerbissen für den kleinen Hunger.

Freizeitangebot: ★☆☆☆☆
Regelmässig Konzerte, Ausstellungen und Filmvorführungen. Langlaufloipen vor der Haustür. Das Hotel vermietet Schneeschuhe und Schlitten.

Anfahrt: Via Vereinatunnel (Autoverlad) ins Engadin, dann Landstrasse Richtung Scuol bis Lavin. Das Hotel liegt unübersehbar im Ortszentrum.

Neu **Central La Fainera** 6
CH-Valchava/Val Müstair

Tel. +41 (0)81 858 51 61
Fax +41 (0)81 858 58 16
www.centralvalchava.ch
info@centralvalchava.ch
Ganzjährig geöffnet ausser zwei Wochen im April

 Preise
EZ 115–120 CHF
DZ 180–210 CHF
inklusive Frühstück

Südlich des Ofenpasses tut sich eine der unberührtesten Landschaften der Schweiz auf. Die wenigen Dörfer im Münstertal haben sich vom Tourismus noch nicht bis zur Selbstaufgabe vereinnahmen lassen, so dass man hier ein erholsames und naturnahes Wochenende verbringen kann – vorausgesetzt, Luxus und Animation stehen nicht zuoberst auf der Prioritätenliste. Das wohl komfortabelste Hotel im Tal ist das «Central La Fainera», ein ehemaliges Bauernhaus mit zeitgemäss behaglichem Interieur, engagierten Gastgebern und guter Regionalküche. Wem die schönen Zimmer noch nicht entspannend genug sind, der kann sich im kleinen Wellnessbereich bei einem Heubad erholen oder sich eine Shiatsu-Behandlung für die am Berg müde gelaufenen Beine angedeihen lassen.

Ambiance: ★★★☆☆
Die auffallende, von einheimischen Künstlern bemalte Fassade mag nicht jedermanns Geschmack

Chasa Chalavaina 7
CH-7537 Müstair

Plaz Grond 24
Tel. +41 (0)81 858 54 68
Kein Fax
www.chalavaina.ch
Kein E-Mail
Reservationen nur telefonisch möglich
Ganzjährig geöffnet

💰 Preise
EZ 70–140 CHF
DZ 140–220 CHF
inklusive Frühstück

Gegenüber der tausendjährigen Klosteranlage liegt dieses stolze Bündnerhaus, das seit dem 12. Jahrhundert Gäste bewirtet und in ein paar einfachen Zimmern auch beherbergt. Es wurde behutsam renoviert, so dass die Patina von abgewetzten Steinböden, alten Holztäferungen, dicken Mauern und schweren Türen mit riesigen Eisenschlössern erhalten blieb. Das historische Ambiente im Restaurant ist einzigartig, der omnipräsente Hausherr Jon Fasser ist noch ein richtiges Münstertaler Original.

Ambiance: ★★★★★★
Der Inbegriff eines authentischen Münstertaler Gasthauses. Ein Aufenthalt in der «Chasa Chalavaina» wird jedem Gast noch lange im Gedächtnis haften bleiben.
Lage: ★★☆☆☆☆
Im Ortszentrum an der Hauptstrasse.
Service: ★★☆☆☆
Auf den ersten Blick etwas ruppig, doch im Grunde liebenswert und immer hilfsbereit.

treffen, doch im Innern ist dieser sympathische Familienbetrieb modern und schlicht eingerichtet. Ein idealer Ausgangspunkt für Entdeckungstouren im Münstertal.
Lage: ★★☆☆☆
Im Ortszentrum, etwas abseits der Hauptstrasse durchs Tal.
Service: ★★★★☆☆
Zuvorkommend und hilfsbereit.
Zimmer: ★★★★☆☆
20 komfortable, mit hellem Holz ausgestattete Zimmer.
Küche: ★★☆☆☆
Einheimische Spezialitäten und vegetarische Gerichte.
Freizeitangebot: ★☆☆☆☆
Sauna, Heubäder, Massagen. Spezielle Yoga-Wochen.

Anfahrt: Via Vereinatunnel (Autoverlad) ins Engadin, dann Landstrasse Richtung St. Moritz bis Zernez und von dort über den Ofenpass nach Valchava. Das Hotel ist unübersehbar.

Zimmer: ★★☆☆☆☆
15 einfache, ansprechend rustikale Zimmer.

Küche: ★★★☆☆☆
Bodenständige regionale Spezialitäten, solide zubereitet und in urchiger Atmosphäre serviert.

Freizeitangebot:
Kein spezifisches Angebot. Gastgeber Jon Fasser ist jedoch ein wandelndes Lexikon des Münstertals und weiss jedem Gast die passende Freizeitaktivität, Wanderung oder Biketour zu empfehlen.

Anfahrt: Via Vereinatunnel (Autoverlad) ins Engadin, dann Landstrasse Richtung St. Moritz bis Zernez und von dort über den Ofenpass nach Müstair. Das Hotel liegt rechter Hand an der Dorfstrasse.

Neu Villa Flor 8
CH-7525 S-chanf

Somvih 19
Tel. +41 (0)81 851 22 30
Kein Fax
www.villaflor.ch
info@villaflor.ch
Mitte Juni bis Mitte Oktober und Anfang Dezember bis Mitte April geöffnet

Preise
DZ 220–410 CHF
inklusive Frühstück

Wer immer schon wissen wollte, was die Bezeichnung «Bohème Chic» eigentlich bedeutet, bucht am besten eines der sieben Zimmer in diesem charmanten Refugium. Ladina Florineth, die das hundertjährige Herrschaftshaus 2009 erwarb und zu einem leicht exzentrischen und doch bezahlbaren Gästehaus umbaute, vermag jedem Gast das luxuriöse Gefühl zu geben, in einem privaten Anwesen eingeladen zu sein, in dem die Hausherrin für alles besorgt ist. Die ungekünstelt

Castell 9
CH-7524 Zuoz

Tel. +41 (0)81 851 52 53
Fax +41 (0)81 851 52 54
www.hotelcastell.ch
info@hotelcastell.ch
Mitte Juni bis Mitte Oktober
und Anfang Dezember bis Ende
März geöffnet

Preise
EZ 153–240 CHF
DZ 230–430 CHF
Juniorsuite 380–470 CHF
inklusive Frühstück

kunstvolle Inneneinrichtung von «Vintage» bis modern hat sie mit stilistischem Feingefühl auf zahlreichen Reisen zusammengetragen. Das Ziel, entspannte Gemütlichkeit in höchster Vollendung zu schaffen, ist so wunderbar gelungen, dass die «Villa Flor» in kurzer Zeit zum Pilgerort für jene Menschen geworden ist, die Stille und Stil, Natur und Natürlichkeit für die wahren Qualitäten halten.

Ambiance: ★★★★★★
Als «Rückzugsort der ästhetischen Superlative» wurde das Engadiner Kleinod treffend bezeichnet. Tatsächlich hat die «Villa Flor» den Status einer Rarität, mit unvergleichlicher Innenarchitektur, hochkalibriger Kunst und ausgesprochen herzlichem Empfang.

Lage: ★★★☆☆☆
Am Dorfausgang an der pittoresken Hauptstrasse von S-chanf.

Service: ★★★★★★
Betont privat und individuell.

Zimmer: ★★★★★★
7 komfortable, stilsicher gestaltete Doppelzimmer mit fantastischen Betten.

Küche:
Kein Restaurant im Haus. Kleine Snacks jederzeit verfügbar.
Das Frühstück besteht aus Selbstgemachtem und regionalen Produkten.

Freizeitangebot:
Kein spezifisches Angebot.

Anfahrt: Landstrasse Samedan–Zernez bis Ausfahrt S-chanf, dann das lang gestreckte Dorf auf der schmalen Dorfstrasse durchqueren. Die «Villa Flor» ist das drittletzte Haus auf der Bergseite.

Wenn ein lebensfroher Kunstsammler aus einem maroden alten Kasten ein neues Hotel zaubert, in dem er selbst gern Gast wäre, entsteht daraus im Idealfall ein Haus wie das «Castell». Wer den Zürcher Ruedi Bechtler kennt, weiss, dass damit kein Design- und Kunsttempel gemeint ist, der den Gast zum staunenden

Statisten macht, sondern ein Ort mit gelebter Hotelkultur und entspanntem Lebensgefühl. Unaufdringlich verteilen sich auf vier Stockwerken über hundert Kunstwerke von Pipilotti Rist, Fischli/Weiss, Thomas Hirschhorn, Roman Signer und ähnlichen Kalibern. Für das Design der Zimmer wurden zwei Architekten engagiert, die sich perfekt ergänzten: Der Amsterdamer Ben van Berkel und der St. Moritzer Hansjörg Ruch gestalteten je 33 lässig unkonventionelle Zimmer. Auch das Hamam im wuchtigen Grundgemäuer ist nicht mit den üblichen Versatzstücken vieler Wellnesshotels ausgestattet, sondern ein sinnlich erlebbares Gesamtkunstwerk mit zauberhaften Glaszylindern und Farbnebeln. Hier wird auch eine Reihe von Verwöhnbehandlungen angeboten, die nach einem Skitag oben am Berg (direkter Zugang zu den Pisten) oder einer Runde Golf unten im Tal (Golfplatz Zuoz-Madulain in Sichtweite) gut tun.

Ambiance: ★★★★★★

Wer einmal durch die öffentlichen Räume des «Castell» gegangen ist, der hat nur ein müdes Lächeln übrig für so manches vermeintliche Art- und Designhotel. Ein Kunstwerk – unter vielen anderen – ist die «Rote Bar» der Zürcher Architektin Gabrielle Hächler und der Multimediakünstlerin Pipilotti Rist. Die lange Bartheke in Form eines auf dem Kopf stehenden Fragezeichens ragt mit kühner Sachlichkeit in die historisch belassene

Hotelhalle hinein. Dass die Gäste trotz aller Kunst ein Gefühl von Gemütlichkeit überkommt, ist der Sensibilität des Besitzers zu verdanken, der sich der Gefahr des Überdesigns bewusst war und Stilbrüche zuliess.

Lage: ★★★★★★

In schöner Aussichtslage oberhalb des Dorfes Zuoz, 10 Gehminuten vom Dorfzentrum.

Service: ★★★★★☆

Das Direktionspaar Silvan und Melanie Auf der Maur sorgt dafür, dass jeder Gast der wichtigste ist.

Gasthaus Krone 10
CH-7522 La Punt Chamues-ch

Tel. +41 (0)81 854 12 69
Fax +41 (0)81 854 35 48
www.krone-la-punt.ch
info@krone-la-punt.ch
Mitte Juni bis Mitte Oktober und Anfang Dezember bis Anfang April geöffnet

Preise
EZ 150–270 CHF
DZ 230–270 CHF
Suite 300–470 CHF
inklusive Frühstück

Zimmer: ★★★★★☆
62 Zimmer und 4 Juniorsuiten in zwei Stilrichtungen: eher urban oder eher alpin. Alle Zimmer strahlen eine gewisse Coolness aus und sind innenarchitektonisch sehr gelungen, doch die kleinsten Zimmer sind mit 20 Quadratmetern wirklich klein.

Küche: ★★★★★☆
Im Gründerzeit-Speisesaal wird eine inspirierte Küche zwischen Brasserie und Fusion aufgetragen. Die Bar, der angrenzende Loungebereich und die spektakuläre Aussichtsterrasse sind zu jeder Tageszeit ein angenehmer und ungezwungener Ort, um etwas zu trinken oder eine Kleinigkeit zu essen.

Freizeitangebot: ★★★★☆☆
Hamam, eine Dampf- und Wasserwelt auf 250 Quadratmetern mit den wesentlichen Elementen des orientalischen Badekults. Aussensauna, kleiner Fitnessraum, diverse Massagen und Beautyanwendungen. Kinderspielzimmer und professionelle Kinderbetreuung. Grosser Kinderspielplatz im Sommer und eigener Eisplatz im Winter. Tägliches Bewegungsprogramm, Yoga-Lektionen. Im Winter direkter Zugang vom Hotel zu den Skipisten.

Anfahrt: Hauptstrasse St. Moritz–Zernez bis Ausfahrt Zuoz, am Bahnhof vorbei und links den Berg hoch der Beschilderung zum Hotel folgen.

Das historische Gasthaus am Ufer des Inns sollte einem spekulativen Immobilienprojekt weichen. Doch Unternehmer Beat Curti, der ferienhalber gleich nebenan eines der schönsten Engadiner Patrizierhäuser bewohnt, wollte die «Krone» erhalten, ohne sie stark zu verändern, und gleichzeitig ein warmes, modernes Ambiente schaffen. Die Architektur setzt das Bestehende in Szene und ist gerade durch ihre Schlichtheit spektakulär. Das Beleuchtungskonzept ist so einmalig wie die im ganzen Gebäude ausgestellten Bilder aktueller Bündner Künstler, und die siebzehn Zimmer sind so individuell wie die Gäste, die hier Ferien machen.

Ambiance: ★★★★★★
Avantgarde-Design und alpine Gemütlichkeit gehen Hand in Hand. Nicht übertrieben Geschnigeltes, sondern zwangloses Sein

Graubünden

ist hier angesagt, ganz nach dem romanischen Motto: «Ils munts staun salda, ma la glieud s'iscuntra» – die Berge stehen still, aber die Leute begegnen sich.

Lage: ★★★☆☆
Direkt am Inn. Die Hauptstrasse durchs Engadin führt auf der anderen Flussseite entlang.

Service: ★★★★☆
Über allem wacht das Gastgeberpaar Sonja und Andreas Martin, das die hohen Investitionen mit menschlicher Wärme und natürlicher Souveränität beseelt.

Zimmer: ★★★★★☆
10 Doppelzimmer und 7 Suiten in gut durchdachter Einfachheit und in verschiedenen einheimischen Hölzern wie Ahorn, Lärche und Arve gehalten.

Küche: ★★★★★☆
Zeitgemäss leicht interpretierte Engadiner und Veltliner Spezialitäten. Fast alle Gänge sind als kleine oder grosse Portion zu

haben, sämtliches Fleisch wird bei der Metzgerei Hatecke in Scuol bezogen. Die Ambiance ist stets locker und herzlich, und auch die fairen Preise laden zum Wiederkommen ein.

Freizeitangebot: ★☆☆☆☆
Regelmässig Kunstausstellungen im Haus.

Anfahrt: Hauptstrasse St. Moritz–Zernez bis La Punt. Das «Gasthaus Krone» liegt im Ortszentrum neben der Innbrücke.

Palazzo Mysanus 11
CH-7503 Samedan

Crappun 26
Tel. +41 (0)81 852 10 80
Fax +41 (0)81 852 10 79
www.palazzomysanus.ch
info@palazzomysanus.ch
Mitte Juni bis Mitte Oktober
und Anfang Dezember bis Mitte
April geöffnet

Preise
EZ 105–155 CHF
DZ 210–310 CHF
Dreibett-Zimmer 285–360 CHF
Vierbett-Zimmer 360–460 CHF
Suite 350–390 CHF
inklusive Frühstück

Nach einem aufwendigen Umbau lädt das Herrenhaus aus dem 17. Jahrhundert zu Bescheidenheit auf hohem Niveau ein. Alles ist mit viel Geschmack und Liebe und mit Engadiner Flair eingerichtet. Stein- und Holzböden, Gewölbe mit Fresken, hochwertige natürliche Materialien – nichts stört das Gesamtbild. Man hat die Wahl zwischen Zimmern mit modernem Design oder sanft renovierten Arvenzimmern. Im Kreuzgewölbekeller der «Caverna» finden regelmässig Jazz-, Soul- und Latino-Konzerte statt. Frühstück gibt's so lange, bis der letzte Gast ausgeschlafen hat. Ein Aufenthalt im «Palazzo Mysanus» ist Balsam für die zivilisationsgeschädigte Seele: Man spürt den Wunsch der Gastgeberin Monika Martin, familiäre Geborgenheit und gediegene Gastlichkeit zu vermitteln. Und wenn es mal regnet: Das öffentliche «Mineralbad & Spa» liegt gleich gegenüber.

Ambiance: ★★★★☆☆
Ein Haus, das Geschichten erzählt und zum Träumen anregt.
Lage: ★★☆☆☆
Mitten im historischen Dorfkern von Samedan.

Service: ★★★★★☆
Ausgesprochen freundlich und persönlich.
Zimmer: ★★★★☆☆
Ob modern oder nostalgisch, gross oder klein – alle Zimmer sind in ihrer bewusst schlichten Art sehr wohnlich und angenehm.
Küche:
Kein Restaurant im Haus. Apéro- und Whiskybar («The Smallest Whisky Bar on Earth»).
Freizeitangebot: ★☆☆☆☆☆
Live-Konzerte und Fotoausstellungen. Klassische Massagen. Badetempel «Mineralbad & Spa» direkt nebenan.

Anfahrt: Über den Julierpass und in Silvaplana links Richtung St. Moritz, an St. Moritz vorbei Richtung Samedan. Das Hotel liegt im Ortszentrum neben der Dorfkirche.

Graubünden

Neu Lej da Staz Hotel 12
CH-7500 St. Moritz-Celerina

Tel. +41 (0)81 833 60 50
Fax +41 (0)81 833 91 93
www.lejdastaz.ch
info@lejdastaz.ch
Mitte Juni bis Mitte Oktober
und Anfang Dezember bis Mitte
April geöffnet

Preise
EZ 90–215 CHF
DZ 180–430 CHF
inklusive Frühstück

Der Trumpf dieses kleinen, hundertjährigen Holzhauses ist seine Lage. Wenn der ehemalige Kurdirektor Hanspeter Danuser sagt, St. Moritz habe alle Hässlichkeit des Oberengadins auf sich genommen, um den Rest umso schöner erstrahlen zu lassen, dann trifft dieser Satz auf den Stazersee – romanisch Lej da Staz – und das gleichnamige Hotel auf jeden Fall

zu. Abseits vom hässlichen Dorfzentrum liegt das Haus in urtümlicher Natur am Waldrand etwas erhöht über dem Moorgewässer. Die zehn stilvoll und behutsam renovierten Zimmer haben den alpinen Charme vergangener Tage, einzelne verfügen lediglich über ein Etagenbad. Aber das stört keinen. Im Gegenteil: Eine Art «Hüttengefühl» schweisst die zufällige Gemeinschaft zusammen. Wer hier ankommt, gehört sofort zur Familie. Und abends, wenn die Tagesauflügler weg sind, spannt sich ein funkelndes Sternenzelt über den stillen See.

Ambiance: ★★★★★
Das «Lej da Staz Hotel» kontrastiert die Glamourwelt des nahen St. Moritz vortrefflich – mit den Luxuswerten der heutigen Zeit: Authentizität statt Künstlichkeit, sanfter statt «betonharter» Tourismus, Naturerlebnis statt Schickeriarummel.

Neu Hotel Müller Mountain Lodge 13
CH-7504 Pontresina

Tel. +41 (0)81 839 30 00
Fax +41 (0)81 839 30 30
www.hotel-mueller.ch
info@hotel-mueller.ch
Mitte Juni bis Mitte Oktober und Anfang Dezember bis Mitte April geöffnet

Preise
EZ 130–170 CHF
DZ 220–320 CHF
Juniorsuite 300–420 CHF
Suite 400–590 CHF
inklusive Frühstück

Lage: ★★★★★★
In einer Waldlichtung in Alleinlage am Ufer des naturgeschützten Stazersees zwischen St. Moritz, Celerina und Pontresina. Fünfzehn Pferdekutschenminuten oder eine halbe Spazierstunde vom Bahnhof St. Moritz entfernt. Nicht mit dem Auto erreichbar (Shuttlebus siehe «Anfahrt»).

Service: ★★★☆☆☆
Freundlich, öfter auch mal überfordert vom Andrang der Tagesgäste im Restaurant.

Zimmer: ★★★☆☆☆
10 romantische Zimmer, deren grösster Luxus ihre Schlichtheit ist (6 Zimmer in der zweiten Etage mit eigener Dusche/WC, 4 Zimmer im Dachgeschoss mit Gemeinschaftsbad/WC auf der Etage).

Küche: ★★★★★☆
Die Restaurantterrasse verteilt sich auf verschiedene Ebenen zwischen Felsbrocken und Alpenblumen und ist für sich schon besser als jede Lounge. Im zeitgemäss rustikalen Innern aber finden die Gäste noch schönere Räume zum Geniessen und Entspannen. Die Küche serviert erstklassig zubereitet Bodenständiges aus der Region.

Freizeitangebot: ★☆☆☆☆
Im Sommer Badesee direkt vor der Haustür. Im Sommer und Winter Wanderwege vor der Haustür.

Anfahrt: Über den Julierpass und in Silvaplana links Richtung St. Moritz. Auto im Parkhaus Serletta St. Moritz abstellen (hier stehen eigene Hotelparkplätze für CHF 20 pro Tag bereit). Shuttlebus vom Parkhaus Serletta und vom Bahnhof St. Moritz zum Hotel (tagsüber kostenlos, von 22.30 bis 8 Uhr kostenpflichtig).

Woran liegt es, dass man sich hier wohler fühlt als in vielen ebenfalls engagiert geführten Ferienhotels in Graubünden? Ist es das stilvolle, 1890 erbaute Haus im Zentrum von Pontresina? Ist es die puristische Innenarchitektur in Weiss- und Beigetönen? Sind es die

Graubünden

wohnlichen Zimmer, die ausschliesslich mit natürlichen Materialien wie unbehandeltes Tannenholz, geschliffenem Kalkstein und Sisal ausgestattet sind? Oder sind es die drei schönen Restaurantstuben, in denen italienische Küche mit Südtiroler Einflüssen serviert wird? Es ist von allem ein bisschen, dazu kommt ein freundlicher Empfang, ein kleiner Wellnessbereich mit regelmässigen Yoga-Lektionen sowie ein überzeugendes Preis-Genuss-Verhältnis.

Ambiance: ★★★★★☆
Zeitgemäss alpin, mit warmer, entspannter Atmosphäre.

Lage: ★★★☆☆☆
An der Hauptstrasse im Dorfzentrum, mit schönem Blick ins Val Roseg.

Service: ★★★★☆☆
Freundlich-familiär.

Zimmer: ★★★★★☆
14 komfortable, mit ausgesuchter Sorgfalt eingerichtete Zimmer und 6 Juniorsuiten im schlichten Zenstil. 2 Familiensuiten (2–4 Personen) und eine Loft (2 Personen) befinden sich gegenüber dem Hotel in der frisch renovierten «Cà Rossa» aus dem 17. Jahrhundert.

Küche: ★★★★★☆
Im «EssZimmer» werden italienische Spezialitäten mit Südtiroler Einflüssen, ungekünstelt aromenreich und in zeitgemässer Form, serviert. Sehr zu empfehlen ist auch das zweite Restaurant im Haus, die gastronomisch höher (und entsprechend teurer) positionierte «Stüva» mit angegliederter «Stüvetta». Ausgezeichnetes Weinangebot mit 170 verschiedenen Gewächsen.

Freizeitangebot: ★★☆☆☆☆
Kleiner Wellnessbereich mit Sauna, Dampfbad, Whirlpool, Fitnessraum.

Anfahrt: Über den Julierpass und in Silvaplana links Richtung St. Moritz. An St. Moritz vorbei Richtung Samedan bis zur Abzweigung nach Pontresina. Im Ort der Hotelbeschilderung folgen.

Neu Belvedere 14
CH-7710 Alp Grüm

Tel. +41 (0)81 844 03 14
Fax +41 (0)81 844 03 14
www.belvedere-alpgruem.ch
info@belvedere-alpgruem.ch
Anfang Juni bis Mitte Oktober geöffnet

Preise
EZ 70–100 CHF
DZ 120–180 CHF
inklusive Frühstück

Wem es nichts ausmacht, in Zimmern wie vor hundert Jahren – mit Bad auf der Etage – zu übernachten, findet in diesem atemberaubend gelegenen Berghotel einen romantischen Unterschlupf. Das Panorama auf Palü-Gletscher, Puschlav und Veltlin ist grandios, aus der Küche kommen täglich frische Pizzoccheri und bodenständige Engadiner Spezialitäten aus biologischen Produkten. Bewegungsfreudige Gäste kommen zu Fuss oder auf zwei Rädern auf die Alp Grüm – sie profitieren von den gut markierten Wander- und Bikewegen ab Pontresina, Poschiavo oder dem Hospizio Bernina. Weniger sportliche Landschaftsanbeter können sich in vierzig kurvenreichen Bahnminuten von Pontresina über den Berninapass fahren lassen; von der RhB-Station «Alp Grüm» sind es dann nur noch zehn Gehminuten bis zum «Belvedere», das auf 2189 Meter Höhe auf einem exponierten Felssporn thront.

Ambiance: ★★★☆☆
Es gibt Orte, an denen die Welt heil geblieben ist. Dieses einfache, gemütliche Berghotel gehört dazu. Dank Stille, Erholung für die Seele und kulinarischer Wohltaten für den Körper.

Lage: ★★★★★★
An fantastischer Aussichtslage am Fuss des Berninamassivs. Von der Sonnenterrasse überblickt man die kurvenreiche Strecke des Bernina-Express.

Service: ★★★☆☆
Annamaria und Battesta Albin sorgen für einen ungezwungen familiären Empfang und Service.

Zimmer: ★☆☆☆☆
11 sehr einfache, doch saubere Zimmer mit alpinem Flair und Dusche/WC auf der Etage, 5 Zimmer mit fliessendem Wasser. 22 Schlafplätze im Massenlager.

Küche: ★★★☆☆
Solide Regionalküche. Vieles ist hausgemacht, aus besten Zutaten aus der Umgebung. Im Herbst Pilz- und Wildspezialitäten.

Freizeitangebot:
Kein spezifisches Angebot. Im Mittelpunkt steht hier die Natur.

Anfahrt: Über den Julierpass und in Silvaplana links via St. Moritz Richtung Samedan bis zur Abzweigung Pontresina/Bernina. Beim Bernina Ospizio das Auto abstellen und mit der Rhätischen Bahn bis zur Bahnstation Alp Grüm fahren. Von dort in 10 Gehminuten bis zum Hotel.

Neu Stazione Della Posta 15

CH-7742 La Rösa, Valposchiavo

Tel. +41 (0)81 832 60 51
Fax +41 (0)81 832 60 59
www.larosa.ch
mail@larosa.ch
Mitte Juni bis Mitte Oktober geöffnet

Preise
EZ 125 CHF
DZ 250 CHF
inklusive Frühstück

Jürg Mettler ist ein Glücksfall fürs Engadin. Im «Misani» in Celerina und im «Lej da Staz» am Stazersee (siehe Seite 23) schuf er sich mit innovativen Hotelkonzepten fern gängiger Vorstellungen und mit angenehm bohèmehaften Restaurants eine breite Stammkundschaft. Im Sommer 2010 hat Mettler mit der «Stazione Della Posta» in der einstigen Post- und Säumerstation La Rösa im Puschlav einen dritten Betrieb eröffnet, der vor alpiner Authentizität strotzt, ohne anbiedernd oder kitschig zu wirken. Betrieben wird das Haus als «Agriturismo»: Unten im Stall logieren die Ziegen, oben in den Zimmern die Hotelgäste. Knarrende Dielen, knisternde Holzfeuer und der intensive Duft von Heu lassen im liebevoll renovierten Refugium aus dem 17. Jahrhundert die Vergangenheit lebendig werden. Die Küche mit wuchtigem Holzherd und Kühlschrank – dem einzigen Zugeständnis an die Moderne – gilt als Treffpunkt für Gäste und Gastgeberpaar.

Gegessen wird im stimmigen Speisesaal, an einer langen, kerzenbeschienenen Tafel, an der alle Gäste gemeinsam Platz finden. Mit vier Einzel- und vier Doppelzimmern (verteilt auf zwei Stockwerke, die jeweils über eine Badestube mit antiker Kupferwanne und über ein kleines modernes Bad/WC auf der Etage verfügen) bleibt die «Stazione Della Posta» überschaubar. Ganz klar: ein weiterer Glücksfall.

Ambiance: ★★★★★
Wo einst Säumer und Händler rasteten, die Salz und Wein über den Berninapass karrten, ist diese aussergewöhnliche Gaststätte entstanden. Die Betreiber haben es geschafft, den Geist des

Bellavista 16
CH-7513 Silvaplana-Surlej

Tel. +41 (0)81 838 60 50
Fax +41 (0)81 828 89 88
www.bellavista.ch
info@bellavista.ch
Anfang Dezember bis Mitte April und Anfang Juni bis Ende Oktober geöffnet

Preise
EZ 225–352 CHF
DZ 300–470 CHF
Suite 590–840 CHF
inklusive Halbpension

dreihundertjährigen Hauses ins Heute zu holen. Abgesehen vom verspielt-fröhlichen Eingangstor in bunten Farben hat kein unnötiger Schnickschnack Einzug gehalten – «rough luxe» nennt sich das hier und meint Luxus als bereichernde persönliche Erfahrung.

Lage: ★★★☆☆☆
Etwas zurückversetzt an der Hauptstrasse zwischen Berninapass und Poschiavo, auf 1880 Meter über Meer.

Service: ★★☆☆☆☆
Freundlich, aber nicht jederzeit abrufbar.

Zimmer: ★★★☆☆☆
4 Einzelzimmer und 4 Doppelzimmer mit insgesamt zwei übergrossen Badestuben und zwei modernen Bädern auf den Gängen. Bei den Renovierungsarbeiten fanden sich im Haus zahlreiche Trouvaillen, darunter alte Waschtröge, Geschirr, Landschaftsgemälde sowie über hundertjährige Bettgestelle, die nun wieder in den Zimmern stehen.

Die Matratzen sind zwar neu, aber nach alter Handwerkskunst aus Rosshaar gefertigt.

Küche: ★★★☆☆☆
Einheimische Spezialitäten aus regionalen Produkten. Das Essen wird wie anno dazumal auf dem Holzofen zubereitet und am langen Tisch der «Sala da Pranzo» serviert. Drei Sorten Ziegenkäse und die schmackhaften Ziegen-Salametti stammen aus eigener Produktion.

Freizeitangebot:
Kein spezifisches Angebot.

Anfahrt: Von Pontresina über den Berninapass Richtung Poschiavo. Der Weiler La Rösa liegt zu beiden Seiten der Hauptstrasse. Die schmucke «Stazione della Posta» ist nicht zu verwechseln mit dem (noch) unrenovierten «Albergo Ristorante La Rösa».

Bodenständig, aber nicht bieder. Kreativ, aber nicht versponnen. Zeitgemäss und doch keineswegs modisch. All das und noch viel mehr ist dieser Landgasthof, den Corinna und Bernhard Kleger in jahrelanger Arbeit zu einem schmucken Betrieb mit fünfunddreissig angenehmen Zimmern

gemacht haben. Obwohl sie auf dem Boden der Realität bleiben, sind sie zum Glück anspruchsvoll genug, um auch mal nach den höher hängenden Trauben zu greifen, was sich hin und wieder im Restaurant bemerkbar macht, das sich zu einem heissen Tipp unter den Engadiner Bonvivants und feinschmeckenden Chalet-Besitzern entwickelt hat. Im Winter führen die Skiabfahrten vom Piz Corvatsch und die Langlaufloipen direkt vor die Haustür.

Ambiance: ★★★★☆☆
Behagliches Landhaus, über die Jahre zu einem respektablen Hotelbetrieb gewachsen.

Lage: ★★★★★☆
Im Ortszentrum, mit freiem Blick auf den Silvaplanersee und die Oberengadiner Berglandschaft. Wenige Schritte unterhalb der Corvatsch-Talstation.

Service: ★★★★☆☆
Freundlich und hilfsbereit.

Zimmer: ★★★★☆☆
35 komfortable Zimmer und Suiten im klassischen Bündner Stil.

Küche: ★★★★☆☆
In den 5 Restaurantstuben und auf der Gartenterrasse isst man nicht nur, was die Bündner gross und stark gemacht hat, sondern manches mit italienischem Einschlag. Küchenchef Bernhard Kleger ist auch passionierter Jäger und macht Wild zur Ganzjahresspezialität.

Freizeitangebot: ★★☆☆☆☆
Kleiner Wellnessbereich mit Saunas, Dampfbad, Erlebnisduschen und klassischen Massagen.

Anfahrt: Über den Julierpass, in Silvaplana nach Surlej abbiegen und immer geradeaus bis zum Hotel.

Palazzo Salis 17
CH-7610 Soglio

Tel. +41 (0)81 822 12 08
Fax +41 (0)81 822 16 00
www.palazzosalis.ch
palazzosalis@bluewin.ch
Mitte März bis Anfang November geöffnet

 Preise
EZ 100–150 CHF
DZ 200–300 CHF
inklusive Frühstück

Der «Palazzo Salis» im Bergeller Postkartendorf Soglio ist ein sehr altes Haus, durchweht vom Atem der Vergangenheit, mit einer Atmosphäre, bei der empfängliche Gemüter vor Ehrfurcht erschauern – und eine echte Herausforderung für einen an Funktionalität gewöhnten Gast. So verzichten die Gästezimmer auf alle technischen Errungenschaften der letzten hundert Jahre – Telefon, Radio und Fernsehen gibt es nicht. Manche der Betten beginnen bei der geringsten Bewegung zu schwanken wie ein Schiff auf hoher See – ungeeignet für eine Liebesnacht, man würde seekrank daraus hervorgehen. Dafür kommt im «Palazzo Salis» das auf, was man Atmosphäre zu nennen pflegt. Mehrere Generationen der Salis hinterliessen hier seit 1630 lesbare Spuren: Möbel aus vier Jahrhunderten, Ritterrüstungen, Gewölbe, Holzbalken, Täfer, elegante Parketts, dekorativer Schmuck, bunte Kachelöfen und Porträts der Ahnen tragen dazu bei, dass man sich hier nicht wie in einem Hotel fühlt, sondern eher so, als ob man ein paar Tage bei einer etwas verschrobenen aristokratischen Tante verbringen würde.

Ambiance: ★★★★★★
Das traditionsreichste Bergeller Gasthaus, das so gar nicht und zugleich so wunderbar in die alpine Umgebung passt, ist ein echtes Original, das man nie mehr vergisst. Zudem hat man hier

die Gewissheit, dass Autoabgase, Hektik und Alltag in weite Ferne gerückt sind.
Lage: ★★★★★★
Mitten im autofreien Dorf. Hinter dem Gebäude versteckt sich eine malerische Gartenanlage mit alten Mammutbäumen.
Service: ★★☆☆☆☆
Manche Serviceabläufe fordern die Geduld des urbanen Gastes und zwingen ihn, sich daran zu erinnern, dass er im beschaulichen Bergell und nicht in Zürich oder München weilt.
Zimmer: ★★☆☆☆☆
15 sehr unterschiedliche Gästezimmer, teilweise mit Dusche/WC auf der Etage. Das schönste ist wohl das Rilke-Zimmer, wo 1919 Rainer Maria Rilke logierte. Allerdings muss man es in den Sommermonaten lange im Voraus reservieren.
Küche: ★★★☆☆☆
Traditionelle Bündner Spezialitäten, serviert in zwei prachtvollen Restaurantsälen oder im Hotelgarten.
Freizeitangebot:
Kein spezifisches Angebot.

Anfahrt: Über den Julierpass und in Silvaplana rechts Richtung Maloja abbiegen. Dann weiter das Bergell hinunter Richtung Chiavenna und in Promontogno rechts nach Soglio abbiegen.

Neu **Kurhaus Bergün 18**
CH-7482 Bergün

Tel. +41 (0)81 407 22 22
Fax +41 (0)81 407 22 33
www.kurhausberguen.ch
info@kurhausberguen.ch
Ganzjährig geöffnet

Preise
EZ 75–100 CHF
DZ 130–180 CHF
inklusive Frühstück
Wohnung 1–3 Personen
224–742 CHF pro Woche
Wohnung 3–4 Personen
460–1204 CHF pro Woche
Wohnung 4–6 Personen
504–1204 CHF pro Woche
Wohnung 5–7 Personen
798–1260 CHF pro Woche

Vor wenigen Jahren noch ziemlich heruntergekommen, erstrahlt die historische Grandeur des «Kurhaus Bergün» teilweise wieder im Originalzustand von 1906. Die Hotelhalle mit ihren schnörkelverzierten Säulen, schilfgrünen Wandverkleidungen und opulenten Jugendstil-Kronleuchtern entführt den Gast in eine andere Zeit, und auch die Salons, das Café-Restaurant «La Peida» und der grosse Ballsaal wurden feinsinnig restauriert. Dies verdankt sich einem Zweckbündnis von Stammgästen, die den ihnen lieb gewordenen Alpenpalast im Jahr 2002 vor dem Untergang retten und gleichzeitig Normalverdienern angenehme Hotelzimmer und Ferienwohnungen in nostalgischer Atmosphäre anbieten wollten. Schrittweise wird das Gebäude seither langsam, aber konsequent im denkmalpflegerischen Sinn entstaubt und als Jugendstilperle fürs dritte Jahrtausend fit gemacht. Der Komfort in den sechzig sehr unterschiedlichen «Ferienwohneinheiten» ist zwar teilweise noch bescheiden (bei der Hälfte der Zimmer muss man sich Dusche und Toilette noch mit den Etagennachbarn teilen, und in den hellhörigen Gängen toben

sich die Kinder aus), doch wer bereit ist, gewisse Konzessionen zu machen, wird mit einem einzigartigen Gesamterlebnis für wenig Geld belohnt.

Ambiance: ★★★★☆☆
Unkompliziert stilvoll. Die gesellschaftliche Logik des einstigen Grandhotels wurde von den heutigen Besitzern auf den Kopf gestellt: Normalverdiener sollen hier einfache Hotelzimmer und Ferienwohnungen zu günstigen Preisen mieten können.

Lage: ★★★★☆☆
Sonnig, ruhig und etwas erhöht im sogenannten Kurhauspark oberhalb des Dorfzentrums, auf 1400 Meter über Meer.

Service: ★★☆☆☆☆
Mal besser, mal schlechter.

Zimmer: ★★☆☆☆☆
60 «Ferienwohneinheiten» für 1–7 Personen, teilweise mit WC/Dusche auf der Etage. Die Ferienwohneinheiten können als Hotelzimmer oder als Ferienwohnung genutzt werden. Der Unterschied zwischen den beiden Angeboten liegt zum einen in der Flexibilität der Aufenthaltsdauer und zum anderen im Dienstleistungsgrad (als Ferienwohnung quasi ohne Dienstleistung, dafür meist mit einfacher Wohnküche, als Hotelzimmer mit Frühstück, täglicher Reinigung usw.).

Küche: ★★★☆☆☆
Zeitgemässe Marktküche, die noch Entwicklungspotenzial hat.

Freizeitangebot: ★★☆☆☆☆
Tennisplatz, Billardraum, regelmässig Konzerte, Malkurse und geführte (Themen-)Wanderungen. Für Kinder gibt es einen grossen Aufenthalts- und Spielraum mit Pingpongtischen und Tischfussball. Im Sommer steht ein grosser Aussenspielplatz zur Verfügung.

Anfahrt: Autobahn nach Chur, dann weiter bis Thusis und von dort über Tiefencastel und Filisur nach Bergün. Im Ortszentrum der Beschilderung zum «Kurhaus Bergün» folgen. Vom Bahnhof Bergün in 5 Gehminuten bis zum Kurhaus.

Landgasthof
Lengmatta 19
CH-7276 Davos Frauenkirch

Tel. +41 (0)81 413 55 79
Fax +41 (0)81 413 60 53
www.lengmatta.ch
info@lengmatta.ch
Mitte Juni bis Anfang April geöffnet

🍋 Preise
EZ 110–140 CHF
DZ 180–290 CHF
inklusive Frühstück

Der schmucke Landgasthof mit der herrlichen Sonnenterrasse und den holzgeprägten Stuben wird grossen Ansprüchen und kleinen Geldbeuteln bestens gerecht. Mehr guten Geschmack und Gastfreundschaft für wenig Geld bekommt man nirgends rund um Davos. Das hochmotivierte Team um Hoteldirektorin Gaby Furrer verteilt Streicheleinheiten fürs Gemüt, und die Speisekarte ist eine einzige Verführung – am liebsten würde man sich gleich alles darauf einverleiben.

Graubünden

Neu Berghotel Wanna 20
CH-7246 St. Antönien

Tel. +41 (0)81 330 51 10
Kein Fax
www.wanna.ch
info@wanna.ch
Mitte Mai bis Ende Oktober und Anfang Dezember bis Anfang April geöffnet. Im Mai und Juni nur am Wochenende geöffnet.

Preise
EZ 155–165 CHF
DZ 220–240 CHF
inklusive Frühstück

Ambiance: ★★★★☆☆
Ein Platz zum Auftanken.
Lage: ★★★★☆☆
Ruhig am Rand des Weilers Frauenkirch, 5 Kilometer ausserhalb von Davos, wo der Hahn vom Nachbarhof kräht und sich Fuchs und Hase gute Nacht sagen. Die nächste Busstation ist wenige Schritte entfernt.
Service: ★★★★★★
Ausgesprochen freundlich und zuvorkommend. Wer zum zweiten Mal kommt, ist bereits ein Freund des Hauses.

Zimmer: ★★★☆☆☆
16 heimelige Zimmer, davon 1 Juniorsuite («Herrschafts-Chammer») und 4 Familienzimmer.
Küche: ★★★★★☆
Einfaches und Regionales wird hier ausserordentlich gut zubereitet. Nachmittags stehen leckere Fruchtwähen zur Auswahl, die sogenannten «Lengmatta»-Meter, bei denen der Hunger die Portionengrösse bestimmt. Kinder löschen den Durst gratis an der «Sirup-Tankstelle».
Freizeitangebot: ★☆☆☆☆☆
Kinderspielplatz.

Anfahrt: Autobahn Zürich–Chur bis Ausfahrt Landquart, dann Landstrasse nach Davos. Davos Dorf und Platz durchqueren und weiter Richtung Fideris bis Frauenkirch. Dort ist das Hotel gut ausgeschildert.

Beim Umbau zum kleinen Berghotel im Jahr 2008 wurde das dreihundertjährige Bauernhaus, das zuletzt als Ferienheim für Gruppen gedient hatte, entrümpelt und mit einem Anbau in schlichtmoderner Architektur versehen. Die Gastgeber Carolyn und Baptist Sieber-Irwin wollten einen Rückzugsort für stille Geniesser erschaffen, wo man dem globalen Getriebe stilvoll entfliehen kann. Zentraler Ort des Hauses ist eine Kaminlounge mit Bar und Blick in den anliegenden Tierstall. Auch die sieben Gästezimmer laden zum Verweilen ein. Vögel segeln lautlos am Fenster vorbei, weiter hinten staksen zwei Rehe über die verschneite Wiese, als gehöre sie ihnen und der Ort dazu. Abends wird man jeden Schritt knirschen hören, jedes Wort vernehmen und die Stille danach.

werden auf Wunsch (kostenpflichtig) exklusive Aktivitäten organisiert – von der Vollmond-Schneeschuhwanderung bis zum Tandem-Gleitschirmflug.

Anfahrt: Autobahn Zürich–Chur bis Ausfahrt Landquart, dann Richtung Davos bis Küblis. Nach der Dorfeinfahrt links Richtung St. Antönien. Etwa 4 Kilometer nach Pany führt die Strasse über einen kleinen Fluss, 300 Meter nach der Brücke zum Hotel abzweigen.

Ambiance: ★★★★☆☆
Traditioneller Prättigauer Charakter und zeitgemässer Charme sind hier gelungen vereint.
Lage: ★★★★☆☆
In Alleinlage im Weiler Ascharina, rund 2 Kilometer vor dem Dorfzentrum von St. Antönien.
Service: ★★★★★☆
Warmherzig, familiär und stets gut gelaunt.
Zimmer: ★★★★★☆
7 geschmackvoll modern gestaltete Doppelzimmer mit allem Komfort und WLAN.
Küche: ★★★☆☆☆
Gekocht wird nur für Hotelgäste, abends jeweils ein währschaftes Menü mit oder ohne Fleisch. Die Produkte kommen weitgehend aus einheimischen Gärten und biologischer Tierhaltung.
Freizeitangebot: ★☆☆☆☆☆
Sauna und holzbeheiztes Outdoor-Sprudelbad mit Aussicht in die Bergwelt, Bibliothek. In Zusammenarbeit mit lokalen Bergführern

🆕 Gasthaus Crestasee 21

CH-7014 Trin, Flims

Tel. +41 (0)81 911 11 27
Kein Fax
www.crestasee.com
info@crestasee.com
Mitte Mai bis Mitte Oktober geöffnet

Preise
DZ 170–250 CHF
inklusive Frühstück

Jugendstilelemente zieren das sanft renovierte Gasthaus aus dem Jahr 1892, das seinen früheren Charme beibehalten konnte und sich nahtlos in die landschaftliche Idylle des waldumgebenen, tiefgrünen Crestasees einfügt. Für Familien mit Kindern bietet die Umgebung mit ihren grossen Wiesen und der herrlichen Natur viel Platz zum Toben und zur Erholung. Im Naturbad steht ein beaufsichtigtes Kinderbecken zur Verfügung.

Ambiance: ★★★★☆☆
Das Gasthaus lebt von seiner ausgesprochen romantischen Lage, welche die kleinen Mängel in Komfort, Service und Küche in den Hintergrund treten lässt.

Lage: ★★★★★★
In Alleinlage im Wald über dem pittoresken Crestasee, der beste Voraussetzungen für natürlichen Badespass bietet.

Service: ★★☆☆☆☆
Unkompliziert familiär, an heissen Sommertagen allerdings meist überfordert vom Andrang der Tagesgäste.

Zimmer: ★☆☆☆☆☆
4 sehr einfache Doppelzimmer mit Dusche/WC auf der Etage (2 Bäder für 2 Zimmer). Bewusst wurde auf TV und Radio in den Zimmern verzichtet.

Küche: ★★☆☆☆☆
Etwas banale Allerweltsküche, bisher ohne kulinarische Ambitionen. Stimmungsvolle Gaststube und Sommerterrasse. Für ein spezielles Tête-à-tête-Abendessen besteht die Möglichkeit, einen festlich gedeckten Tisch auf dem Seeblick-Balkon im ersten Stock zu mieten (80 CHF exklusive Essen und Getränke). Das Restaurant ist im Mai, September und Oktober abends ab 18 Uhr geschlossen.

Freizeitangebot: ★☆☆☆☆☆
Öffentlich zugängliches Naturbad (kostenloser Eintritt für Hotelgäste).

Anfahrt: Autobahn Zürich–Chur–San Bernardino bis Ausfahrt Reichenau/Flims, dann Landstrasse Richtung Flims bis Abzweigung Trin Mulin/Crestasee. Durch Trin hindurchfahren und der Beschilderung Crestasee folgen bis zum grossen Parkplatz im Wald. Dort das Auto abstellen und zu Fuss in 10 Minuten bis zum Gasthaus.

Fidazerhof
CH-7019 Flims-Fidaz

Tel. +41 (0)81 920 90 10
Fax +41 (0)81 920 90 19
www.fidazerhof.ch
info@fidazerhof.ch
Ganzjährig geöffnet

Preise
EZ 130–250 CHF
DZ 160–360 CHF
inklusive Frühstück

Eine heitere ländliche Atmosphäre im klassischen Bündnerstil zieht sich durch das Erdgeschoss mit Restaurant und Lounge. Betritt man die Gästezimmer in den oberen Stockwerken, merkt man sofort, dass hier mit der Vergangenheit des «Fidazerhofs» gebrochen wurde. Die Innenarchitektur gibt sich reduziert gestylt und vereint modernes Design und alte rustikale Stücke mit grosser Geschmackssicherheit. Die Wellnessabteilung setzt konsequent wie in keinem anderen Schweizer Hotel auf Ayurveda: persönliche ayurvedische Typenbestimmung und Ernährungsberatung, Synchronmassage (vier Hände) und Shirodhara-Stirnguss werden mit grossem Sachverstand ausgeübt und sensibel auf den mitteleuropäischen Gast adaptiert.

Ambiance: ★★★★☆☆
Das schöne Haus an prächtiger Lage strahlt mit seinen warmen Materialien komfortable Heimeligkeit aus.

Lage: ★★★★★☆
Am Dorfrand von Fidaz, mit Panoramablick auf Surselva und Flimsertal.

Service: ★★★★★☆
Roland Häfliger und Antonia Schärli empfangen ihre Gäste mit natürlicher, zurückhaltender Herzlichkeit.

Zimmer: ★★★★★★
12 helle, nach baubiologischen Kriterien renovierte und zeitgemäss gestaltete Zimmer, die meisten mit Balkon.

Küche: ★★★★★☆
Fein zubereitete Bündner Spezialitäten und zeitgemässe Marktküche mit Schwerpunkt auf Slow-Food-Produkten und vegetarischen Gerichten.

Freizeitangebot: ★★☆☆☆☆
Kleiner Wellnessbereich mit Sauna, klassischen Massagen und professionellen Ayurveda-Anwendungen. Diverse Ayurvada-Spezialwochen.

Anfahrt: Autobahn Zürich–Chur–San Bernardino bis Ausfahrt Reichenau/Flims, dann Landstrasse Richtung Flims bis Abzweigung Fidaz. Das Hotel liegt rechts am Dorfeingang.

Ucliva 23

CH-7158 Waltensburg/Vuorz

Tel. +41 (0)81 941 22 42
Fax +41 (0)81 941 17 40
www.ucliva.ch
info@ucliva.ch
Anfang Dezember bis Mitte April
und Mitte Mai bis Ende Oktober
geöffnet

Preise

EZ 125–145 CHF
DZ 190–230 CHF
Dreibettzimmer 255–315 CHF
Vierbettzimmer 280–360 CHF
inklusive Frühstück

Das baubiologisch konzipierte und ökologisch betriebene Hotel gilt seit drei Jahrzehnten als Modell für aktiv gelebte Nachhaltigkeit im Alpentourismus. Wärmerückführung, hundert Quadratmeter Sonnenkollektoren und eine Holzschnitzelheizung sorgen im täglichen Hotelbetrieb für eine gute CO_2-Bilanz. Das «Ucliva» ist ein ausgesprochenes Familienhotel mit kindgerechter Infrastruktur. Auf dem ausgebauten Dachboden – der elternfreien Zone – können Dreikäsehochs miteinander toben und spielen, malen und alles tun, was das Kinderherz begehrt. Auch der Spielplatz und der Garten

rund ums Haus locken. Schon so manches Stadtkind soll aus dem Staunen nicht herausgekommen sein, dass die Kühe im benachbarten Stall nicht lila sind …

Ambiance: ★★★☆☆
Öko mit Flair. Natürliches, unbehandeltes Holz und warme Naturmaterialien strahlen eine komfortable Heimeligkeit aus.
Lage: ★★★☆☆
Waltensburg/Vuorz und Andiast sind zwei kleine, vom Massentourismus verschont gebliebene Bergbauerndörfer, die ihren ursprünglichen Charakter bewahrt haben. Das Hotel liegt zwischen den beiden Dörfern auf einer offenen Sonnenterrasse über dem Vorderrheintal auf 1050 Meter über Meer.
Service: ★★★★☆☆
Freundlich und hilfsbereit.
Zimmer: ★★★★☆☆
22 angenehme Zimmer, davon zahlreiche Familienzimmer mit 3, 4 oder 5 Betten. Die meisten Zimmer mit Balkon.

Küche: ★★★☆☆
Spezialitäten aus der Region, mit vorwiegend regionalen und biologischen Produkten zubereitet. Dazu Bioweine (vor allem aus der Bündner Herrschaft), Biogetränke und Selbstgemachtes aus dem Garten.

Freizeitangebot: ★★☆☆☆
Holzbefeuerte Sauna, Massagen. Täglich 3 Stunden betreutes Kinderprogramm (vorausgesetzt, dass mindestens 5 Kinder unter den Gästen sind). Kinderspielzimmer, Aussenspielplatz, Billard, Pingpong und Tischfussball. Während den Schulferienzeiten breites Aktivitätenprogramm (Bergbäche erforschen, abenteuerliche Ausflüge zu einer Burg, im Tipi übernachten usw.). 50 Meter vom Hotel entfernt startet die Sesselbahn ins Skigebiet von Brigels/Waltensburg/Andiast. Kinderskischule direkt gegenüber dem Hotel.

Anfahrt: Autobahn Zürich–Chur–San Bernardino bis Ausfahrt Reichenau/Flims, dann Landstrasse via Ilanz Richtung Disentis bis Abzweigung Waltensburg/Brigels. Das Hotel liegt oberhalb der Strasse zwischen Waltensburg und Andiast.

Hotel Therme Vals 24
CH-7132 Vals

Tel. +41 (0)81 926 80 80
Fax +41 (0)81 926 80 00
www.therme-vals.ch
hotel@therme-vals.ch
Mitte Juni bis Anfang April geöffnet

Preise
EZ 123–285 CHF
DZ 214–490 CHF
inklusive Frühstück

Wer sich der Hotelanlage zum ersten Mal nähert, möchte am liebsten gleich wieder umkehren. Statt eines stilvollen Baus aus Valser Gneis erheben sich drei Apartmenthaustürme, die in den sechziger Jahren mit bemerkenswerter Unsensibilität hingeklotzt wurden. Doch beim Betreten des Haupthauses, in dem sich auch das sagenhafte Bauwerk der Therme befindet, spürt man die Zeichen des Wandels. Hier empfängt den Gast eine mondäne Rezeptionshalle mit Bar und Foyer in intensivem Königsblau. Gleich daneben das in kräftigem Rot gehaltene Restaurant «Roter Saal», wo eine gute, frische Küche zu einem vorteilhaften Preis-Genuss-Verhältnis geboten wird. Die sehr unterschiedlichen Zimmer verteilen sich auf vier Häuser: In schlichtem, stilvollem Design präsentieren sich die sechzig Zumthor-Zimmer im Haupthaus und im Haus Selva. Die Zimmer in den Aussenhäusern Zerfreila und Tombül sind hingegen nicht zu empfehlen, aber dennoch oft ausgebucht – die Therme wirkt als Magnet. Das Bad ist von sieben bis elf Uhr morgens ausschliesslich für Hotelgäste reserviert, ebenso am Mittwoch-, Donnerstag- und Sonntagabend von 23 bis 0.30 Uhr. Die meditative Stimmung, die man an manchen Nachmittagen vermisst, ist einem in diesen nächtlichen Stunden gewiss.

Ambiance: ★★★★☆☆
Der Hotelbereich ist (noch) nicht auf dem Stand der berühmten, vom Architekten Peter Zumthor gestalteten Therme und würde ohne die Therme kaum von Gästen aus aller Welt besucht werden. In der Therme wird man zum Entdeckungsreisenden in einer ge-

Graubünden

heimnisvollen Welt aus Stein, Wasser und sanft gesteuertem Licht. Selbst kaum zu beeindruckenden Grossstädtern wird hier ganz andächtig zumute.

Lage: ★★☆☆☆☆
Am Dorf- und Waldrand.
Service: ★★★★☆☆
Freundlich, aber nicht immer dem Gästeansturm gewachsen.
Zimmer: ★★★★☆☆
140 Zimmer, verteilt auf vier Häuser. Im Haupthaus, in dem sich auch die Therme befindet, gibt es 40 angenehme, von Peter Zumthor gestaltete «Provisorien-Zimmer» mit Möbeln der klassischen Moderne und bunten Kelimteppichen auf weissen Betonböden. Im Haus Selva (mit der Therme über eine Passerelle verbunden) stehen 20 von Peter Zumthor umgebaute «Stucco-Zimmer» zur Verfügung, aber auch einige ältliche «Selva-Zimmer». Die Zimmer in den Aussenhäusern Zerfreila und Tombül (kurzer Fussweg zur Therme) haben teilweise Schiffskajütengrösse, sind ungemütlich spartanisch und

atmen den Geist der sechziger Jahre, aus denen sie stammen.
Küche: ★★★★★☆
Fein zubereitete zeitgemässe Marktküche.
Freizeitangebot: ★★★★☆☆
Therme mit zahlreichen Innen- und Aussenbädern in verschiedenen Temperaturen. Dazu gibt es sämtliche Angebote eines modernen Wellnesshotels und ein kulturelles Rahmenprogramm mit Konzerten und Lesungen.

Anfahrt: Autobahn Zürich–Chur–San Bernardino bis Ausfahrt Reichenau/Flims, dann Landstrasse via Ilanz nach Vals. Der Thermenkomplex liegt rechts beim Dorfeingang.

Der Teufelhof 25
CH-4051 Basel

Leonhardsgraben 49
Tel. +41 (0)61 261 10 10
Fax +41 (0)61 261 10 04
www.teufelhof.com
info@teufelhof.com
Ganzjährig geöffnet

Preise
EZ 180–375 CHF
DZ 265–395 CHF
Juniorsuite/Suite 360–550 CHF
inklusive Frühstück

Was ist noch besser als ein feines, gut gelegenes, bezahlbares Hotel? Eines, das kein bisschen langweilig ist. Die Betreiber des Gesamtkunstwerks «Der Teufelhof» verfolgen seit 1990 mit sympathischer Hartnäckigkeit das Ziel, auf verschiedensten Ebenen Neugier zu wecken und Verbindungen zwischen Hotellerie, Gastronomie, Theater und Kunst zu schaffen. So besteht das in jedem Sinn ausser-

gewöhnliche Kultur- und Gasthaus aus dem Gourmetrestaurant «Bel Etage», dem Bistro «Atelier», einer Café-Bar, einem Kleintheater, einem unterirdischen archäologischen Museum, einem Wein- und Delikatessenladen sowie einem Kunst- und einem Galeriehotel, das einem begeisterten Besucher folgenden Eintrag ins Gästebuch entlockte: «Hiermit ziehe ich meine Anmeldung für einen Platz im Himmel umgehend zurück und

Nord- und Ostschweiz, Zürichsee, Bodensee

bewerbe mich für einen Daueraufenthalt in der Hölle – sie ist köstlich.»

Ambiance: ★★★★★★
Hier herrscht jenes Weltstadtflair, um das sich luxuriösere Hotels in Zürich und Genf oft vergebens bemühen.

Lage: ★★★★★☆
Am oberen Rand der Altstadt.

Service: ★★★★★☆
Charmant, freundlich, gut.

Zimmer: ★★★★★☆
26 Zimmer, 3 Juniorsuiten, 4 Suiten. Die 9 besonders originellen Zimmer im «Kunsthotel» werden regelmässig als bewohnbare Kunstwerke neu gestaltet. Die 24 schlicht modernen Zimmer im «Galeriehotel» dienen als Galerie mit wechselnden, thematisch gegliederten Ausstellungen.

Küche: ★★★★★★
Im gemütlichen Bistro «Atelier» wie im Gourmetrestaurant «Bel Etage» (perfekt inszenierte Wohnzimmeratmosphäre, 1 Michelin-Stern) wird eine ehrliche, frische Küche ohne Effekthascherei aufgetragen. Beide Lokale mit eigener Terrasse.

Freizeitangebot: ★☆☆☆☆☆
Kleintheater, wechselnde Kunstausstellungen.

Anfahrt: Von der Autobahnausfahrt Basel Süd in Richtung Kantonsspital und nach der Bahnhofunterführung bei der dritten Ampel rechts abbiegen und der Beschilderung zum Hotel folgen.

Krafft 26
CH-4058 Basel

Rheingasse 12
Tel. +41 (0)61 690 91 30
Fax +41 (0)61 690 91 31
www.hotelkrafft.ch
info@hotelkrafft.ch
Ganzjährig geöffnet

Preise
EZ 150–295 CHF
DZ 250–320 CHF
Juniorsuite 300–360 CHF
inklusive Frühstück

Das bei Ästheten und Bonvivants angesagte «Krafft», das aus einem klassizistischen, sanft renovierten Stadthaus von 1872 herausgewachsen ist, verbindet den Charme vergangener Zeiten mit unaufdringlichem Retro-Design und wohnlicher Innenarchitektur. Die junge Servicecrew ist so aufmerksam und nett, dass man glaubt, bei guten Freunden zu sein. Und die frische Marktküche im Restaurant schmeckt ausgezeichnet. Die dazugehörige Boulevardterrasse ist ein stimmiger

Schau-Platz auf das vorbeiflanierende Volk mit der postkartenidyllischen Kulisse von Rhein und Basler Altstadt im Hintergrund.

Ambiance: ★★★★★★
Ein stilvoll lebendiger Ort, wo Historisches auf das Heute trifft und Qualität keine Frage ist.
Lage: ★★★★★☆
Am Rheinufer in Kleinbasel.
Service: ★★★★★★
Von Grund auf gut. Sonderwünsche haben beste Chancen auf Erfüllung.
Zimmer: ★★★★☆☆
48 zeitgemässe Zimmer und Juniorsuiten im Haupthaus, 12 weitere Zimmer in der gegenüberliegenden Dépendance.
Küche: ★★★★★☆
Restaurant mit grosser Terrasse am Rhein. Neue Weinbar, die von der Deli-Kultur New Yorks inspiriert ist und sämtliche Flaschenweine ab 3 dl auch offen ausschenkt.
Freizeitangebot: ★☆☆☆☆☆
City-Fahrräder.

Anfahrt: Von der Autobahnausfahrt Basel Ost/Badischer Bahnhof über Riehenstrasse, Riehenring, Klingentalstrasse, Klingental zur Rheingasse. Der Beschilderung «Hotels an der Rheingasse» folgen.

Hotel Bad Schauenburg 27
CH-4410 Liestal

Schauenburgerstrasse 76
Tel. +41 (0)61 906 27 27
Fax +41 (0)61 906 27 00
www.badschauenburg.ch
hotel@badschauenburg.ch
Mitte Januar bis Mitte Dezember geöffnet

🍋 Preise
EZ 135–155 CHF
DZ 190–210 CHF
Suite 240–290 CHF
inklusive Frühstück

Der Alltag nervt, und das Einzige, was helfen würde, ist ein erholsames Wochenende im Grünen – nicht zu weit weg, nicht zu teuer, mit spezieller Atmosphäre und nettem Empfang, zum Beispiel in diesem Landhotel im Baselbiet. Das dreihundertjährige Anwesen, das den Basler Herrschaften einst als Heilbad diente, ist himmelweit entfernt vom städtischen Alltag und macht (fast) jeden Hektiker zum Müssiggänger. Trotz regelmässigen Renovationen der Zimmer und öffentlichen Räume wirkt das liebevoll gepflegte Domizil wie ein Lob der guten alten Zeit und ihrer Werte. Keine Frage, dass auch die Küche dem gastlichen Umfeld Genüge tut. Wunderschön ist der Park, der an einen kleinen Weiher angrenzt und direkt in die umliegenden Wiesen und Wälder übergeht. Nur eines hat das im Besitz der Novartis befindliche «Bad Schauenburg» bisher verschlafen: den vor 55 Jahren aufgegebenen Badebetrieb wiederzubeleben und an die einst florierende Spa-Kultur anzuknüpfen, die hier schon Jahrunderte alt ist. Immerhin fliesst nach wie vor aus sämtlichen Hahnen das eigene gesunde Quellwasser. Welcher neuzeitliche Wellnesstempel kann das schon bieten?

Nord- und Ostschweiz, Zürichsee, Bodensee

Ambiance: ★★★★☆☆
Alles wirkt sehr entspannt und zugänglich. Man fühlt sich wie in einem grossen Privathaus, in dem der Hausherr für alles gesorgt hat.

Lage: ★★★★★★
Frei stehend inmitten einer idyllischen Hügellandschaft. 10 Autominuten von Liestal entfernt.

Service: ★★★★★☆
Unkompliziert zuvorkommend und sehr persönlich. Alfred Häring wacht seit 1984 mit Sperberaugen über die Abläufe im Haus.

Zimmer: ★★☆☆☆
31 kleine, funktionell eingerichtete Zimmer und 3 Suiten.

Küche: ★★★★☆
Die kreative Küche hat stets eine regionale und saisonale Basis.

Freizeitangebot:
Kein spezifisches Angebot.

Anfahrt: Autobahn Basel–Zürich bis Ausfahrt Liestal, dann Landstrasse nach Liestal bis zum Schild «Bad Schauenburg» und 4 Kilometer dem romantischen und immer schmaler werdenden Strässchen folgen.

Seehotel Sonne 28
CH-8700 Küsnacht am Zürichsee

Seestrasse 120
Tel. +41 (0)44 914 18 18
Fax +41 (0)44 914 18 00
www.sonne.ch
info@sonne.ch
Ganzjährig geöffnet

Preise
EZ 215–345 CHF
DZ 255–390 CHF
Juniorsuite 465–580 CHF
inklusive Frühstück

Jeder Stadtbewohner hegt insgeheim zwei gleich starke Wünsche: sich im Zentrum des Geschehens zu bewegen und selbigem zu entfliehen in eine ländlichere, friedlichere Gegend mit schattigen Plätzchen unter alten Bäumen und dem Zwitschern der Vögel im Hintergrund. Das «Seehotel Sonne» ist in der glücklichen Lage, diese beiden Wünsche erfüllen zu können. Einerseits liegt das geschichtsträchtige Hotel – es besteht seit 1641 – direkt am Seeufer, und auf den hübschen

43

Uto Kulm 29

CH-8143 Üetliberg, Zürich

Tel. +41 (0)44 457 66 66
Fax +41 (0)44 457 66 99
www.utokulm.ch
info@utokulm.ch
Ganzjährig geöffnet

💰 Preise

EZ 120–210 CHF
DZ 180–420 CHF
Suite 370–900 CHF
inklusive Frühstück

Terrassen wähnt man sich an lauen Sommerabenden im tiefen Süden. Andererseits sind die Restaurants und Loungebereiche beliebte Treffpunkte der Zürcher Gesellschaft. Die Atmosphäre ist entspannt, das Interieur wurde in einem ansprechenden Mix aus romantischem Zauber und modernem Design renoviert. Dazu gibt es über achtzig Originalkunstwerke namhafter Künstler im Hotel (etwa von Alois Carigiet, Augusto Giacometti, Bernhard Luginbühl, Julian Schnabel und Andy Warhol), und dies, ohne dass sich die «Sonne» gleich «Art-Hotel» nennen müsste, wie es so manche Häuser tun, nur weil sie ein paar moderne Bilder besitzen.

Ambiance: ★★★★★★
Man fühlt sich fast wie in den Ferien – und ist doch nur zehn Kilometer vom Zürcher Stadtzentrum entfernt.

Lage: ★★★★★★
Am Seeufer, unmittelbar neben der Bootsanlegestelle Küsnacht.

Service: ★★★★★★
Die liebenswürdige Crew sorgt dafür, dass man sich wohl und bestens betreut fühlt.

Zimmer: ★★★★★☆
Die 37 Zimmer und 3 Juniorsuiten sind sehr verschieden ausgestattet, der Stil der Einrichtung ist jedoch durchwegs freundlich, wohnlich und heiter.

Küche: ★★★★★☆
Zeitgemässe Marktküche im Restaurant «Sonnengalerie» mit schöner Terrasse, Schweizer Spezialitäten in den rustikalen «Gaststuben», leichte Sommergerichte im Selbstbedienungsrestaurant «Sonnengarten» unter schattenspendenden Kastanienbäumen direkt am See.

Freizeitangebot: ★☆☆☆☆☆
Private Liegewiese am Seeufer, kleiner Wellnessbereich mit Sauna, Dampfbad und Fitnessraum. Fahrräder zum Mieten.

Anfahrt: Seestrasse Zürich–Rapperswil bis Küsnacht. Das Hotel liegt direkt an der Seestrasse.

Der Üetliberg gehört zur Kulisse von Zürich wie die beiden Türme des Grossmünsters. Obwohl Zürichs Hausberg in Wahrheit nicht viel mehr als ein bewaldeter Hügel ist, tut der höchste Punkt Zürichs so, als wäre er mit seinen 871 Meter über Meer ein richtiger Gipfel. Alles ist da: die Bergbahn, der Aussichtsturm, die gelben Wanderwegweiser, die Spaziergänger in roten Socken, der winterliche Schlittelweg, die Fernrohre, die einem an klaren Tagen die Skyline der Stadt, den Zürichsee und die Alpen etwas näher bringen. Ganz oben auf Zürichs

Hausberg befindet sich der Multifunktionsbetrieb «Uto Kulm» mit 55 Hotelzimmern, weitläufigen Restaurationsräumlichkeiten innen und aussen sowie einem Dutzend Seminar- und Bankettsälen. Wochentags übernachten hier vor allem Seminarteilnehmer, am Wochenende sind es Hochzeitsgesellschaften und Individualgäste, darunter auch manche Zürcherinnen und Zürcher, welche die eigene Stadt einmal aus einem anderen Blickwinkel kennenlernen wollen – am eindrücklichsten in einer der neun Romantik-Suiten, die mit Extras wie einer herzförmigen Sprudelwanne, einer kleinen Dachterrasse, Schwedenofen oder Sternenhimmel-Zimmerdecke ausgestattet sind. Abends geht der Blick auf die zahllosen funkelnden Lichter der Stadt, und im Winter, wenn die Stadt (oft) im Nebelmeer versinkt, freut man sich über den klaren Himmel und den Blick in die Alpen. Das «Uto Kulm» kann nur zu Fuss oder mit der SZU-Bahn erreicht werden. Hotelier Giusep Fry sieht in der autofreien Anreise keinen Nachteil, sondern spricht vom «Event»-Charakter», der jedoch an sonnigen Tagen von herdenartig auftretenden Ausflüglern deutlich getrübt werden kann.

Ambiance: ★★★☆☆
Das Hotel lebt von der Panoramalage hoch über der Stadt Zürich

und leidet unter dem Ausflugs- und Veranstaltungsrummel.

Lage: ★★★★★★
Im autofreien Naherholungsgebiet auf der Spitze des Üetlibergs, mit weiten Ausblicken auf Stadt, See und Alpen.

Service: ★★★☆☆☆
Wechselhaft. Manche Mitarbeiter scheinen von allen guten Geistern der Aufmerksamkeit verlassen.

Zimmer: ★★★★☆☆
46 funktionelle Zimmer und 9 Romantik-Suiten.

Küche: ★★★☆☆☆
Solide zubereite Allerweltsküche für jeden Geschmack und jede Gemütslage. Grandioses Weinangebot zu annehmbaren Preisen.

Freizeitangebot: ★☆☆☆☆☆
Sauna, Dampfbad. Wanderwege von der Haustür weg.

Anfahrt: Das «Uto Kulm» ist mit dem Auto nicht erreichbar. Vom Hauptbahnhof Zürich führt die S-Bahn-Linie S10 in 20 Minuten bis zur Endstation Üetliberg (halbstündlich, am Samstag und Sonntag alle 20 Minuten). Ab der Endstation führt ein 7-minütiger Spaziergang zum Hotel (auf Wunsch werden gehbehinderte Gäste sowie Gepäck bei der Endstation abgeholt).

Neu Al Porto Marina Lachen 30
CH-8853 Lachen

Hafenstrasse 4
Tel. +41 (0)55 451 73 73
Fax +41 (0)55 451 73 74
www.marinalachen.ch
welcome@marinalachen.ch
Ganzjährig geöffnet

Preise
DZ 240–260 CHF
Juniorsuite/Suite 330–550 CHF
inklusive Frühstück

Das Hotel am oberen Zürichsee ist werktags ein beliebter Ort für Seminare, am Wochenende ein angenehmes Hide-Away für einen kurzen Tapetenwechsel. Der Designanspruch war und ist hoch – wohin man blickt, ahnt man die vielen Millionen Franken, die der italienische Innenarchitekt Piero Lissoni und weitere Schweizer Architekten verbauen durften. Hier und da ist das Design gar

wichtiger als die Funktion oder der Gast, der im Bad vergeblich nach einer Abstellfläche für sein Necessaire sucht.

Ambiance: ★★★★☆☆
«Reduced to the max»-Design trifft auf südliches Ambiente.

Lage: ★★★★★☆
Pittoresk im Hafen, wenige Meter von der Kursschiffsstation entfernt.

Service: ★★★☆☆☆
Lässig und locker, gelegentlich auch etwas nachlässig.

Zimmer: ★★★★☆
21 urban gestylte «Designrooms», Juniorsuiten und eine «Sunset Suite». Die meisten Zimmer verfügen über Balkon und Seeblick. DVD-Player und DVDs werden kostenlos zur Verfügung gestellt.
Küche: ★★★☆☆
Gut zubereitete Fleisch- und Fischspezialitäten vom Grill und mediterrane Gerichte im Hauptrestaurant, Pizza und Pasta in der «Osteria Vista», Thai-Food im «OX».
Freizeitangebot: ★☆☆☆☆
Vermietung von Mountainbikes.

Anfahrt: Autobahn Zürich–Chur bis Ausfahrt Lachen, dann den Hafen/Marina anpeilen.

Neu Gasthof Hirschen 31
CH-8193 Eglisau

Untergass 28
Tel. +41 (0)43 411 11 22
Fax +41 (0)43 411 11 33
www.hirschen-eglisau.ch
gasthof@hirschen-eglisau.ch
Mitte Februar bis Anfang Januar geöffnet

Preise
EZ 190–240 CHF
DZ 280 CHF
Suite 300–490 CHF
inklusive Frühstück

Jeder Raum ist im Ambiente des 17. bis 19. Jahrhunderts eingerichtet, aber mit heutigem Komfort ausgestattet. Schöne Details wie Holzböden, mit Malereien oder Stuck verzierte Decken und wundervolle antike Möbel machen aus dem aufwendig sanierten 440-jährigen Riegelbau ein ganz besonderes Hotel. Werner Bubno, der Besitzer, ist ein renommierter Kunsthistoriker und Antiquitätensammler. Er hat jahrelang die passenden Bau- und Einrichtungsteile gesucht, die den Charme und die Schönheit vergangener Epochen aufleben lassen. Es lohnt sich, als Hotelgast frühzeitig einzuchecken, denn dann ist der «Hirschen» wie ein Museum begehbar: Die Aussentüren zu den sieben Zimmern und Suiten sind nämlich aus Glas, und die historischen Zimmertüren dahinter bleiben offen, solange die Räume nicht belegt sind.

Ambiance: ★★★★★★
2009 wurde das Haus zum «Historischen Hotel des Jahres» gekürt.

Die Jury lobte den «Hirschen» als Musterbeispiel für die Wiederverwendung historischer Bauteile. Gekonnt wurden originale Teile der Raumausstattung an ihren ursprünglichen Standort zurückgeführt oder solche aus anderer Provenienz im passenden historischen Kontext eingebaut. Das Ganze wird von einer hervorragenden Sammlung lokaler und regionaler Antiquitäten ergänzt. Gelungen sind auch die zeitgenössischen Ergänzungen in den Zimmern und öffentlichen Räumen.

Lage: ★★★★★★
Im alten Ortskern, direkt am Rhein.

Service: ★★★★★☆
Freundlich, warmherzig, individuell.

Zimmer: ★★★★★☆
3 einzigartige Doppelzimmer und 4 Suiten mit historischem Flair und heutigem Komfort.

Küche: ★★★★★☆
Hochstehende Marktküche im Restaurant, klassische Schweizer Spezialitäten und frische Fischgerichte im Bistro mit Rheinterrasse.

Freizeitangebot: ★☆☆☆☆
Das Hotel organisiert Leihfahrräder und arrangiert Weinproben bei regionalen Winzern.

Anfahrt: Von Zürich Autobahn via Flughafen und Bülach Richtung Schaffhausen bis zur Abzweigung Eglisau. Im Ort auf der Nordseite der Rheinbrücke ins Städtchen abbiegen.

Kartause Ittingen 32
CH-8532 Warth

Tel. +41 (0)52 748 44 11
Fax +41 (0)52 748 44 55
www.kartause.ch
info@kartause.ch
Ganzjährig geöffnet

Preise
EZ 167–184 CHF
DZ 229–254 CHF
inklusive Frühstück

Wer den Hof des einstigen Klosters betritt, ist beeindruckt. Ittingen ist wie ein Dorf. Seine Bewohner führen die klösterlichen Werte der Gastfreundschaft, Bildung und Begegnung in zeitgemässer Form weiter. Verschiedene Betriebe arbeiten Hand in Hand: der landwirtschaftliche Gutsbetrieb, das Restaurant, das Hotel, der Werkbetrieb für dreissig Behinderte und zwei Museen. Die Köche des Restaurants «Zur Mühle» brauchen kaum auf den Markt zu gehen: Kalb- und Schweinefleisch kommen vom eigenen Hof, die Fische aus dem Nussbaumersee. Die Betreiber räuchern und mosten auch selbst, bauen Beeren, Gemüse und Obst an, daneben auch Reben und den Hopfen für das würzige «Ittinger Klosterbräu». Und, schier unglaublich, auch die Milch stammt von eigenen Kühen, natürlich ebenso die Butter und die verschiedenen Käse und Joghurtsorten, dazu knuspriges Brot aus der Holzofenbäckerei und gebrannte Wasser. Einiges davon kann man im Klosterladen kaufen.

Ambiance: ★★★☆☆
Die Kartäuser, die das Kloster 1461 den Augustinern abkauften, sind seit 1848 nicht mehr da. Ein weltlicher Mix von Hotel, Restaurant, Seminarzentrum, Museum, Behindertenwerk, Gutsbetrieb und Laden ist an die Stelle der einstigen Wirkstätte des Ordens getreten.

Nord- und Ostschweiz, Zürichsee, Bodensee

Lage: ★★★★☆
Frei für sich stehend in der Thurgauer Hügellandschaft.
Service: ★★☆☆☆☆
Wechselhaft. Je nach Mitarbeiter und Situation mal sehr gut, dann wieder erstaunlich unmotiviert.
Zimmer: ★★☆☆☆
67 funktionelle Zimmer, verteilt auf zwei Gästehäuser. WLAN im ganzen Hotelbereich.
Küche: ★★☆☆☆
Die Küche richtet sich, ganz im Sinne der klösterlichen Tradition der Selbstversorgung, nach dem Angebot aus dem eigenen Gutsbetrieb, aus Käserei, Metzgerei, Fischzucht und Gärtnerei.
Freizeitangebot: ★★☆☆☆
Sauna, Fahrräder, Kegelbahn, Billard, Ittinger Museum und Kunstmuseum des Kantons Thurgau, Konzerte in der Klosterkirche, Spaziergänge durch die grossen Gartenanlagen oder in die hauseigenen Rebberge.

Anfahrt: Autobahn Winterthur–Kreuzlingen bis Ausfahrt Frauenfeld West, dann 4,5 Kilometer den brauen Wegweisern «Kartause Ittingen» folgen (Landstrasse Richtung Hüttwilen).

Zum Schiff 33
CH-8265 Mammern

Tel. +41 (0)52 741 24 44
Fax +41 (0)52 741 48 68
www.schiff-mammern.ch
info@schiff-mammern.ch
Anfang Februar bis Mitte Dezember geöffnet. Restaurant am Montag geschlossen.

Preise
EZ 130 CHF
DZ 190 CHF
Suite 250 CHF
inklusive Frühstück

Diesen Landgasthof besucht, wer sich wieder einmal etwas Gutes tun und ein unbeschwertgenüssliches Sommerwochenende verbringen will. Das 250-jährige, auf den Untersee blickende Riegelhaus ist von einer Wiese mit Apfelbäumen umgeben und verfügt über eine heimelige Bauernstube mit grossem Kachelofen und kunstvoller Holztäferung sowie über ein sehr schönes Gartenrestaurant. Im modernen Gästehaus gegenüber befinden sich sieben geschmackvoll eingerichtete Zimmer. Am privaten Badestrand kann man zu jeder Tages- und Nachtzeit ins erfrischende Nass springen.

Ambiance: ★★★★☆
Ostschweizer Behaglichkeit in Reinkultur. Ein Geheimtipp, der schon lange keiner mehr ist und doch immer einer bleiben wird.
Lage: ★★★★★★
In paradiesischer Ruhe direkt am Untersee.
Service: ★★★★★☆
Doris Meier und ihr Team empfangen ihre Gäste mit herzlicher Selbstverständlichkeit.
Zimmer: ★★★★☆☆
7 wohnliche Zimmer mit Balkon oder Terrasse.
Küche: ★★★★★☆
Küchenchef Walter Meier gehört seit Jahren zu den Besten seines Fachs in der Region. Er setzt auf eine einwandfrei zubereitete, schnörkellose Schweizer Küche aus einheimischen Produkten. Zu den Spezialitäten zählen fangfrische Kretzer (junge Egli), knusprige Mistkratzer und das butterzarte Wiener Schnitzel mit Pommes frites.
Freizeitangebot: ★☆☆☆☆☆
Privater Badestrand.

Anfahrt: Landstrasse Stein am Rhein–Kreuzlingen bis Mammern, dort der Beschilderung zum Hotel folgen.

See & Park Hotel Feldbach 34
CH-8266 Steckborn

Tel. +41 (0)52 762 21 21
Fax +41 (0)52 762 21 91
www.hotel-feldbach.ch
info@hotel-feldbach.ch
Ende Januar bis Mitte Dezember geöffnet

Preise
EZ 180–200 CHF
DZ 230–260 CHF
inklusive Frühstück

Am Bodensee trifft der Norden auf den Süden, sagt man, und das unbeschwerte Lebensgefühl überträgt sich schnell auf die Besucher. Insbesondere der westliche Seeteil, der sogenannte Untersee zwischen Stein am Rhein und Kreuzlingen, zählt zu den schönsten Landstrichen der Ostschweiz. Mitten in dieser Idylle, auf der Halbinsel Feldbach neben dem Jachthafen Steckborn, liegt das «See & Park Hotel Feldbach». Dem ehemaligen Zisterzienserinnenkloster aus dem 13. Jahrhundert wurde Mitte der neunziger Jahre ein moderner Hoteltrakt mit 36 Zimmern hinzugefügt. Im historischen Hauptgebäude befindet sich die Rezeption sowie Restaurant, Cheminée-Lounge und Turmbar. Im Sommer strömen die Gäste in Scharen auf die hübsche Restaurantterrasse am Seeufer. Auch die Rechnung bleibt in erfreulicher Erinnerung.

Ambiance: ★★★★☆☆
Heiter stimmendes Seehotel, dessen Ferienatmosphäre hin und

wieder durch Tagungen (wochentags) und Hochzeitsgruppen (am Wochenende) beeinträchtigt werden kann.

Lage: ★★★★★★
Ruhig in einer Parkanlage mit altem Baumbestand und Dutzenden von Rosenbüschen direkt am Ufer des Untersees.

Service: ★★★★☆☆
Freundlich und entspannt.

Zimmer: ★★☆☆☆☆
36 funktionelle Zimmer in lebhaften Farben. Alle Zimmer mit Balkon, teilweise mit Seeblick.

Küche: ★★★★☆☆
Was auf die Teller kommt, ist frisch und erfrischend angerichtet.

Freizeitangebot: ★☆☆☆☆☆
Schiffs- und Badesteg, hoteleigene Fahrräder, Volleyball im Park. Benachbarte Segel- und Tauchschule.

Anfahrt: Steckborn liegt an der Seestrasse zwischen Stein am Rhein und Kreuzlingen. Im Ort ist das Hotel ausgeschildert.

Neu Romantikhotel Krone 35
CH-8274 Gottlieben

Seestrasse 11
Tel. +41 (0)71 666 80 60
Fax +41 (0)71 666 80 69
www.hoteldiekrone.ch
info@hoteldiekrone.ch
Ende Februar bis Anfang Januar geöffnet

Preise
EZ 120–230 CHF
DZ 160–380 CHF
Juniorsuite/Suite 330–490 CHF
inklusive Frühstück

Gottlieben teilt sich mit Stein am Rhein das Schicksal, zu den bekanntesten Orten am Untersee zu gehören. Beide leiden tagsüber unter dem touristischen Ansturm und den vielen Besuchern der Gattung Homo fotograficus, doch bei Sonnenuntergang wird es auch in Gottlieben gemütlich, besonders wenn man ein Zimmer im «Romantikhotel Krone» reserviert hat. Das Riegelhaus aus dem 17. Jahrhundert ist ein markantes Gebäude, das den Zauber vergangener Tage mit heutigem Komfort zu verbinden weiss. Die fünfundzwanzig Zimmer sind den Kronen Europas gewidmet, den grossen Königs- und Fürstenhäusern des Kontinents. So wohnt man hier also in der Bonaparte-Suite, schläft im Wittelsbach-Zimmer oder träumt bei Königin Victoria. Oder den Bernadotte.

🆕 **Riva** 36

D-78464 Konstanz

Seestrasse 25
Tel. +49 (0)7531 36309 0
Fax +49 (0)7531 36309 99
www.hotel-riva.de
welcome@hotel-riva.de
Ganzjährig geöffnet

Preise
EZ 130–170 €
DZ 200–390 €
Suite 320–490 €
inklusive Frühstück

Wir sagen nicht, dass das «Riva» billig ist. Es ist sogar deutlich teurer als der Durchschnitt der in diesem Führer vorgestellten Hotels. Doch angesichts seiner Lage, seiner Innenarchitektur und seiner Servicekultur ist dieses im Sommer 2008 eröffnete Traumhotel immer noch unglaublich günstig. Es betört mit schnörkelloser moderner Ästhetik und einer kommunikativen Atmosphäre,

Oder den Grimaldi. Darüber hinaus freut man sich über den aufmerksamen Service und die ehrliche Regionalküche aus marktfrischen Produkten. Speziell: das schmucke Hauskino für verregnete Tage und lange Winterabende.

Ambiance: ★★★★★☆
Bodenständige Eleganz mit einem Hauch von augenzwinkernder royaler Kitschromantik.

Lage: ★★★★★☆
An der Seerheinpromenade, an der engsten Stelle des Bodensees.

Service: ★★★★★☆
Ausgesprochen freundlich und zuvorkommend.

Zimmer: ★★★★☆☆
25 komfortable, stilsicher eingerichtete Zimmer und Suiten zum Thema «Krone».

Küche: ★★★★☆☆
Modern gestyltes Gourmetrestaurant «Der Schwarze Schwan» im ersten Stock, gemütliches Bistro «Kronenstube» im Erdgeschoss. Lauschige Seeterrasse im Halbschatten alter Platanen.

Freizeitangebot: ★☆☆☆☆☆
Kleines Hauskino (kostenlos für Hotelgäste).

Anfahrt: Von Kreuzlingen 4 Kilometer Richtung Schaffhausen. Das Hotel liegt an der Seepromenade von Gottlieben.

die gemütlich und extravagant zugleich ist und bei aller Unkompliziertheit nicht der angestrebten Perfektion ermangelt. Der Gast wird mit ungekünstelter Freundlichkeit empfangen, mit spontaner Zuvorkommenheit bedient und überall mit Namen oder zumindest einem offenen Lächeln begrüsst. Alle öffentlichen Räume und Zimmer orientieren sich zum Wasser hin, so dass man den Bodensee nie aus den Augen verliert. Das Motto bei der Wahl der Materialien und Möbel sowie in der Küche: das Beste aus der Region in stilvoller Kombination mit internationaler Vielfalt. Man kommt gerne wieder.

Ambiance: ★★★★★★
Eines der schönsten Designhotels in Deutschland und ein kleines Gesamtkunstwerk der Gastlichkeit. Der vom Schweizer Landschaftsarchitekten Enzo Enea angelegte Zengarten auf dem Dach ist allein schon die Reise wert.

Lage: ★★★★★★
Wie ein gestrandeter Dampfer liegt das «Riva» an der autofreien Uferpromenade. 10 Gehminuten ins Stadtzentrum.

Service: ★★★★★★
Das aufmerksame Serviceteam scheint in jedem Moment zu wissen, was die Gäste drei Minuten später wünschen.

Zimmer: ★★★★★★
42 lichtdurchflutete, ausgesprochen wohnliche Zimmer und 3 Suiten. Alle Zimmer mit Fenstern bis zum Boden, separatem WC, freiem WLAN und kostenloser Minibar.

Küche: ★★★★★★
Herausragende Regionalküche aus lokalen Spitzenprodukten im Hauptrestaurant mit sehr schöner Lobby-Bar und Terrasse. Die Aromenfeuerwerke im Gourmetrestaurant «Ophelia» kann man nur anders, aber nicht besser machen.

Freizeitangebot: ★★☆☆☆☆
Freibad auf dem Dach-Sonnendeck. Kleiner Wellnessbereich mit Sauna, Dampfbad, Fitnessraum, diversen Körper- und Beautybehandlungen. Fahrräder. Herrliche Spazier- und Radwege entlang dem Seeufer stadtauswärts.

Anfahrt: In Konstanz den Wegweisern «Casino Konstanz» folgen. Das «Riva» liegt gleich gegenüber dem Casino (Zufahrt über Kamorstrasse).

Villa Barleben am See 37
D-78464 Konstanz

Seestrasse 15
Tel. +49 (0)7531 942 330
Fax +49 (0)7531 942 3328
www.hotel-barleben.de
welcome@hotel-barleben.de
Ganzjährig geöffnet

Preise
EZ 95–215 €
DZ 165–265 €
inklusive Frühstück

«Nicht da ist man daheim, wo man seinen Wohnsitz hat, sondern da, wo man verstanden wird.» Das Bonmot von Christian Morgenstern eröffnet die Internetseite der pittoresken, 1872 erbauten Jugendstilvilla. Sie liegt in einer gepflegten Gartenanlage mit alten Bäumen direkt an der Seepromenade und lockt mit ihrem markanten Giebeldach, dem Holzfachwerk und dem altmodischen Charme einer Sommerresidenz aus den Zeiten der Raddampfer und Zeppeline. Im Innern ist alles von eleganter Anmut. Absichtlich einfach und ausserhalb aller Moden wurde die Innengestaltung wie für ein privates Gästehaus konzipiert. Harmonie und eine kultivierte Atmosphäre waren die Leitmotive der Hausbesitzerin. Wenn die Sonne scheint, wird das Frühstück mit frisch gepressten Säften in der lauschigen Idylle des Gartens serviert. Kaum zu glauben, dass das emsige Stadtleben von Konstanz direkt hinter dem Haus beginnt.

Ambiance: ★★★★★★
Das denkmalgeschützte Schatzkästlein wurde mit viel Geschmack und Liebe zum Detail restauriert.
Lage: ★★★★★☆
In einer Gartenanlage direkt an der Seepromenade.
Service: ★★★★★☆
Inhaberin und Gastgeberin Anne-Sibylle Koehne-Reiber ist um einen privaten Empfang und eine aufmerksame Betreuung besorgt.
Zimmer: ★★★★★☆
8 überaus charmant eingerichtete Zimmer.
Küche:
Kein Restaurant im Haus, aber wenige Schritte entfernt liegt das Hotel «Riva» mit zwei Restaurants (siehe Seite 52).
Freizeitangebot:
Kein spezifisches Angebot.

Anfahrt: Über Kreuzlingen nach Konstanz, im Ort über Untere Laube und Rheinsteg, über die Rheinbrücke (rechte Spur wählen), in die Mainaustrasse und von dort rechts in die Säntisstrasse abbiegen. Das Hotel befindet sich am Ende der Sackgasse auf der rechten Seite.

Nord- und Ostschweiz, Zürichsee, Bodensee

Neu Seehalde 38
D-88690 Uhldingen-Mühlhofen

Maurach 1
Tel. +49 (0)7556 92210
Fax +49 (0)7556 6522
www.seehalde.de
info@seehalde.de
Ganzjährig geöffnet
Restaurant Dienstag ganzer Tag
und Mittwoch mittags geschlossen

 Preise
EZ 70–78 €
DZ 120–140 €
inklusive Frühstück

Uhldingen ist vielen Bodenseebesuchern wegen den steinzeitlichen Pfahlbauten ein Begriff. Die «Seehalde» im selben Ort geniesst einen hohen Stellenwert bei feinschmeckenden Geniessern. Das architektonisch und innenarchitektonisch banale, aber idyllisch direkt am Ufer liegende Haus lebt vom Ausblick aufs Schwäbische Meer, von der herausragenden Küche und der Gastfreundschaft der Familie Gruler (Thomas der Gastgeber, Bruder Markus der Küchenchef).

Ambiance: ★★★★☆☆
Unprätentiös angenehmer Landgasthof in pittoresker Seelandschaft. Man fühlt sich wie auf einem Schiff.
Lage: ★★★★★★
Direkt am Bodenseeufer, mit Blick auf die Insel Mainau.

Service: ★★★★★☆

Das perfekt eingespielte «Seehalde»-Team agiert locker-professionell und hat stets ein herzliches Lächeln auf dem Gesicht.

Zimmer: ★★☆☆☆☆

Die 21 Zimmer sind sehr einfach und klein, verfügen aber durchwegs über Seeblick. Die meisten Zimmer verfügen über Balkon, Terrasse oder überdachte Loggia.

Küche: ★★★★★★

Innovative, mit 16 Gault-Millau-Punkten ausgezeichnete Marktküche aus regionalen Frischprodukten sowie fein zubereitete Bodenseefische. Schöne Seeterrasse.

Freizeitangebot: ★☆☆☆☆☆

Hallenbad, Sauna, eigener Badestrand mit Liegewiese. Hoteleigene Bootsanlegestelle. Fahrräder. Wander- und Radwege führen direkt am Hotel vorbei.

Anfahrt: Von Staad bei Konstanz mit der Fähre nach Meersburg. Am deutschen Ufer auf der Seestrasse westlich Richtung Uhldingen-Mühlhofen bis Abzweigung Überlingen/Salem/Unteruhldingen, dem Streckenverlauf folgen bis Meersburger Strasse/Bodenseestrasse und Abzweigung Oberschwäbische Barockstrasse. Bei Birnach/Maurach links abbiegen.

🆕 Residenz am See 39
D-88709 Meersburg

Uferpromenade 11
Tel. +49 (0)7532 8004 0
Fax +49 (0)7532 8004 70
www.hotel-residenz-meersburg.com
info@hotel-residenz-meersburg.com
Ganzjährig geöffnet

Preise
EZ 79–122 €
DZ 135–258 €
Juniorsuite/Suite 194–380 €
inklusive Frühstück

Hinter der banalen Fassade überrascht ein schmuckes Hotel mit südländisch heiterem Flair. Die Zimmer strahlen in warmen Farben, die Mitarbeiter mit hellwachem Interesse, die beiden Restaurants mit sonnigen Aromen aus der hoch ambitionierten Küche. Der Michelin-Stern und die Beliebtheit bei den Gästen verwundert nicht. Die unsichtbaren Fäden zur ständigen Verbesserung der Ausstattung, zum tadellosen Empfang und Service laufen in der Hand der Gastgeberfamilie Lang zusammen. Sie lebt nach dem Motto des Rolls-Royce-Begründers Sir Frederick Henry Royce: «Kleinigkeiten sind es, die Perfektion ausmachen, aber Perfektion ist alles andere als eine Kleinigkeit.»

Ambiance: ★★★★☆☆

Liebevoll geführter Familienbetrieb mit herausragender Gastronomie zu moderaten Preisen.

Nord- und Ostschweiz, Zürichsee, Bodensee

Lage: ★★★★☆
Ruhig zwischen Weinbergen und dem Bodensee.
Service: ★★★★★★
Die Gäste werden mit herzlicher Aufmerksamkeit verwöhnt.
Zimmer: ★★★★☆☆
25 komfortable Zimmer und Suiten, alle mit Balkon.
Küche: ★★★★★★
Innovative Haute-Cuisine mit fehlerlosen Garzeiten und raffiniert abgestimmten Aromen im Gourmetlokal «Casala» (1 Michelin-Stern, 17 Gault-Millau-Punkte), fein zubereitete regionale und mediterrane Gerichte im Restaurant «Residenz».
Freizeitangebot: ★☆☆☆☆☆
Massagen. Strand- und Thermalbad liegen wenige Schritte entfernt.
Anfahrt: Von Staad bei Konstanz mit der Fähre über den See nach Meersburg. In Meersburg Richtung Thermalbad fahren.

Neu **Seehof** 40
D-88090 Immenstaad am Bodensee

Am Yachthafen
Tel. +49 (0)7545 9360
Fax +49 (0)7545 9361 33
www.seehof-hotel.de
info@seehof-hotel.de
Ganzjährig geöffnet

 Preise
EZ 67–90 €
DZ 110–140 €
inklusive Frühstück

Der einst schlichte Gasthof am Ufer des Bodensees hat sich zu einem qualitätsbewussten Seehotel gemausert. Die Brüder Frank und Jürgen Hallerbach (Letzterer der Küchenchef) setzen auf badische Gemütlichkeit, herzliche Professionalität im Service und auf eine konstant gute Küche. Egal, ob man einen Tomaten-Mozzarella-Salat in der Gartenwirtschaft oder ein viergängiges Menü im Gourmetrestaurant bestellt – immer werden die Speisen sorgfältig bis ins beglückende Detail zubereitet und unaufdringlich souverän serviert. Auch bei Vollbelegung kommt niemals Hektik auf.

Ambiance: ★★★★☆☆
Das Gebäude wird nie einen Architekturwettbewerb gewinnen, doch verführt es zur Entdeckung der Gelassenheit und verströmt eine heiter-gepflegte Ferienatmosphäre.

Lage: ★★★★☆
Direkt am pittoresken Yachthafen, mit Blick auf See und Säntis. Der Garten grenzt mit der Liegewiese direkt ans Seeufer. Die Anlegestelle der Bodenseeschiffe ist 100 Meter entfernt.

Service: ★★★★★★
Mit freundlicher Leichtigkeit und unkomplizierter Gelassenheit schafft es das Team, dass selbst gestresste Gäste binnen kurzer Zeit den inneren Computer herunterfahren.

Zimmer: ★★★☆☆
36 solide Zimmer, die meisten mit Balkon und Seeblick.

Küche: ★★★★☆
Moderne Marktküche und feine Fischgerichte im Gourmetrestaurant mit Sommerterrasse, gut gemachte regionale Spezialitäten in der historischen badischen Weinstube und in der Gartenwirtschaft.

Freizeitangebot: ★☆☆☆☆
Eigener Badestrand.

Anfahrt: Von Staad bei Konstanz mit der Fähre über den See nach Meersburg. Am deutschen Ufer in östlicher Richtung bis Immenstaad. Dort auf die Meersburger Strasse und rechts in die Bachstrasse abzweigen.

Pension am Bodensee 41
D-88079 Kressbronn

Bodanstrasse 7
Tel. +49 (0)7543 7382
Fax +49 (0)7543 952048
www.pension-am-bodensee.de
info@pension-am-bodensee.de
Ganzjährig geöffnet

Preise
EZ 75–120 €
DZ 98–185 €
Suite 210–345 €
inklusive Frühstück

Es gibt Hunderte Hotels rund um den Bodensee, aber nur sehr wenige direkt am See. Eines davon ist die «Pension am Bodensee» im deutschen Kressbronn, die von Biggi und Klaus Schorpp geführt wird. Das Haus liegt nicht nur privilegiert am Ufer, sondern auch inmitten eines liebevoll arrangierten Palmengartens mit Sonnenterrassen, Liegewiese, Naturstrand sowie privatem Bade- und Bootssteg. Von subtropischem Grün, Oleander und Lavendel umduftet, sitzt der Gast im Holzsessel und staunt. Vor ihm flimmert das Schwäbische Meer, das weiter und grösser ist, als er es in Erinnerung hatte, Wellen schlagen, Schwäne ziehen gelassen vorbei. Das Wort

Nord- und Ostschweiz, Zürichsee, Bodensee

«Pension» mag etwas irritieren. Während die meisten Hotels der Region hochstapeln und einen Stern zu viel tragen, setzen die Schorpps auf smartes Understatement und kultivieren das Feingefühl für eine Aufmerksamkeit, wie sie in kaum einem Vier- oder Fünfsternehotel am Bodensee zu erleben ist. Nur ein Restaurant fehlt, aber tagsüber locken hausgemachte Kuchen, und die Gastgeber stehen mit Rat und Tat zur Seite, wenn es um empfehlenswerte Lokale geht. Das Haus ist zweihundert Jahre alt, was man jedoch nur an den schönen Holzböden merkt. Eingerichtet wurde es im modernen italienischen Landhausstil: fröhliche Farben, warme Materialien und viel Licht. Kein Zimmer ist wie das andere, gemeinsam ist ihnen die Liebe zum Detail und das mediterrane Flair – die meisten haben Seeblick und Südterrassen.

Ambiance: ★★★★★★
Heiter stimmendes Landhaus, das von Freunden und Freundesfreunden fleissig weiterempfohlen wird.

Lage: ★★★★★★
In einem Palmengarten direkt am Seeufer.

Service: ★★★★★☆
Sehr persönlich und familiär.

Zimmer: ★★★☆☆
Ein Dutzend komfortable, teilweise kleine Zimmer und Suiten in den Farben des Südens.

Küche:
Kein Restaurant im Haus.

Freizeitangebot: ★★★★☆☆
Kleiner Wellnessbereich mit Panorama-Strandsauna, Bio-Aussenpool, Massagen, Thalassotherapie. Eigener Seezugang. Diverse Wassersportarten sind direkt ab Haus möglich, es gibt einen eigenen Windsurflehrer (kleine Gruppen von 3–5 Personen), Bade- und Ruderboote, führerscheinfreie Motorboote sowie ein 200-PS-Boot zum Wasserski- und Wakeboard-Fahren. Fahrradverleih.

Anfahrt: Von Lindau Richtung Friedrichshafen bis Ausfahrt Kressbronn. Im Kreisverkehr (Fischerboot) Ausfahrt Richtung Langenargen/Gohren. Nach 500 Metern über die Bahnbrücke und dann links Richtung Kressbronn/Tunau/Camping Iriswiese, vorbei an Campingplatz, Strandbad, Schiffswerft. Am Seepark das vierte Haus auf der rechten Seite.

Villino 42

D-88131 Lindau

Hoyerberg 34
Tel. +49 (0)8382 9345 0
Fax +49 (0)8382 9345 12
www.villino.de
info@villino.de
Ganzjährig geöffnet ausser drei Wochen im Januar

Preise
EZ 130–180 €
DZ 160–260 €
Juniorsuite/Suite 240–520 €
inklusive Frühstück

Hier wird einem so richtig bewusst, wie geschickt Natur und Design, innere und äussere Schönheit in Harmonie und Einklang gebracht werden können. Sonja

und Reiner Fischer haben hier, am Schnittpunkt der Länder Deutschland, Österreich und Schweiz, ein Gesamtkunstwerk des Wohlbefindens erschaffen. Das Kleinod versteckt sich hinter grossen alten Bäumen auf dem aussichtsreichen Hoyerberg ob Lindau und bietet 21 helle Gästezimmer mit dem gewissen Etwas. Das mehrfach ausgezeichnete Gourmetrestaurant zelebriert eine «Küche der Sinne» und eröffnet neue Geschmackshorizonte. Im kleinen, feinen Spa kann man sich mit Naturprodukten in massgeschneiderter Anwendung schönpflegen oder seinem Körper allerlei Gutes tun lassen. Ohne Zweifel ist das «Villino» ein günstig gelegener Ausgangsort, um die Schönheiten des Bodensees zu erkunden. Aber es ist auch ein wunderbarer Ort, um einfach nur zu entspannen und gar nichts zu tun – das aber in grossem Stil.

Ambiance: ★★★★★★
Villa im italienischen Landhausstil. «Um sich hier wie im Paradies zu fühlen, fehlt eigentlich bloss der Seeblick», schreibt der «Gault-Millau» und ergänzt: «Aber wir vermissen ihn nicht einmal, denn er nähme uns womöglich die beglückende Illusion, auf einem toskanischen Landgut dem Dolcefarniente zu frönen.»

Lage: ★★★★★☆
In einer anmutigen Gartenanlage auf dem Hoyerberg, inmitten von Obstkulturen, weitab vom Touristenrummel auf der Insel Lindau.

Service: ★★★★★★
Alles läuft mit selbstverständlicher Professionalität ab. Man spürt die Sorgfalt in jedem Detail.

Zimmer: ★★★★★★
7 freundliche Doppelzimmer, 9 Juniorsuiten und 5 Suiten in mediterranen Farben und mit viel Gefühl für das richtige Detail.

Küche: ★★★★★★
Moderne italienische Gourmetküche mit asiatischem Touch (1 Michelin-Stern, 17 Gault-Millau-Punkte). Weinkarte mit 750 Positionen.

Freizeitangebot: ★★☆☆☆☆
Einladender Wellnessbereich mit Saunas, Dampfbad, diversen Massagen und Beautyanwendungen. Regelmässig Kochkurse.

Anfahrt: Autobahn bis Konstanz, dann mit der Fähre über den See nach Meersburg. Am deutschen Bodenseeufer über Friedrichshafen nach Lindau. Abzweigung Richtung Oberreitnau, Schönau.

Schloss Wartegg 43

CH-9404 Rorschacherberg

Tel. +41 (0)71 858 62 62
Fax +41 (0)71 858 62 60
www.wartegg.ch
schloss@wartegg.ch
Mitte Februar bis Ende Januar geöffnet

🪙 Preise
EZ 115–155 CHF
DZ 140–270 CHF
inklusive Frühstück

Beim Flanieren durch den zauberhaften englischen Park vergisst man die Zeit. Betritt man das vierhundertfünfzigjährige Schloss, das sich hinter riesigen alten Bäumen versteckt, spürt man sofort die sichere Hand des Architekten: Schlichtheit und natürliche Materialien bestimmen den umsichtigen, nach baubiologischen Grundsätzen erfolgten Ausbau der Innenräume. Alles, was bewahrt werden konnte, wurde erhalten. Altes und Neues wurde klug vereint. Die Ästhetik der Gesamtanlage und die Liebe zum Detail bringen Körper, Geist und Seele in Balance. Die weit verbreitete Hotelplaner-Maxime, Grundrisse und Grundstücke nutzflächensteigernd zu standardisieren, gilt hier nicht viel. Der Park, das Treppenhaus, der Konzertsaal sind eine grandiose Platzverschwendung. Dies war nur möglich dank dem Idealismus der Besitzer Angelika und Christoph Mijnssen, die sich in das vom Verfall bedrohte Gebäude verliebt hatten und es im Jahr 1998 zu neuem Leben erweckten. Profitieren können die Gäste: «Schloss Wartegg» ist eine der preiswertesten und zugleich schönsten Schlossunterkünfte der Schweiz.

Ambiance: ★★★★☆
Harmonische Kombination zwischen Romantik und Moderne, mit nachhaltigem Engagement und Blick auf umweltbewusste Bewirtschaftung geführt.
Lage: ★★★★☆
In einem 9 Hektar grossen Naturpark mit Blick auf den Bodensee.

Service: ★★★★☆☆
Freundlich und hilfsbereit.

Zimmer: ★★★★☆☆
24 rauchfreie, mit Naturmaterialien gestaltete Zimmer, teilweise mit Etagenbad. Man schläft wahlweise auf herkömmlichen Matratzen oder japanisch auf Tatamis und Futons. Flexible Familienzimmer mit Kitchenette. Keine Fernsehgeräte in den Zimmern.

Küche: ★★★☆☆☆
Leichte Marktküche mit ausschliesslich frischen Bio- und Freilanderzeugnissen, vegetarische Spezialitäten. Schöne Gartenterrasse.

Freizeitangebot: ★★☆☆☆☆
Regelmässig Konzerte im stimmungsvollen Musiksaal. Historisches türkisches Bad, Sauna. Fahrräder, Spielwiese für Volleyball, Kinderspielplatz, Kinderbetreuung während der Hauptferienzeiten.

Anfahrt: Autobahn St. Gallen–St. Margrethen bis Ausfahrt Rheineck, dann Landstrasse Richtung Rorschach. Durch Staad hindurch und beim Ortsende (linker Hand Shell- und Migrol-Tankstellen) links nach Rorschacherberg abbiegen, am «Parkhotel Waldau» vorbeifahren und der Beschilderung zum «Schloss Wartegg» folgen.

Neu Gasthaus zum Gupf 44
CH-9038 Rehetobel

Tel. +41 (0)71 877 11 10
Fax +41 (0)71 877 15 10
www.gupf.ch
info@gupf.ch
Anfang März bis Mitte Juli und Ende Juli bis Ende Januar geöffnet.
Restaurant Montag und Dienstag geschlossen.

Preise
EZ 180 CHF
DZ 250 CHF
Suite 395–480 CHF
inklusive Frühstück

«Sönd willkomm!» heisst es in diesem behaglich-stilvollen Gasthaus, das über sanft gewellte Wiesen und Wälder vom Säntis über die Hochalpen bis zum Bodensee blickt. Die gemütlichen Restaurantstuben laden zum Geniessen ein – Küchenchef Walter Klose ist weit über die Appenzeller Kantonsgrenzen hinaus für seine bodenständige Gourmetküche bekannt, und es gibt nur wenige Orte in der Schweiz, wo man in so unprätentiöser und entspannter Umgebung so gut essen kann. Nicht zuletzt wegen dem legendären Weinkeller mit 1650 Provenienzen und 25 000 Flaschen bleiben viele Stammgäste über Nacht. Direkt an den Landgasthof angeschlossen ist ein eigener Bauernbetrieb mit Viehzucht: Auf vierzehn Hektaren Land tummeln sich Kälber und Rinder, hausen Mutterschweine und ihre Ferkel. Stolz ist man auf dem «Gupf» auf die fortschrittliche Tierhaltung. Kein Rind wird angebunden, und die Schweine haben 365 Tage im Jahr Auslauf. Zudem ist das Futter rein natürlich – für den «Gupf» eine Ehrensache.

Ambiance: ★★★★☆
Ein Appenzellerhaus wie aus dem Bilderbuch in einer friedlichen Hügellandschaft fern von allem Trubel und Stress. Man glaubt den Kühen gerne, dass sie hier glücklich sind und deshalb ordentlich Milch für den berühmten Käse liefern.

Lage: ★★★★★★
An grandioser Aussichtslage auf einem Bergrücken bei Rehetobel, auf 1083 Meter über Meer.

Service: ★★★★☆
Warmherzig, professionell, hilfsbereit.

Zimmer: ★★★☆☆
8 rustikale Doppelzimmer und 2 Suiten.

Küche: ★★★★★★
Die meisten Gäste kommen wegen den kulinarischen Klassikern wie dem Cordon-bleu vom Kalb, dem Rindsfilet aus eigener Viehwirtschaft oder dem Rehrücken mit Schupfnudeln, es gibt aber auch saisonale Feinschmeckermenüs, die für die mit einem Michelin-Stern und 17 Gault-Millau-Punkten ausgezeichnete Küche preislich verhältnismässig im Rahmen liegen. Der Käsewagen bietet eine Auswahl des Besten, was sich in der Schweiz, in Frankreich und in Italien findet.

Freizeitangebot:
Kein spezifisches Angebot.

Anfahrt: Landstrasse St. Gallen–Speicherschwendi–Heiden bis Rehetobel. In Rehetobel nach der Post links abbiegen und der Beschilderung zum «Gupf» folgen.

verbindet sich mit aktuellen Geschichten – und jeder kann hier sein eigenes Kapitel weiterschreiben. Wenn der «Hofgarten» voll belegt ist, was häufig vorkommt, empfiehlt sich auch das gegenüberliegende, nicht minder charmante Schwesterhotel «Rebstock», das in einem historischen Riegelhaus aus dem 12. Jahrhundert untergebracht ist. Beide Hotels sind Anziehungspunkte für Menschen, die das Spezielle suchen, und so trifft sich hier eine bunte Gästeschar aus

Hofgarten 45
CH-6006 Luzern

Stadthofstrasse 14
Tel. +41 (0)41 410 88 88
Fax +41 (0)41 410 83 33
www.hofgarten.ch
hotel@hofgarten.ch
Ganzjährig geöffnet

Preise
EZ 175–220 CHF
DZ 229–310 CHF
inklusive Frühstück

In den drei labyrinthisch zusammengebauten jahrhundertealten «Hofgarten»-Häusern hat die Lebenslust Tradition. Ritter, Handwerker und Prälaten haben diesen Ort geprägt. Die Spuren, die sie hinterlassen haben, sind heute liebevoll restauriert und wieder mit Leben erfüllt: Altes verbindet sich mit Neuem, romantisch Verspieltes mit aktueller Kunst, traditionelle Behaglichkeit mit modernem Lebensstil. Historische Bauelemente wie Täfer, Keramikplatten, Balken und Stützen wurden raffiniert ins Raumkonzept integriert, so dass die Gäste daran einen Querschnitt der Luzerner Baugeschichte ablesen können. Die achtzehn Zimmer sind sehr unterschiedlich, aber durchwegs stilvoll eingerichtet. Historie Geschäftsleuten, Feriengästen, Bonvivants und Künstlern.

Ambiance: ★★★★☆☆
Unkompliziert stilvoller Rückzugsort im Stadtzentrum.
Lage: ★★★★☆☆
Bei der Hofkirche, wenige Schritte zur Seepromenade.
Service: ★★★★☆☆
Freundlich und hilfsbereit.

Zentralschweiz, Vierwaldstättersee

Zimmer: ★★★★☆☆
Wohnkultur ist hier nicht nur ein leeres Wort: Jedes der 18 Gästezimmer hat seine eigene Struktur, Ambiance und Möblierung – das prunkvolle Jugendstilbett oder die gemütlichen Biedermeiermöbel, das Designersofa oder der alte Kachelofen mit wärmendem Bänkchen gibt es immer nur einmal.

Küche: ★★★★☆☆
Zeitgemässe Marktküche aus regionalen Frischprodukten. Im Sommer wird auf der blütenumrankten Gartenterrasse gespeist.

Freizeitangebot:
Kein spezifisches Angebot.

Anfahrt: Vom Bahnhof/Kongresszentrum über die Seebrücke, rechts dem See entlang, dann links in die Löwenstrasse Richtung Autobahn und gleich wieder rechts in die Dreilindenstrasse einbiegen.

Friedheim 46
CH-6353 Weggis

Friedheimweg 31
Tel. +41 (0)41 390 11 81
Fax +41 (0)41 390 27 40
www.hotel-friedheim.ch
info@hotel-friedheim.ch
Mitte April bis Mitte Oktober geöffnet

 Preise
EZ 78–110 CHF
DZ 140–250 CHF
inklusive Frühstück

Die Hügel und Berge rund um den vielarmigen Vierwaldstättersee sind eine einzige Filmkulisse. Hier lügen die Postkarten nicht. Besonders schöne Ausblicke geniesst man vom Hotel «Friedheim», einem ehemaligen Bauerngehöft mit hübschem Garten, wo man sich Lichtjahre von der Alltagshektik entfernt fühlt. Die Zimmer mögen teilweise etwas banal eingerichtet sein, doch ist das Haus sehr gepflegt, und im Restaurant ist alles so, wie man es in Erinnerung hat von Ausflügen mit den

Grosseltern. Die Gastgeberfamilie Zimmermann sorgt in vierter Generation und mit grossem persönlichem Einsatz dafür, dass die zahlreichen Stammgäste mit sich und der Welt zufrieden sind.

Ambiance: ★★★★☆☆
Ansprechend provinzieller Familienbetrieb.

Lage: ★★★★★☆
An ruhiger Panoramalage oberhalb des Ortszentrums im Grünen.

Service: ★★★★★☆
Familiär und sehr persönlich.

Zimmer: ★★☆☆☆☆
20 funktionelle Zimmer, verteilt auf Haupthaus und den modernen Anbau.

Küche: ★★★★☆☆
Dieser Ort strahlt feste Werte aus, auch in kulinarischer Hinsicht. Alles ist tadellos zubereitet und zu kundenfreundlichen Preisen.

Freizeitangebot: ★☆☆☆☆
Gratiseintritt ins Lido und ins Hallenbad Weggis.

Anfahrt: Autobahn Rotkreuz–Brunnen bis Ausfahrt Küssnacht am Rigi, dann Landstrasse nach Weggis. Im Ort ist das Hotel ausgeschildert.

Neu POHO Post Hotel Weggis 47
CH-6353 Weggis

Seestrasse 8
Tel. +41 (0)41 392 25 25
Fax +41 (0)41 392 25 28
www.poho.ch
info@poho.ch
Ganzjährig geöffnet

Preise
EZ 190–275 CHF
DZ 235–365 CHF
Familienzimmer 408–585 CHF
ohne Frühstück

Das banale Äussere dieses frisch herausgeputzten Lifestyle-Hotels an der Seepromenade von Weggis signalisiert keine gastgewerbliche Offenbarung. Erstbesucher sollten sich davon jedoch nicht entmutigen lassen. Denn das Ambiente im Innern ist trendbewusst urban, der Empfang sehr freundlich, der Ausblick auf den Vierwaldstättersee fantastisch, dazu gibt es einen mystischen Wellnessbereich, und die Zimmer präsentieren sich in vorsätzlicher Schlichtheit und mit beeindruckender Unterhaltungselektronik. Ein Trumpf des Hotels ist das «POHO Lakeside Center» mit Wassersport ohne Ende.

Zentralschweiz, Vierwaldstättersee

Ambiance: ★★☆☆☆
Das Hotel wurde für junge, unternehmungslustige Gäste konzipiert, und so ist hier auch das Lebensgefühl.

Lage: ★★★★☆
Im Dorfzentrum an der Uferpromenade gegenüber der Schiffsanlegestelle.
Service: ★★★★★
Gut drauf und nah am Gast.
Zimmer: ★★★☆☆
45 Zimmer und Familienzimmer. Alle Zimmer mit Balkon, kostenlosem Highspeed-Internetzugang,
iPod Docking Station und Playstation 3.
Küche: ★★★★☆☆
Pasta in allen möglichen Varianten und originelle Tapas-Kreationen in der «POHO Dining Lounge», währschafte Schweizer Spezialitäten im «Weggiser Stübli», leichte Sommergerichte auf der Seeterrasse. Bemerkenswerter Weinkeller mit über 500 Sorten zu gastfreundlich kalkulierten Preisen.
Freizeitangebot: ★★★★☆☆
Kleiner Wellnessbereich mit kunstvoll inszeniertem Hallenbad, Sauna, Dampfbad, Fitnesscenter. «POHO Lakeside Center» für Nervenkitzel, Fun und Action auf dem Wasser: von Wasserski, Wakeboard, Wakeskate und Wakesurf bis zu Bootsvermietung und privaten Seerundfahrten. Vermietung von Wheeler Mountainbikes, Beach Cruisers und Bike Boards. Das Taxiboot (mit Platz für bis zu 12 Personen) bringt die Gäste zum Picknick an einsame Strände oder zum Konzert ins KKL Luzern. Kinderspielzimmer.

Anfahrt: Autobahn Rotkreuz–Brunnen bis Ausfahrt Küssnacht am Rigi, dann Landstrasse nach Weggis. Im Ort ist das Hotel gut ausgeschildert.

Neu Wellness Hotel Rössli 48
CH-6353 Weggis

Seestrasse 52
Tel. +41 (0)41 392 27 27
Fax +41 (0)41 392 27 26
www.wellness-roessli.ch
mail@wellness-roessli.ch
Ganzjährig geöffnet

Preise
EZ 130–160 CHF
DZ 220–320 CHF
inklusive Frühstück

Das unprätentiöse Dreisternehotel, das sich trotz stark gewachsener Konkurrenz stolz im Wellnessmarkt behauptet, nimmt nicht mit übermütiger Innovation, sondern mit solider Professionalität und

67

Flora Alpina 49
CH-6354 Vitznau

Tel. +41 (0)41 399 70 70
Fax +41 (0)41 399 70 99
www.floraalpina.ch
welcome@floraalpina.ch
Ganzjährig geöffnet

Preise
EZ 90–185 CHF
DZ 150–290 CHF
Familienzimmer 240–350 CHF
inklusive Frühstück

ausgesprochen gastfreundlichen Mitarbeitern für sich ein. Die Spa-Infrastruktur ist nicht überbordend, doch scheint jedes Detail durchdacht und die sechzehn Therapeutinnen und Therapeuten überzeugen mit fachlicher Kompetenz. «In kleinen Dingen gross sein» lautet das Motto, das die Gastgeberfamilie Nölly ihrem Haus gegeben hat.

Ambiance: ★★★★☆☆
Natürlichkeit ist das Thema dieses kleinen Wellnesshotels. Man hat das Gefühl, dass an den Gast gedacht wird, dass überall versucht wird, ihn mit kleinen Dingen zu erfreuen.
Lage: ★★☆☆☆
Im Dorfzentrum.
Service: ★★★★★☆
Aufmerksam entspannt.
Zimmer: ★★★☆☆☆
Eher einfache, aber angenehme und helle Zimmer. Sehr schönes «Rössli Turm Zimmer»

mit Loggia und Erker zur Seeseite.
Küche: ★★★★☆☆
Zeitgemässe mediterrane Marktküche, teilweise mit asiatischen Akzenten.
Freizeitangebot: ★★★☆☆☆
Wellnessbereich mit kleinem Aussen-Solebad (34 Grad), Whirlpools, Saunawelt, Fitnessraum sowie vielfältigem Angebot an Körperbehandlungen (klassische und fernöstliche Massagen, ayurvedische Behandlungen, LaStone-Therapie, Shiatsu usw.) und Beautyanwendungen (Thalasso, Peelings, Fango- und Schlammpackungen, Hand- und Fusspflege, Anti-Cellulite-Behandlungen usw.). Freier Eintritt ins öffentliche Hallenbad und ins Lido Weggis.

Anfahrt: Autobahn Rotkreuz–Brunnen bis Ausfahrt Küssnacht am Rigi, dann Landstrasse nach Weggis. Im Ort der Hotelbeschilderung folgen.

Das «Flora Alpina» liegt nicht direkt am See wie etwa das prachtvolle «Park Hotel Vitznau». Es gibt auch keine berauschenden Spa-Welten und keine kulinarischen Höhenflüge wie im nahen «Vitznauerhof». Die Koffer müssen Sie selbst aufs Zimmer tragen und wochentags ist mit Heerscharen von Seminarteilnehmern zu rechnen. Trotzdem empfehlen wir dieses Dreisternehotel am Fuss der Rigi für ein stimmiges Wochen-

Zentralschweiz, Vierwaldstättersee

ende. Wenn freitags die Geschäftsgäste abgereist sind, die hier einen stimulierenden Ort für Schulungen, Gedanken- und Meinungsaustausch gefunden haben, verwandelt sich die Hotelanlage in einen Spielplatz für Feriengefühle. Kaum ein anderes Hotel am Vierwaldstättersee bietet seinen Gästen so viel Auslauf, und die nächsten Nachbarn sind mehrere hundert Meter entfernt. Die Hotelhalle und die Korridore wirken liebenswürdig altmodisch. Man merkt kaum, wo das Alte aufhört und das Neue beginnt. Die Dielen

knarren, was die heutigen Besucher zum Glück so romantisch finden, wie sie es vor ein paar Jahren als störend empfanden. Die Zimmer wurden unlängst in luftig-schlichtem Stil von Architektin Pia Schmid renoviert. Wer länger als ein Wochenende bleibt, kann eines der vom Hotel betriebenen Ferienappartements in der «Villa Margaritha» direkt am See buchen.

Ambiance: ★★★☆☆
Angenehmes Landhotel mit Traumpanorama
Lage: ★★★★★★
Im weitläufigen Hotelpark südlich von Vitznau, mit herrlichem Ausblick auf Bürgenstock, Pilatus und den Vierwaldstättersee.
Service: ★★★★☆☆
Freundlich. Die Mitarbeiter stehen auch bei der Organisation von Ausflügen gerne mit Rat und Tat zur Verfügung.
Zimmer: ★★★☆☆
57 moderne, funktionelle Zimmer. Sehr schön ist Eckzimmer Nr. 104 mit riesiger privater Terrasse.

Küche: ★★★☆☆
Einheimische Marktküche, vegetarische Gerichte und Grillspezialitäten. Fantastische Sommerterrasse.
Freizeitangebot: ★★☆☆☆
Stimmungsvolles Dampfbad «SchwitzUndSchwimm» im alten Bootshaus, kleiner privater Sandstrand. Kinderspielplatz.

Anfahrt: Autobahn Rotkreuz–Brunnen bis Ausfahrt Küssnacht am Rigi, dann Landstrasse via Weggis nach Vitznau. Den Ort durchqueren und 1,5 Kilometer Richtung Brunnen weiterfahren bis zur Hotelabzweigung.

🆕 Boutique-Hotel Schlüssel 50
CH-6375 Beckenried

Oberdorfstrasse 26
Tel. +41 (0)41 622 03 33
Fax +41 (0)41 622 03 34
www.schluessel-beckenried.ch
info@schluessel-beckenried.ch
Ganzjährig geöffnet

Preise
EZ 150–222 CHF
DZ 240–380 CHF
inklusive Frühstück

Woran liegt es, dass man sich in diesem rot geschindelten Gasthaus von 1727 wohler fühlt als in vielen – ebenfalls engagiert und professionell geführten – Hotels in der Zentralschweiz? Ist es der weite Panoramablick über den Vierwaldstättersee und die Berge? Ist es das sympathische Gastgeberpaar, das jeden Gast persönlich begrüsst und sich gleich mit Vornamen vorstellt? Ist es die geschickt konzipierte Innendekoration der Zimmer, in denen jeder Gegenstand und jedes Möbelstück eine Geschichte hat und alles dennoch stilvoll einheitlich wirkt? Ist es die holzgetäferte Gaststube, wo der Boden knarrt und gegessen wird, was auf den Tisch kommt? Ist es das lukullische Frühstück, so wie es der Chef selber gerne isst? Es ist wohl von allem ein bisschen, dazu kommt ein gutes Preis-Genuss-Verhältnis, ein lauschiger Garten und ein zwangloses Lebensgefühl – gute Laune kann man im «Schlüssel» regelrecht tanken.

Ambiance: ★★★★☆
Gelungene Symbiose aus Nostalgie, modernem Wohlfühldesign und Gastfreundschaft. Letztere ist hier allgegenwärtig und wird rund um die Uhr gelebt.
Lage: ★★★☆☆
Abseits der Hauptstrasse inmitten des Dorfs hoch über dem Vierwaldstättersee.

Freizeitangebot: ★☆☆☆☆
Frei verfügbare Mountainbikes. Auf Wunsch begleitete Bootstouren, Helikopterflüge und Wanderungen.

Anfahrt: Autobahn Luzern–Gotthard bis Ausfahrt Beckenried Nord, dann rechts Richtung Beckenried. Nach dem «Seehotel Sternen» rechts Richtung Oberdorf abzweigen, dann in der Linkskurve an der Kapelle vorbei und 300 Meter weiterfahren bis zum Hotel.

Service: ★★★★★★
Sehr individuell und zuvorkommend. Daniel und Gabrielle Aschwanden betrachten ihre Gäste als ihren persönlichen Besuch und sind mit allen per Du.

Zimmer: ★★★★★★
8 ausgesprochen wohnliche, von sicherer Hand eingerichtete Zimmer, verteilt auf Haupthaus und Nachbarhaus. Alle Zimmer (ausser Zimmer «zwei») verfügen über eine freistehende, nostalgische Badewanne mit Füssen.

Küche: ★★★★☆☆
Das kulinarische Motto des kochenden Gastgebers: «Es git, was äs hät, und was äs hät, das git's.» Daniel Aschwanden stellt seinen Gästen am Tisch sein aktuelles Menü vor – eine Speisekarte sucht man im «Schlüssel» vergebens, doch sind die verwendeten Produkte stets frisch, regional und saisonal, und auf spezielle gesundheitliche Bedürfnisse und vegetarische Vorlieben wird selbstredend Rücksicht genommen.

Gstaaderhof 51
CH-3780 Gstaad

Tel. +41 (0)33 748 63 63
Fax +41 (0)33 748 63 60
www.gstaaderhof.ch
gstaaderhof@gstaad.ch
Anfang Dezember bis Anfang April
und Mitte Mai bis Mitte Oktober
geöffnet

Preise
EZ 124–245 CHF
DZ 218–450 CHF
inklusive Frühstück

Zweifellos ist die Landschaft um Gstaad unter all den schönen Regionen, die es in der Schweiz gibt, eine besonders herausragende. Doch wo es schön ist, sind die reichen Leute nicht weit, was wiederum zu überhöhten Preisen führt. Das leicht versnobte Gstaad macht diesbezüglich keine Ausnahme. Dennoch gibt es hier ein zentral gelegenes und gemütliches Hotel zu vernünftigen Preisen: den «Gstaaderhof». Eine modern-rustikale Einrichtung bestimmt das Interieur dieses grossen, im regionalen Heimatstil erbauten Holzchalets, und obwohl sich der Hoteleingang an der Hauptstrasse befindet, sind alle Zimmer zum Garten und zur Bergwelt hin orientiert. Die Gäste sind von Alter und Herkunft bunt durchmischt. Die Atmosphäre in den öffentlichen Räumen ist heiter relaxed, und das Hoteliersspaar Doris und Jost Huber wacht darüber, dass jeder Gast sich bestens umsorgt fühlt. Der hübsche kleine Wellnessbereich bietet eine valable Schlechtwetteralternative. Ein einladendes Ganzes, nie hundertprozentig perfekt, aber stets sehr sympathisch.

Ambiance: ★★★★☆☆
Gut geführtes Ferien- und Familienhotel mit Charme und Stil.

Lage: ★★★★☆☆
Am Rand des Dorfzentrums, wenige Schritte zur autofreien Promenade.

Service: ★★★★★☆
Familiär, unkompliziert professionell.

Berner Oberland und Emmental

Chalet Hotel Hornberg 52

CH-3777 Saanenmöser-Gstaad

Zimmer: ★★★★☆☆
64 komfortable, wohnliche Zimmer, 9 davon Familienzimmer.

Küche: ★★★☆☆☆
Regionale und internationale Gerichte im Hotelrestaurant «Müli», Grill- und Fonduespezialitäten im rustikalen «Saagi-Stübli».

Freizeitangebot: ★★☆☆☆☆
Kleiner Wellnessbereich mit Sauna, Dampfbad, Whirlpool, klassischen und fernöstlichen Massagen. Kinderspielzimmer, Tischtennis, Tischfussball, Billard. Im Winter Skibus-Haltestelle praktisch vor der Haustür.

Anfahrt: Autobahn Bern–Interlaken bis Ausfahrt Zweisimmen, dann Landstrasse durchs Simmental via Zweisimmen nach Gstaad. Beim Dorfeingang in den Umfahrungstunnel und ins Dorfzentrum fahren. Das Hotel ist ausgeschildert.

Tel. +41 (0)33 748 66 88
Fax +41 (0)33 748 66 89
www.hotel-hornberg.ch
willkommen@hotel-hornberg.ch
Anfang Dezember bis Anfang April und Mitte Mai und Mitte Oktober geöffnet

Preise
EZ 160–235 CHF
DZ 280–480 CHF
Juniorsuite 450–560 CHF
Familienappartement
(2–5 Personen) 460–950 CHF
inklusive Halbpension

Die Grösse dieses Hotels besteht darin, dass man nichts Grosses darüber sagen kann. Seine Schönheit gründet in seiner Normalität und in der Freundlichkeit seiner Besitzer. Es liegt im Saanenland in intakter Natur am Waldrand. Von der geschützten Sonnenterrasse aus hat man einen Panoramablick auf die herrliche Bergwelt mit dem Rüeblihorn. Zum Skilift und zur Skischule sind es wenige Schritte, die Langlaufloipe führt direkt am Haus vorbei. Wenn man das Hotel betritt, grüssen einen Haushund und Hauskatze, das Holz des Kaminfeuers knistert, und man ahnt, dass man hier ein kleines Juwel gefunden hat. Der Verzicht auf alles Geschniegelte und die ehrliche Rustikalität tragen ebenso zur zwanglos gepflegten Ambiance

bei wie das souveräne Selbstverständnis von Brigitte und Christian Höfliger-von Siebenthal, die das Haus in dritter Generation führen. Die beiden leben jeden Tag aufs Neue vor, wie man Gäste mit kleinen Aufmerksamkeiten glücklich macht. Die Hotelanlage umfasst das 1936 erbaute Chalet und ein neueres, direkt damit verbundenes Gebäude im selben Baustil. Ersteres beherbergt 25 rundum gemütliche Zimmer und Juniorsuiten mit knarrenden Böden. Im Nebengebäude sind ein Dutzend überraschend grosse, stilvoll schlicht gestaltete Familienappartements mit raumhohen Fensterfronten untergebracht. Der Erfolg des «Hornberg» spiegelt den Sinneswandel der anspruchsvollen Reisenden: Ein Hotel soll in erster Linie bewohnt statt bewundert werden.

Ambiance: ★★★★★★
Behaglich alpin, sehr persönlich und dennoch nicht übertrieben familiär.

🆕 Alpenland 53
CH-3782 Lauenen-Gstaad

Tel. +41 (0)33 765 91 34
Fax +41 (0)33 765 91 35
www.alpenland.ch
hotel@alpenland.ch
Anfang Mai bis Anfang November und Anfang Dezember bis Anfang April geöffnet

Preise
EZ 120–260 CHF
DZ 180–310 CHF
Suite 300–765 CHF
inklusive Frühstück

Manchmal sieht man Rehe ganz nah herankommen. Das Hotel «Alpenland», direkt am Naturschutzgebiet Rohr-Lauenensee gelegen, macht seinem Namen alle Ehre. Ausser dem frei lebenden Wild gibt es keine unmittelbaren Nachbarn. Das Interieur strahlt im neuzeitlich rustikalen Alpenstil, und sobald die Sonne scheint, lockt sie zum gemütlichen Draussensitzen auf der Terrasse. Insgesamt ein unprätentiös angenehmes, familien- und hundefreundliches Dreisternehaus.

Ambiance: ★★★☆☆
Moderner Landgasthof mit postkartentauglichem Ausblick auf die Lauener Bergwelt.
Lage: ★★☆☆☆
Ruhig ausserhalb des Ortes direkt am Naturschutzgebiet Rohr-Lauenensee.

Lage: ★★★★★★
Freistehend am Waldrand. Die Skipiste endet vor der Haustür.
Service: ★★★★★★
Das Hotelteam beeindruckt durch kompetente, unaufgeregte Aufmerksamkeit und fröhliche Freundlichkeit ohne Anbiederei.
Zimmer: ★★★★☆☆
37 holzgeprägte Zimmer und Familienappartements.
Küche: ★★★★★☆
Das Normale wird hier aussergewöhnlich gut gemacht.
Freizeitangebot: ★★★☆☆
Hallenbad, Bio-Schwimmteich im Garten, kleiner Wellnessbereich mit 2 Saunas und Dampfbad,

klassische Massagen, Kinderspielplatz, 2 Aussentennisplätze, Fahrräder, regelmässig geführte Wanderungen. Der Einstieg ins Skigebiet und die Skischule befinden sich 150 Meter entfernt. Langlaufloipen und (Winter-)Wanderwege führen direkt am Haus vorbei. Das Hotel liegt wenige hundert Meter vom 18-Loch-Golfplatz Gstaad-Saanenland entfernt.

Anfahrt: Autobahn Bern–Interlaken bis Ausfahrt Zweisimmen, dann Landstrasse durchs Simmental via Zweisimmen Richtung Gstaad bis Saanenmöser. Im Ort den Wegweisern zum Hotel folgen.

Service: ★★★☆☆
Unkompliziert familiär.
Zimmer: ★★★★☆
20 helle, angenehme Doppelzimmer und 2 Suiten. Alle Zimmer mit Balkon und kostenlosem WLAN-Zugang.
Küche: ★★★☆☆
Gut zubereitete regionale Spezialitäten.
Freizeitangebot: ★★★☆☆
Aussenspielplatz, Kinderspielzimmer. Skilift, Langlaufloipe und (Winter-)Wanderwege vor der Haustür.

Anfahrt: Autobahn Bern–Interlaken bis Ausfahrt Zweisimmen, dann Landstrasse durchs Simmental via Zweisimmen nach Gstaad. Beim Dorfeingang in den Umfahrungstunnel und dann den Wegweisern nach Lauenen folgen (7 Kilometer ab Gstaad).

Parkhotel Bellevue 54
CH-3715 Adelboden

Tel. +41 (0)33 673 80 00
Fax +41 (0)33 673 80 01
www.parkhotel-bellevue.ch
info@parkhotel-bellevue.ch
Anfang Juni bis Mitte April geöffnet

Preise
EZ 225–255 CHF
DZ 400–500 CHF
Juniorsuite/Suite 520–600 CHF
Familienappartement
(vier Personen) 600–850 CHF
inklusive Halbpension

Das «Parkhotel Bellevue» ist der Inbegriff eines soliden zeitgemässen Wellnesshotels für Normalverdiener. Kein Spa-Tempel, der den Besucher zum staunenden Statisten degradiert, sondern ein Ort mit gelebter Hotelkultur, hohem Entspannungsfaktor und gutem Gegenwert. Der langjährige Kritikpunkt – das veraltete Hallenbad und die zu kleine Sauna – wurde 2009 durch einen Umbau behoben. Dabei wurde die Saunalandschaft stark erweitert sowie das Hallenbad stilistisch an den puristischen Stil des Spa-Bereichs mit Aussen-Solebad, Ruhepavillons und Behandlungsräumen angepasst. Die Therapeuten sind gut ausgebildet, die zahlreichen Behandlungen für Body und Beauty laden dazu ein, sich ganz ohne Stress fallen zu lassen. Frischen Wind ins Haus brachte das Basler Architekturbüro Buchner Bründler, etwa mit einer neuen Leichtigkeit in den sogenannten «Privilege»-Zimmern und der Umgestaltung der einst fahlen Speisesäle in ein luftiges Restaurant, dessen Materialien Bezüge zur Bergwelt herstellen. Aus allen Fenstern blickt man auf eine Landschaft von urtümlicher Schönheit, die nicht überfüllt, nicht zersiedelt und nicht schwer zu erreichen ist.

Ambiance: ★★★★★★
Das «Bellevue» beweist, was Architekten schon seit einiger Zeit behaupten: dass gelungenes Design eine friedliche und entspannte Atmosphäre verbreiten kann.

Lage: ★★★★★☆
In einer Gartenanlage am Dorf- und Waldrand. 3 Gehminuten vom Ortszentrum.

Service: ★★★★★★
Individuell, persönlich, in jeder Hinsicht überdurchschnittlich.

Berner Oberland und Emmental

Zimmer: ★★★★☆
50 angenehme Zimmer, Juniorsuiten und Suiten in den drei Kategorien «Tradition», «Nature» und «Privilege». Familienappartements für 4 Personen.

Küche: ★★★★☆
Zeitgemässe Marktküche. Einladendes Halbpensionsrestaurant mit fünfgängigen Auswahlmenüs aus saisonalen Qualitätsprodukten.

Freizeitangebot: ★★★★☆☆
Grosser Wellnessbereich mit Hallenbad, Aussen-Solebad, Saunawelt, Whirlpool, diverse Körperbehandlungen und Beautyanwendungen, Fitnessraum. Geführte Wanderungen und Velotouren, täglich Entspannungs- und Gymnastiklektionen, Fahrräder.

Anfahrt: Autobahn Bern–Interlaken bis Ausfahrt Frutigen/Kandersteg, dann Landstrasse via Frutigen nach Adelboden. Im Ort der Beschilderung zum Hotel folgen.

Hotel Blausee 55
CH-3717 Blausee

Tel. +41 (0)33 672 33 33
Fax +41 (0)33 672 33 39
www.blausee.ch
info@blausee.ch
Ganzjährig geöffnet

Preise
EZ 155 CHF
DZ 276 CHF
Juniorsuite 299 CHF
inklusive Frühstück

«Natur pur» – das schreiben viele Hoteliers in ihre Prospekte. Hier wird das Versprechen eingelöst: Zwanzig Hektar gross ist der voralpine Naturpark im Kandertal, dessen Zentrum der durch und durch blaue Bergsee bildet. Über dem See, umgeben von Wiesen und Wäldern, thront das renovierte Jugendstilhaus mit achtzehn Zimmern und Restaurant. Wenn die traumhaft gelegene Anlage nach Sonnenuntergang nicht mehr von Ausflugstouristen heimgesucht wird, sondern wieder zu atmen beginnt und den wenigen Hotelgästen gehört, entwickelt sich das «Hotel Blausee» zu einem selten schönen Platz für ein kuscheliges Wochenende zu zweit. Nachts kann man sich von der mysteriösen See- und Parkbeleuchtung verzaubern lassen, während am Himmel über eine Million Sterne funkeln.

Ambiance: ★★★★★★
Ein Traum für Landschaftsanbeter und unverbesserliche Romantiker.
Lage: ★★★★★★
Idyllisch im Naturpark Blausee, direkt am kleinen, glasklaren See, auf 900 Meter über Meer.

Service: ★★★★☆
Professionell und engagiert.
Zimmer: ★★★☆☆
16 angenehme Zimmer und 2 Juniorsuiten, verteilt auf das Hauptgebäude und das benachbarte Chalet.
Küche: ★★★★☆☆
Frische Marktküche, fein zubereitete vegetarische Gerichte, Forellen aus eigener Zucht. Attraktive Weinkarte, schöne Restaurantterrasse.
Freizeitangebot: ★★☆☆☆☆
Kleiner Wellnessbereich mit 2 Saunas, Dampfgrotte, Hotpot. Bootsfahrt auf dem See im Glasbodenboot. Spielplatz. Openair-Kino. Lehrreicher Besuch der Bio-Forellenzucht. Romantische Spazierwege.

Anfahrt: Autobahn Bern–Interlaken bis Ausfahrt Frutigen/Kandersteg, dann Landstrasse via Frutigen in Richtung Kandersteg bis Blausee. Auto auf dem grossen Parkplatz abstellen und 5 Minuten zu Fuss bis zum Hotel gehen.

Waldhotel Doldenhorn 56

CH-3718 Kandersteg

Tel. +41 (0)33 675 81 81
Fax +41 (0)33 675 81 85
www.doldenhorn-ruedihus.ch
info@doldenhorn.ch
Ganzjährig geöffnet

Preise
EZ 160–210 CHF
DZ 270–370 CHF
Juniorsuite/Suite 370–590 CHF
inklusive Frühstück

«Vier Sterne können wir uns nicht leisten.» Mit diesem Satz enden oft die Träume vom besonderen Hotelerlebnis. Dabei gibt es auch in der Viersternekategorie zahlreiche preiswerte Traumerfüller – das «Waldhotel Doldenhorn» zählt dazu. Der Familienbetrieb bezaubert mit ruhiger Lage im Grünen, freundlicher Ambiance, verlässlich guter Küche und kleinem Spa.

Nach einem Wochenende ist man versucht, seinen Aufenthalt zu verlängern – was durchaus drinliegen mag: Vier Sterne gibt es hier ab 135 Franken pro Nacht und Träumer. Unter gleicher Leitung steht der nahe gelegene, 250-jährige Landgasthof «Ruedihus», der sich auch für ein rustikales Mittag- oder Abendessen in romantischer Heimatmuseumsatmosphäre empfiehlt.

Ambiance: ★★★★☆☆
Gediegen-gemütliches Landhaus.
Lage: ★★★★☆☆
In einer Gartenanlage am Waldrand, auf 1200 Meter über Meer.
Service: ★★★★☆
Mit bodenständigem Berner Oberländer Charme und Engagement beseelt.
Zimmer: ★★★☆☆
25 gepflegte, wenn auch etwas banal eingerichtete Zimmer und 10 (Junior-)Suiten.

Berner Oberland und Emmental

Neu Schönegg 57
CH-3823 Wengen

Tel. +41 (0)33 855 34 22
Fax +41 (0)33 855 42 33
www.hotel-schoenegg.ch
mail@hotel-schoenegg.ch
Anfang Juni bis Anfang Oktober und Mitte Dezember bis Anfang April geöffnet

Preise
EZ 120–210 CHF
DZ 240–420 CHF
inklusive Frühstück

Da Wengen vor hundert Jahren ein touristisches Muss für weitgereiste Gelehrte, Bergfreunde und Künstler war, strahlt das autofreie Bergdorf trotz reger Betriebsamkeit bis heute eine wohltuenddezente Gediegenheit aus. Wer hier das Besondere zu vernünftigen Preisen sucht, der findet es im schmucken Dreisternehotel «Schönegg». René Berthod, der Besitzer (und in den siebziger Jahren Mitglied der Schweizer Ski-Nationalmannschaft), will in seinem Domizil keine Gruppen und

Küche: ★★★★☆
Rustikale Gerichte in der «Burestube», klassisch-französisch ausgerichtete Speisen im Halbpensionsrestaurant und im A-la-carte-Lokal «Au Gourmet». Bei der Weinauswahl lohnt es sich, den Vorschlägen des Oberkellners zu folgen, der sehr verständnisvoll einen beschränkten finanziellen Rahmen bestmöglich auszuschöpfen weiss.

Freizeitangebot: ★☆☆☆☆
Kleiner Wellnessbereich mit Hallenbad, Saunas, Dampfbädern, Massagen und Gesichtsbehandlungen.

Anfahrt: Autobahn Bern–Interlaken bis Ausfahrt Kandersteg, dann Landstrasse durchs Kandertal. Das Hotel liegt am hinteren Dorfrand und ist ausgeschildert.

Jungfrau
Wengernalp 58
CH-3823 Wengernalp

Tel. +41 (0)33 855 16 22
Fax +41 (0)33 855 30 69
www.wengernalp.ch
Kein E-Mail
Weihnachten bis Ostern geöffnet

Preise
EZ 280–365 CHF
DZ 420–540 CHF
inklusive Halbpension

Bustouristen, keine Saunalandschaft und keine Erlebniswelt. Er will seinen Gästen einfach einen angenehmen Ort anbieten, um die Seele baumeln zu lassen oder für sportliche Aktivitäten am Fuss der Jungfrau bestens gerüstet zu sein.

Ambiance: ★★★★☆☆
Gemütliche, zurückhaltend rustikale Zuflucht für Erholung und Regeneration vor herrlichem Bergpanorama.

Lage: ★★★★★☆
Im Dorfzentrum, mit schönem Ausblick aufs Jungfraumassiv. 3 Gehminuten zum Bahnhof und zur Männlichen-Luftseilbahn. Wengen liegt nordöstlich von Lauterbrunnen auf einem windgeschützten Plateau oberhalb einer Steilstufe und ist nicht auf der Strasse, sondern nur per Zahnradbahn erreichbar.

Service: ★★★★☆☆
Unaufdringlich zuvorkommend.
Zimmer: ★★★☆☆☆
21 solide Zimmer, alle mit Balkon nach Süden.
Küche: ★★★★☆☆
Gut zubereitete regionale und internationale Gerichte. Behagliche Restaurantstuben, hübsche Terrasse.
Freizeitangebot:
Kein spezifisches Angebot.

Anfahrt: Von Interlaken auf der Hauptstrasse nach Lauterbrunnen. In Lauterbrunnen das Auto im Parkhaus am Bahnhof abstellen und mit dem Zug nach Wengen. Die Züge verkehren tagsüber alle 25 Minuten, die Fahrt dauert 15 Minuten.

Mitte des 19. Jahrhunderts, als ein Besuch der Wengernalp zu jeder Schweizer Alpenreise gehörte, wurden hier die ersten Gäste empfangen. Heute braucht man sich in der «Jungfrau» – anders als in manch anderen historischen Berggasthäusern – nicht vor anachronistischen Gästezimmern und spartanischer Verpflegung zu fürchten. Trotz viktorianischen Kuriositäten, Mobiliar der vorletzten Jahrhundertwende und einem rauen alpinen Charme muss man nicht auf gute Betten, gepflegte Bäder und ambitionierte Küchenleistungen verzichten. Der geschäftsführende Besitzer Urs von Almen legt Wert auf eine gewisse Noblesse auch von Seiten der Gäste. Die meisten kommen seit Jahren und Jahrzehnten, darunter viele Engländer, auch ziemlich exzentrische, und Neulinge werden bei der Reservation freundlich auf die weltentrückte Lage und die Kleidungsempfehlung für die festlichen Diners hingewiesen. Da der Hausherr seine Gästeschaft als grosse Familie betrachtet und sich viele Gäste untereinander kennen, wird auch eine gewisse Kommunikationsbereitschaft erwartet.

Ambiance: ★★★★★★
Ein aussergewöhnliches Haus an aussergewöhnlicher Lage. Sehr zu empfehlen für Liebhaber nostalgischer Berghotels auf der Suche nach neuen Erfahrungen.

Lage: ★★★★★★
Spektakulär auf der Wengernalp, mit Ausblick aufs Jungfraumassiv, auf 1900 Meter über Meer.

Service: ★★★★★☆
Sehr persönlich.

Zimmer: ★★★★☆☆
23 komfortable, hübsche Zimmer.

Küche: ★★★★☆☆
Fein zubereitete Klassiker der Schweizer und französischen Küche im Rahmen der Halbpension. Täglich Afternoon-Tea.

Freizeitangebot: ★☆☆☆☆☆
Sauna. Wintersportler erreichen die Sessellifte nach einer kurzen Abfahrt.

Anfahrt: Die Wengernalp erreicht man mit der Wengernalpbahn ab Bahnhof Lauterbrunnen via Wengen (Auto im Parkhaus oder auf den öffentlichen Parkplätzen abstellen). Die Bahnstation Wengernalp befindet sich direkt unterhalb des Hotels.

Neu Bellevue des Alpes   59
CH-3801 Kleine Scheidegg

Tel. +41 (0)33 855 12 12
Fax +41 (0)33 855 12 94
www.scheidegg-hotels.ch
welcome@scheidegg-hotels.ch
Mitte Dezember bis Mitte April und Mitte Juni bis Ende September geöffnet

Preise
EZ 220–260 CHF
DZ 370–520 CHF
inklusive Halbpension

Der Trend der letzten Jahrzehnte, Hotels aus den historischen Glanzzeiten des Schweizer Tourismus zu modernisieren, ging oft schief. Allzu oft wurden solche Häuser immer wieder und wieder renoviert und umgebaut, bis kaum mehr etwas von ihrer Originalstruktur übrig geblieben war. Das 1840 erbaute «Bellevue des

Alpes» blieb gottlob seit Jahr und Tag vor jedem Modernisierungswahn verschont. Die viktorianisch anmutende Lobby, die knarrenden Holztreppen, der französische Speisesaal, die atmosphärische Bar aus den zwanziger Jahren, die Füsschenbadewannen und die originalen Korkböden in den Zimmern – alles erstrahlt heute wie zu den Glanzzeiten des Hotels, und es braucht nicht viel Fantasie, um sich die Gäste vorzustellen, die hier um die vorletzte Jahrhundertwende ihre Ferien verbrachten. Wer buchstäblich zu Füssen der Eigernordwand übernachten will, kann sich hier – auf der Passhöhe der Kleinen Scheidegg – auf Zeitreise begeben.

Ambiance: ★★★★★★
«Ein in die Jahre gekommenes Grandhotel», wie das Besitzerpaar Silvia und Andreas von Almen das Alpenjuwel liebevoll beschreibt. Die fünfte Generation der Gründerfamilie pendelt zwischen Vorgestern und Heute, mit dem Ziel, dass man die kontinuierlichen Erneuerungen möglichst nicht bemerken soll. So sucht man hier vergeblich nach Designmöbeln und Wellnesszauber, nicht einmal einen Lift oder einen Fernseher gibt es.

Lage: ★★★★★★
Auf der autofreien Kleinen Scheidegg, am Fuss von Eiger, Mönch und Jungfrau, im Zentrum der Wander- und Skiregion, auf 2070 Meter über Meer. Morgens um 8 Uhr erreicht der erste Zug den Bahnhof neben dem Hotel und spätestens um 19 Uhr verlassen die letzten Bahnen die Passhöhe Richtung Grindelwald und Wengen.

Service: ★★★★☆☆
Qualitätsbewusst und mit Achtung vor der Geschichte geführt.

Zimmer: ★★☆☆☆☆
In den 52 sanft renovierten Zimmern fühlt man sich in die Pionierjahre des alpinen Tourismus

Berner Oberland und Emmental

zurückversetzt. Sämtliche historischen Elemente wie die alten Doppelfenster, die grossmütterlichen Lampenschirme, die antiken Armaturen und das originale Mobiliar wurden, wo immer möglich, erhalten.
Küche: ★★★☆☆
Traditionell nach Schweizer Art.
Freizeitangebot:
Die Natur vor der Haustür gibt das Freizeitprogramm vor.

Anfahrt: Das Hotel ist im Sommer wie im Winter nur mit der Wengernalpbahn erreichbar. Entweder vom Bahnhof Lauterbrunnen (Auto im Parkhaus oder auf den öffentlichen Parkplätzen abstellen) via Wengen oder vom Bahnhof Grindelwald-Grund (Parkplätze im Freien) zur Station Kleine Scheidegg. Das Hotel befindet sich wenige Schritte oberhalb der Bahnstation.

Grandhotel Giessbach 60
CH-3855 Brienz

Tel. +41 (0)33 952 25 25
Fax +41 (0)33 952 25 30
www.giessbach.ch
grandhotel@giessbach.ch
Mitte April bis Mitte Oktober geöffnet

 Preise
EZ 140–180 CHF
DZ 210–410 CHF
Juniorsuite/Suite 470–600 CHF
inklusive Frühstück

Mit viel Idealismus hatte der Umweltschützer Franz Weber Anfang der achtziger Jahre dank unzähliger Kleinanteilscheine den vor dem Verfall bedrohten Hotelpalast aus dem Jahr 1875 erworben mit dem Ziel, ihn in seiner ursprünglichen Schönheit wieder auferstehen zu lassen und dabei ein «Grandhotel für jedermann» zu schaffen. Ein Traumhotel sollte es sein, in dem sich auch normal verdienende Familien ein Wochenende lang wie Fürsten fühlen können. Das Experiment gelang, der zeitlose Zauber der sanft renovierten Anlage blieb nach der viel beachteten Wiedereröffnung auch den amerikanischen Filmproduzenten nicht verborgen: Einige Szenen aus der Scott-Fitzgerald-Verfilmung «Tender is the Night» wurden hier abgedreht. Im Jahr 2004 wurde das Hotel als «Historisches Hotel des Jahres»

ausgezeichnet. Die Lage sei «einzigartig», die «repräsentative Gesamterscheinung des Hotels» «bemerkenswert» und «ausserordentlich der stets den Grundsätzen der Denkmalpflege verpfichtete Aufwand», stellte die Jury fest. Alles, was bewahrt werden konnte, sei erhalten worden. Das Erlebnis wird für den Hotelgast allerdings etwas getrübt, wenn das Anwesen an manchen Sommerwochenenden von Hochzeitsgesellschaften, Bustouristen und Wandersleuten überschwemmt wird.
Ambiance: ★★★★★
Der historische Hotelbau steht wie ein Denkmal seiner selbst in der wildromantischen Parkanlage. Nostalgiker können sich hier wie auf einem anderen Planeten fühlen.

Lage: ★★★★★★
Spektakulär auf einem Felsbuckel über dem Brienzersee und direkt neben dem imposanten Wasserfall.
Service: ★★★☆☆☆
Freundlich und hilfsbereit, zu Stosszeiten überfordert.
Zimmer: ★★★☆☆☆
70 sehr unterschiedliche Zimmer und Suiten, teilweise sehr stimmungsvoll, teilweise mit leicht morbider Atmosphäre. Viele Zimmer mit Balkon oder Terrasse zum See oder zum Wasserfall.
Küche: ★★★★☆☆
Mediterrane, Schweizer und vegetarische Gerichte im Restaurant «Le Tapis Rouge», gutbürgerliche Klassiker im «Park Restaurant».
Freizeitangebot: ★★☆☆☆☆
Freibad, Tennisplatz, Billard, Kinderspielplatz, klassische Konzerte. Hoteleigene Schiffsstation «Giessbach-See» (Kursschiffe).

Anfahrt: Autobahn Interlaken–Brienz bis Ausfahrt Brienz Giessbach, dann der Beschilderung «Giessbach» folgen.

Neu **Alpinhotel Grimsel Hospiz** 61
CH-3864 Guttannen

Tel. +41 (0)33 982 46 11
Fax +41 (0)33 982 46 05
www.grimselwelt.ch
welcome@grimselhotels.ch
Ende Mai bis Ende Oktober und Anfang Januar bis Ende April (im Winter jeweils Mittwoch bis Sonntag) geöffnet

 Preise
EZ 159–189 CHF
DZ 268–328 CHF
inklusive Halbpension

Zwischen den Weltkriegen als Unterkunft für Bergarbeiter erbaut, wurde das trutzige Gasthaus im Sommer 2010 nach einem Totalumbau neu eröffnet. Die alten Mauern haben ein kunstvoll modernes neues Kleid erhalten – hier übernachten heute ästhetisch veranlagte Wanderer und Naturfreunde. Sobald der Ausflugsrummel des Tages vorbei ist, legt sich eine ganz besondere Stimmung über das «Grimsel Hospiz», in dem das Erlebnis der Wasserkraft rundherum spürbar ist – neun Kraftwerke in der Grimsel- und Sustenregion produzieren aus der Kraft des Wassers elektrischen Strom für eine Million Menschen.
Ambiance: ★★★★★☆
Aussen trutzig, innen stylish. Die schlicht-schöne Innengestaltung trägt die Handschrift des Zürcher Architekten Andrin Schweizer.
Lage: ★★★★★☆
Inmitten einer kargen Felslandschaft über einem Stausee zu Füssen des Grimselpasses.
Service: ★★★★☆☆
Das junge Team betreut die Gäste mit Freude und Freundlichkeit und geht souverän auf Sonderwünsche ein.

Anfahrt: Entweder via Interlaken und Meiringen oder über den Brünigpass nach Innertkirchen. Dort Abzweigung Richtung Grimselpass. Das «Grimsel Hospiz» liegt kurz vor der Passhöhe. Die Strasse ist nur in den Sommermonaten von Ende Mai bis Ende Oktober geöffnet. Im Winter täglich einmal organisierte und geführte An- und Abreise ab/nach Innertkirchen: Postauto ab Innertkirchen bis zu den Kraftwerken Handeck, Luftseilbahn bis Gestenegg, dann unterirdisch durch den Stollen zum Kraftwerk Grimsel 1 und Fahrt mit der Luftseilbahn bis zum «Grimsel Hospiz».

Zimmer: ★★★★☆☆
28 angenehme Zimmer mit zeitgemässem Komfort.

Küche: ★★★★☆☆
Die Authentizität der Gegend findet sich auch in den Kochtöpfen. Die Weinauswahl birgt zahlreiche Entdeckungen zu fairen Preisen.

Freizeitangebot:
Kein spezifisches Angebot. Beim Hospiz liegt das Besucherzentrum der Kraftwerke Oberhasli (KWO), wo man Wissenswertes rund um die Stromproduktion und die Energieressourcen der Zukunft erfährt (täglich Juni bis Oktober 8–20 Uhr geöffnet).

Bären Dürrenroth 62
CH-3465 Dürrenroth im Emmental

Tel. +41 (0)62 959 00 88
Fax +41 (0)62 959 01 22
www.baeren-duerrenroth.ch
info@baeren-duerrenroth.ch
Ganzjährig geöffnet

 Preise
EZ 85–120 CHF
DZ 120–180 CHF
Suite 360–570 CHF
inklusive Frühstück

«Diese Idylle!», rufen die Grossstadtmenschen und lassen das verzückte Auge über die Fassaden der drei traditionsreichen Gebäude schweifen, die ebenso unter Denkmalschutz stehen wie der Dorfplatz von Dürrenroth, um den sich die stolzen Häuser gruppieren. «Diese Aussicht!», rufen die Naturliebhaber, die sich an der Bilderbuchlandschaft kaum satt sehen können. «Diese Rosen!», rufen die Botanikfreunde beim Anblick des prächtigen Bauerngartens. «Diese Wirtschaft!», rufen die hungrigen und durstigen Gäste und besetzen die Tische in den holzgetäferten «Bären»-Stuben, in denen seit dem Jahr 1752 gute Regionalküche aufgetragen wird und wo Einheimische und Auswärtige friedlich beisammen sitzen. Die 22 Hotelzimmer sind sehr unterschiedlich – von der einfachen Unterkunft in den ehemaligen Stallungen der Postkutschenstation bis zur zweistöckigen «Honeymoon»-Suite ist alles vorhanden. Wem der Sinn nach Bewegung steht, findet neben der reizvollen Natur ein breites Freizeitprogramm von Goldwaschen und Hornussen bis zu Reiten und Gleitschirmfliegen – mitten in der weitgehend unverbauten Jeremias-Gotthelf-Landschaft.

Ambiance: ★★★★☆☆
Geschichtsträchtiger, vorbildlich geführter Landgasthof mit knarrenden Böden und urgemütlichen Restaurantstuben.

Lage: ★★★★☆☆
Naturnah im Dorf.

Service: ★★★★★☆
Familiär und unaufdringlich aufmerksam.

Zimmer: ★★★★☆☆
28 freundliche, sehr unterschiedlich gestaltete Zimmer und Suiten.

Küche: ★★★★★☆
Zeitgemäss interpretierte und fein zubereitete Traditionsgerichte aus vorwiegend regionalen Produkten.

Freizeitangebot: ★☆☆☆☆
Fitnessraum, Sauna.

Anfahrt: Autobahn Bern–Zürich bis Ausfahrt Burgdorf, dann Landstrasse Richtung Huttwil bis Abzweigung Dürrenroth. Im Dorf ist das Hotel nicht zu verfehlen.

Berner Oberland und Emmental

Landgasthof Kemmeriboden-Bad 63
CH-6197 Schangnau im Emmental

Tel. +41 (0)34 493 77 77
Fax +41 (0)34 493 77 70
www.kemmeriboden.ch
hotel@kemmeriboden.ch
Ganzjährig geöffnet ausser zwei Wochen Anfang Dezember
Restaurant Sonntagabend geschlossen
Im Winter ist das Hotel jeweils montags geschlossen

 Preise
EZ 109–145 CHF
DZ 213–258 CHF
inklusive Frühstück

Schon die Anreise durch die idyllische Emmentaler Hügellandschaft ist ein höherer Genuss für Landschaftsanbeter und Cabrio-Fahrer. Umgeben von Wäldern und Bergen, liegt auf knapp 1000 Meter Höhe dieser stattliche Landgasthof, der einem Bilderbuch entsprungen sein könnte. Fünf alte Gebäude mit Holzfassaden und für die Gegend typischen, weit vorgezogenen Dächern, eine kleine Steinbrücke über das Flüsschen Emme, Kastanien, eine Linde. Von hier führen keine Strassen weiter. Kemmeriboden-Bad ist eine Welt für sich. Ein Stück heile Welt, in der die Gegenwart zwar Einzug gehalten hat, aber nur langsam und fast widerwillig. Die dreissig Zimmer verfügen über heutigen Dreisternekomfort, und wer hier einmal beim Rauschen der Emme eingeschlafen ist, wird sanft und ruhig bis ins Herz.

Ambiance: ★★★★☆☆
Schmucker Landgasthof mit währschaftem Emmentaler Charme. Jedes Jahr wird renoviert, restauriert, und trotzdem ist vieles noch so wie vor hundert Jahren.
Lage: ★★★★★☆
In ländlicher Idylle und Ruhe am Ende des Tals auf 979 Meter über Meer.
Service: ★★★☆☆☆
Freundlich-familiär.
Zimmer: ★★★☆☆☆
30 solide Zimmer.

Küche: ★★★☆☆☆
Wer hierher kommt, muss reichlich Appetit mitbringen: Hier werden mächtige Portionen aufgetischt. Auf der Karte stehen Emmentaler Spezialitäten, an vorderster Front die Berner Platte und die hausgemachten Meringues.
Freizeitangebot: ★☆☆☆☆☆
Fahrräder. Weitläufiges Wandergebiet im Quellgebiet der Emme. Im Winter Langlaufloipe direkt vor dem Haus.

Anfahrt: Autobahn Zürich–Bern bis Ausfahrt Langnau, dann über Wiggen und Schangnau nach Kemmeriboden.

Villa Lindenegg 64
CH-2502 Biel

Lindenegg 5
Tel. +41 (0)32 322 94 66
Fax +41 (0)32 322 95 66
www.lindenegg.ch
tilleul@bluewin.ch
Ganzjährig geöffnet

 Preise
EZ 90–200 CHF
DZ 150–250 CHF
inklusive Frühstück

Mit viel Energie und gutem Geschmack wurde aus dem ehemaligen Gästehaus der Stadt Biel dieses reizende kleine Hotel gemacht. Die sanft renovierte Villa aus dem 19. Jahrhundert liegt in einem Garten am Rand der Altstadt und zieht Einheimische ebenso an wie Gäste aus aller Welt. Erstere geniessen die herrliche Terrasse und das leckere Essen, Letztere die acht liebevoll eingerichteten Zimmer. In der sehr persönlichen Ambiance gehört man sofort dazu. Hier zu wohnen ist wie ein Besuch bei freundlichen Verwandten, selbst wenn man zum ersten Mal kommt. Und dann immer wieder.

Ambiance: ★★★★★☆
Charmante Stadtoase. Im Restaurant und auf der Terrasse liegt das Bieler Sprachenwirrwarr bis spätabends in der Luft. Was andernorts Konfliktstoff bietet, steht hier an der Röstigrabengrenze für Lebensqualität – die Bieler verstehen es, Deutschschweizer Fleiss mit welschem Savoir-vivre zu verknüpfen.

Lage: ★★★★☆☆
In einem malerischen Garten mit altem Baumbestand am Rand der Altstadt. Alle Fenster blicken ins Grüne.

Service: ★★★★☆☆
Persönlich und gut gelaunt.

Zimmer: ★★☆☆☆☆
8 gemütliche Zimmer, 2 davon mit (eigenem) Badezimmer vis-à-vis über den Gang. Das schönste und grösste Zimmer ist die Nummer 5, und die Nummer 4 verfügt über eine grosse Terrasse.

Küche: ★★★★☆☆
Fein zubereitete Marktküche aus regionalen Frischprodukten und biologischem Anbau. Beliebter Sonntagsbrunch von 10 bis 14 Uhr.

Freizeitangebot:
Kein spezifisches Angebot.

Anfahrt: Landstrasse Solothurn–Neuenburg bis Biel, bei der Mühlebrücke den Wegweisern «Ingenieurschule/Spitäler» folgen.

Dreiseenland, Freiburg, Jura

Neu Twannberg 65
CH-2516 Lamboing

Twannberg 9
Tel. +41 (0)32 315 01 11
Fax +41 (0)32 315 01 01
www.twannberg.ch
info@twannberg.ch
Ganzjährig geöffnet

 Preise
EZ 85–105 CHF
DZ 150–180 CHF
Familienzimmer 3 Personen
180–210 CHF
Familienzimmer 4 Personen
235–265 CHF
inklusive Frühstück

Die ruhige Alleinlage hoch über dem Bielersee und das fantastische Panorama über das Dreiseenland lassen den Gast über die architektonischen Unzulänglichkeiten dieses Ferien- und Seminarhotels im Pavillonstil hinwegsehen.

Das «Twannberg» gibt nicht vor, mehr zu sein, als es ist – und zu moderaten Preisen kann man hier durchwegs angenehme Tage in herrlicher Natur verbringen.

Ambiance: ★★☆☆☆☆
Ansprechend provinziell. Das Hotel lebt von der tollen Lage.
Lage: ★★★★★★
In idyllischer ländlicher Kulisse mit weitem Panoramablick.
Service: ★★★☆☆☆
Freundlich familiär.
Zimmer: ★★☆☆☆☆
18 einfache Doppelzimmer,
24 Maisonettezimmer (für 2 bis 6 Personen).
Küche: ★★☆☆☆☆
Selbstbedienungsrestaurant. Freitag und Samstag abends Speisekarte (Schweizer Gerichte, Salat- und Rösti-Variationen, Entrecôte Café de Paris mit Pommes frites). Grosse Terrasse.

Freizeitangebot: ★☆☆☆☆☆
Hallenbad, Kinderspielplatz.

Anfahrt: Seestrasse Biel–Le Landeron bis Twann, von dort via Gaicht nach Twannberg.

J.-J. Rousseau 66
CH-2520 La Neuveville

Promenade J.-J. Rousseau
Tel. +41 (0)32 752 36 52
Fax +41 (0)32 751 56 23
www.jjrousseau.ch
info@jjrousseau.ch
Ganzjährig geöffnet

Preise
EZ 130–190 CHF
DZ 200–320 CHF
Suite 290–380 CHF
inklusive Frühstück

Ein Hauch von immerwährenden Ferien liegt in der Luft. Im «J.-J. Rousseau» kann man genüsslich mit dem Bielerseepanorama verschmelzen und die ein- und auslaufenden Segel- und Motorboote beobachten. Die Zimmer wurden unlängst renoviert und präsentieren sich nun in mediterraner Leichtigkeit. Das Restaurant – mit zwei grossen Terrassen und schattigem Garten direkt am See – meistert den schwierigen Spagat zwischen Ausflugslokal und Geniesseradresse souverän.

Ambiance: ★★★★☆☆
Maritimer Landgasthof.
Lage: ★★★★★☆
Ruhig im Hafen von La Neuveville, mit eigenem Bootssteg.
Service: ★★★☆☆☆
Der Service ist in Stosszeiten manchmal überfordert, bleibt dabei aber stets freundlich.
Zimmer: ★★★★☆☆
21 moderne Zimmer und 1 Suite mit Blick auf den Bielersee oder die Rebberge.

Küche: ★★★★☆☆
Saisonale Marktküche mit Schwerpunkt auf See- und Meeresfischen.
Freizeitangebot:
Kein spezifisches Angebot.

Anfahrt: La Neuveville liegt an der Seestrasse zwischen Biel und Neuenburg, das Hotel am Hafen.

Dreiseenland, Freiburg, Jura

Klosterhotel St. Petersinsel 67
CH-3235 Erlach

Tel. +41 (0)32 338 11 14
Fax +41 (0)32 338 25 82
www.st-petersinsel.ch
welcome@st-petersinsel.ch
Ganzjährig geöffnet

Preise
DZ 230–335 CHF
inklusive Frühstück

Von Erlach führt der Heidenweg durch ein zauberhaftes Naturschutzgebiet bis ans äusserste Ende der weit in den Bielersee hineinragenden St.-Petersinsel, die seit einer Seespiegelsenkung um rund zwei Meter eine Halbinsel ist. Die landschaftlich einmalige Riedzone im Angesicht der Jurakette ist geprägt durch Schilf, Weiden und allerlei Gebüsch, in denen verschiedene Vogelarten nisten. Nach rund einer Stunde Gehzeit (oder 15 Velominuten) erreicht man das ehemalige Kluniazenserkloster aus dem 12. Jahrhundert, das heute als kleines Hotel mit grossem Gartenrestaurant und einladenden Restaurantstuben dient. Wer sich nach dem Essen nicht mehr fortbewegen mag – was im Jahr 1765 schon dem Naturphilosophen Jean-Jacques Rousseau widerfahren ist, der dann gleich zwei Monate blieb und nach seinen eigenen Worten hier die glücklichste Zeit seines Lebens verbrachte –, logiert in einem der dreizehn frisch renovierten Gästezimmern in ehemaligen Mönchszellen und lässt sich vom Hauch bewegter alter Zeiten berühren. Im Jahr 2010 wurde das Haus als «Historisches Hotel des Jahres» ausgezeichnet und von der Jury gelobt für das «Erlebbarmachen von rund tausend Jahren europäischer Kultur- und Baugeschichte, die sich in Kombination mit der intakten Naturlandschaft und der gepflegten Gastronomie zu einem einzigartigen Erlebnis für alle Sinne verdichten».

Ambiance: ★★★★☆
Mönche waren jahrhundertelang die einzigen, welche die paradiesische Ruhe der St. Petersinsel genossen. Heute wird die Idylle durch die Karawanen der Tagesausflügler etwas gestört – wenn diese aber spätnachmittags abgezogen sind, gehört die romantische Zuflucht im ehemaligen Kloster den wenigen Gästen, die hier ein Zimmer reserviert haben.
Lage: ★★★★★★
Am Ende der autofreien St. Petersinsel inmitten eines herrlichen Naturreservats.

Service: ★★☆☆☆
Freundlich, leidet aber tagsüber manchmal unter dem Touristenansturm.

Zimmer: ★★★☆☆
11 schlicht-schöne Zimmer und 2 Juniorsuiten. Alle Zimmer mit modernen Bädern. Bewusster Verzicht auf Fernseher und Minibar.

Küche: ★★★★☆☆
Regionale Fischspezialitäten, Natura-Beef vom Inselbauern, Weine aus eigenen Reben, die direkt neben dem Haus wachsen.

Freizeitangebot: ★☆☆☆☆
Verträumte Badestrände.

Anfahrt: Autobahn Bern–Kerzers, dann Landstrasse Richtung Neuenburg bis Abzweigung Erlach. Auto auf dem grossen Parkplatz am Hafen abstellen. Von dort ist das Hotel zu Fuss in 1 Stunde oder per Velo in 15 Minuten auf dem Heidenweg erreichbar. Oder mit dem privaten Inseltaxi («Navette») ab Erlach oder Lüscherz (auf Voranmeldung gemäss Fahrplan, siehe Hotel-Website) auf die St. Petersinsel.

Romantikhotel de l'Ours 68
CH-1786 Sugiez

Route de l'Ancien Pont 5
Tel. +41 (0)26 673 93 93
Fax +41 (0)26 673 93 99
www.hotel-ours.ch
info@hotel-ours.ch
Mitte Januar bis Anfang Oktober und Anfang November bis Mitte Dezember geöffnet

🪙 Preise
EZ 127 CHF
DZ 214–229 CHF
inklusive Frühstück

Was in der Region um den Murten- und Neuenburgersee als Erstes auffällt, ist die alles dominierende Farbe des Sandsteins: ein warmes, ockerfarbenes Honiggelb. Alexandre Dumas beschrieb nicht nur die Farbe, sondern auch die welsche Üppigkeit, als er meinte, die Dörfer in der Dreiseenlandschaft wirkten wie Skulpturen aus Butter. Sugiez am Fusse des Mont Vully ist so ein Dorf. Hier versteckt sich das charmante «Romantikhotel de L'Ours», ein einladendes Gebäude aus dem 17. Jahrhundert. Das Personal ist so freundlich, die Atmosphäre so entspannt, dass man sich kaum wie in einem Hotel fühlt. Auf der pittoresken Terrasse und in den gemütlichen Stuben wird das kulinarisch Gewöhnliche aussergewöhnlich gut gemacht. Die Fische, die man serviert bekommt (vorwiegend Egli oder französisch «Filets de per-

ches»), werden morgens aus dem Murtensee gezogen. Und dazu passt der Œil-de-Perdrix, der von den umliegenden Reben stammt, bestens.

Ambiance: ★★★★☆☆
Geschmackvoll restaurierter Landgasthof mit Flair.
Lage: ★★★★☆☆
Ruhig am Dorfrand beim Broyekanal.
Service: ★★★★★☆
Stets ein Plaisir. Das routinierte Serviceteam lässt sich selbst beim grössten Andrang an warmen Sommerabenden nicht aus der Ruhe bringen.
Zimmer: ★★★★☆☆
8 behagliche Zimmer.
Küche: ★★★★☆☆
Unkomplizierte, gut gemachte Marktküche.
Freizeitangebot: ★☆☆☆☆☆
Hallenbad.

Anfahrt: Autobahn Bern–Kerzers, dann Landstrasse Richtung Neuchâtel bis Ins. Von dort nach Sugiez/Mont Vully.

Neu Schloss Salavaux 69
CH-1585 Salavaux

Route de Villars 12
Tel. +41 (0)26 677 89 20
Fax +41 (0)26 677 89 21
www.schloss-salavaux.com
info@schloss-salavaux.com
Ganzjährig geöffnet

Preise
DZ 220–250 CHF
Suite 350 CHF
inklusive Frühstück

Das unlängst noch im Dornröschenschlaf schlummernde schlossähnliche Landgut aus dem 16. Jahrhundert wurde 2009 zu neuem Leben erweckt und in ein zeitgemäss gestaltetes Hotel verwandelt. Die siebzehn Zimmer, das Restaurant mit schöner Terrasse und die diversen Lounges verbreiten das Flair entspannter Gastlichkeit. Im ganzen Haus fühlt man sich unaufdringlich zuvorkommend umsorgt und irgendwie leichten Sinnes. Auch das

Preis-Leistungs-Verhältnis überzeugt.

Ambiance: ★★★★★☆
Klein, aber fein. Alt, aber nicht altmodisch. Charmant, aber unkonventionell – und damit eine Wohltat für alle, die normierte Bettenburgen leid sind.

Lage: ★★★☆☆☆
In der friedlichen Grünlandschaft zwischen Murten- und Neuenburgersee.

Service: ★★★★☆☆
Die Freundlichkeit wirkt wohltuend frisch und unaufgesetzt.

Zimmer: ★★★★★☆
17 komfortable, ausgesprochen wohnliche Zimmer und Suiten ohne Fernseher.

Küche: ★★★★★☆
Qualitätsbewusste, schmackhafte Marktküche, die noch von sich reden machen wird.

Freizeitangebot:
Kein spezifisches Angebot.

Anfahrt: Autobahn Bern–Yverdon bis Ausfahrt Avenches, dann Landstrasse Richtung Cudrefin bis Villars-le-Grand, dort rechts in die Route de Salavaux abbiegen und der Strasse bis zur Route de Villars folgen.

L'Aubier 70

CH-2037 Montézillon,

Neuenburgersee
Les Murailles 5
Tel. +41 (0)32 732 22 11
Fax +41 (0)32 732 22 00
www.aubier.ch
contact@aubier.ch
Ganzjährig geöffnet

 Preise
EZ 160 CHF
DZ 220 CHF
inklusive Frühstück

Eines der ersten und besten Ökohotels der Schweiz – an schönster Aussichtslage mitten im Grünen und hoch über dem Neuenburgersee. Die Zimmer sind einfach, aber einladend gestaltet, in den öffentlichen Räumen herrscht eine lebendige, kommunikative Atmosphäre. Wer dem Nichtstun frönen und eine Drehzahl niedriger schalten will, findet rund ums Haus zahlreiche ruhige Plätzchen. Das Ensemble mit Hotel, Restaurant, Boutique und biodynamischem Bauernhof umfasst eine landwirtschaftliche Nutzfläche von 35 Hektar, auf denen Weizen, Roggen, Kartoffeln, Mais und Gras angebaut werden. Im Freilaufstall leben zahlreiche Kühe, Rinder, Kälber und Schweine, dazu gibt es eine hofeigene Käserei, deren Produkte in vielen Bioläden und natürlich auch im Montézillon-Laden und Restaurant erhältlich sind. Auch diverse Gemüse werden

vor Ort angebaut. Unlängst hat das «L'Aubier» einen hübschen zweiten Betrieb in der verkehrsfreien Altstadt von Neuenburg eröffnet, das «Le Café-Hôtel» mit neun charmanten Gästezimmern (Doppelzimmer 110–180 CHF).

Ambiance: ★★★☆☆☆
Authentisch ländlich. Als Ökohotel der ersten Stunde, getragen von Hunderten von Kleinaktionären und genossenschaftlich organisierten Partnern, strahlt das Haus noch immer einen leicht missionarischen Unterton aus – insbesondere in der Boutique, wo neben den qualitativ hochstehenden Bioprodukten des angeschlossenen Bauernhofs auch ökologische Kleider im Hippie-Stil der siebziger Jahre, esoterische Edelsteine und anthroposophisch sinnvolles Spielzeug angeboten werden.

Lage: ★★★★★★
In Alleinlage inmitten des intakten Landwirtschaftsgebiets. Im Hinter-

Dreiseenland, Freiburg, Jura

Hostellerie
Bon Accueil 71
CH-1837 Château-d'Œx

La Frasse
Tel. +41 (0)26 924 63 20
Fax +41 (0)26 924 51 26
www.bonaccueil.ch
info@bonaccueil.ch
Anfang Mai bis Mitte November
und Mitte Dezember bis Anfang
April geöffnet

grund die Alpen und als schmales blaues Band der See, davor ein dunkelgrüner Streifen Wald und im Vordergrund satte Wiesen und ein Landsträsschen, auf dem vielleicht gerade ein Traktor um die Kurve brummt.
Service: ★★☆☆☆☆
Mal besser, mal schlechter.
Zimmer: ★★★☆☆☆
25 funktionelle, rauchfreie Zimmer, verteilt auf das Haupthaus und den modern-schlichten Neubau.
Küche: ★★★☆☆☆
Ambitionierte Vollwertküche mit einer grossen Palette haus-gemachter Produkte, basierend auf den Erzeugnissen des eigenen Biobauernhofs.
Freizeitangebot: ★☆☆☆☆☆
Kinderspielplatz.

Anfahrt: Von Neuenburg Landstrasse Richtung Pontarlier. Im ersten Waldstück nach Corcelles Abzweigung nach rechts nehmen und der Strasse nach Montézillon folgen.

Preise
EZ 110–155 CHF
DZ 165–235 CHF
inklusive Frühstück

Im Sommer von einem Blumenmeer umgeben, im Winter in Schnee eingehüllt, schafft es das zweihundertfünfzigjährige Chalet ganz ohne Fun und Firlefanz, Gäste zu beglücken. Der ungemein stimmungsvolle Landgasthof verbreitet schon beim Eintreten das Flair entspannter Wohnlichkeit. Im ganzen Haus finden sich massive Bauernschränke und restaurierte Tische und Stühle, die hier eine zweite Jugend erleben. Nichts stört das Auge, nichts ist zu grell oder zu hell. Die Servicecrew bemüht sich mit diskretem Engagement um das Wohlbefinden der Gäste – eben so, wie man es auch in einem Privathaus tun würde. Am Abend isst man bei Kerzenlicht an hübsch gedeckten Tischen, die sich rund um einen grossen Kamin gruppieren. An lauen Sommerabenden wird das

Auberge aux 4 Vents 72

CH-1702 Freiburg

Grandfey 124
Tel. +41 (0)26 347 36 00
Fax +41 (0)26 347 36 10
www.auberge.aux4vents.ch
auberge@aux4vents.ch
Ganzjährig geöffnet

🪙 Preise
EZ 50–170 CHF
DZ 100–260 CHF
inklusive Frühstück

Lage: ★★★★★☆
Ruhig in einem Garten am Waldrand oberhalb des Dorfes.
Service: ★★★★★☆
Man wird aufmerksam unaufdringlich umsorgt.
Zimmer: ★★★★☆☆
17 heimelige Zimmer, verteilt auf das alte Chalet und ein neues benachbartes Chalet. Die Zimmer im alten Haus bestehen vollkommen aus Holz.
Küche: ★★★☆☆☆
Französische und regionale Spezialitäten.
Freizeitangebot:
Kein spezifisches Angebot.

Anfahrt: Autobahn Bern–Vevey bis Ausfahrt Bulle, dann Landstrasse Richtung Gstaad bis Château-d'Œx. Im Dorfzentrum den Hotelwegweisern folgen.

Restaurant in den Garten verlegt. Dann glühen die Alpen pünktlich zum Dessert. Ein Vogel mag dazu zwitschern, ein Pferd dazu wiehern, aber meist ist nur das Rascheln der Blätter und das Rauschen des Baches zu hören. Gastgeberin Marianne Bon weiss: «Nur die Stille kann Sie bei uns stören.»
Ambiance: ★★★★★★
Ein ganz und gar einnehmender und romantischer Ort, mit viel Gespür für regionales Cachet liebevoll bis ins Detail eingerichtet. Ideal für alle, die sich von Alltagsneurosen und notorischem Lifestyle-Überdruss befreien möchten.

Das unkonventionell-jugendliche Landhaushotel in der grünen Bauernlandschaft ob der Freiburger Altstadt erfreut mit einem märchenhaften, von alten Baumriesen umgebenen Garten, wo es viele verschwiegene Plätzchen gibt. Die acht sehr unterschiedlichen Zimmer sind mit unschweizerisch skurrilem Witz eingerichtet – so lässt sich etwa im Zimmer «Bleue» die Badewanne elektronisch auf den Balkon fahren. Auf der Restaurantterrasse könnte man Wurzeln schlagen, und der Service ist so beschaulich, dass man in aller Ruhe die herumtigernden Katzen beobachten kann. Wenn sie im Gebüsch verschwinden, kann man Wetten abschliessen, wo sie wieder auftauchen werden ... Frühstück gibt es am Wochenende bis in den Nachmittag hinein. Nur eines stört die Idylle: Direkt hinter dem Haus führen die Bahngeleise vorbei.

Dreiseenland, Freiburg, Jura

Ambiance: ★★★★☆
Die «Auberge der 4 Winde» hat etwas charmant Uneinheitliches, erfüllt kaum irgendeinen Standard «normaler» Hotels und ist dennoch ein Kleinod der Musse und des Seins.

Lage: ★★★★★☆
In einer verträumten Gartenanlage mit Blick auf die Stadt Freiburg.

Service: ★★☆☆☆☆
Vieles klappt mehr per Zufall als nach Plan.

Zimmer: ★★★☆☆☆
8 originelle Zimmer, teilweise mit Etagenbad.

Küche: ★★★☆☆☆
Von der italienischen «Cucina casalinga» inspirierte Marktküche, darunter diverse vegetarische Gerichte. Nachmittags auch Snacks und frische Wähen.

Freizeitangebot: ★☆☆☆☆☆
Freibad.

Anfahrt: Autobahn Bern–Vevey bis Ausfahrt Fribourg Nord, rechts in die Rue de Morat abbiegen, dann links in die Route de Grandfey.

Le Cerneux-au-Maire 73

CH-2336 Les Bois

Tel. +41 (0)32 961 10 60
Kein Fax
www.cerneux-au-maire.ch
info@cerneux-au-maire.ch
Ganzjährig geöffnet

Preise
EZ 90–110 CHF
DZ 135–180 CHF
inklusive Frühstück

Dort, wo die Freiberge am schönsten sind und man sich ein bisschen wie in Kanada und ein bisschen wie in Lappland fühlt, kann man das jurassische Cowboy-Leben ausprobieren. Cowboy sein für ein paar Tage, bis einem der Hintern vom Reiten so weh tut, dass man anschliessend kaum liegen noch gehen kann, vom Sitzen ganz zu schweigen. Reiten über die unendlich weiten Hochebenen, durch tief eingeschnittene Schluchten oder durch die von Tannen durchsetzten Weiden vereinigt alles, was man sich als Pferdefreund nur wünschen kann. Hier, inmitten von Weideland, Wiesen und Wäldern liegt einsam auf einem Plateau bei Les Bois der Gasthof «Cerneux-au-Maire» mit dazugehörigem Bauernbetrieb und Pferdefarm. Rund ums Haus begegnet man denn auch den zwei Dutzend Pferden und Ponys, die den Gästen für (auf Wunsch begleitete) Tages- und Halbtagesausritte oder auch kürzere

Café du Soleil 74
CH-2350 Saignelégier

Marché-Concours 14
Tel. +41 (0)32 951 16 88
Fax +41 (0)32 951 22 95
www.cafe-du-soleil.ch
info@cafe-du-soleil.ch
Ganzjährig geöffnet

💶 Preise
EZ 70–80 CHF
DZ 110–120 CHF
Dreierzimmer 150–160 CHF
Viererzimmer 180 CHF
inklusive Frühstück

Strecken zur Verfügung stehen. Nichts schöner, als nach einem Tag auf der Farm oder auf dem Pferderücken nicht mehr heimfahren zu müssen, sondern sich nach dem Abendessen in sein Zimmer zurückziehen zu können. Das Klick-Klack der Hufe vor der Ranch ersetzt am nächsten Morgen den Wecker.

Ambiance: ★★★☆☆
Alles ist hier von der umliegenden Landschaft geprägt. Jura pur. Ideal für romantische Abenteurer und temporäre Cowboys.

Lage: ★★★★★☆
Freistehend auf einem landwirtschaftlich genutzten Plateau im Herzen der Freiberge, auf 1100 Meter über Meer.

Service: ★★☆☆☆
Beschaulich.

Zimmer: ★★☆☆☆
12 sehr einfache, rustikal eingerichtete Zimmer.

Küche: ★★☆☆☆
Authentische Regionalküche.

Freizeitangebot: ★☆☆☆☆
Pferdefarm (Ausritte, auf Wunsch begleitet, rund ums Jahr möglich). Im Winter führen Langlaufloipen am Hotel vorbei.

Anfahrt: Les Bois liegt 13 Kilometer nordöstlich von La Chaux-de-Fonds an der Landstrasse nach Delémont. Die Hotel-Ranch liegt 1 Kilometer ausserhalb des Dorfes und ist ausgeschildert.

Einfach nur Ruhe haben, sich verkrümeln in einer Ecke heiler Welt – vielleicht in ein Gasthaus im Jura: Es müsste das typische flache Satteldach haben, das schier bis zum Boden reicht, nette Wirtsleute und einen guten Koch, ein paar kulturelle Aktivitäten bieten und ein ansprechendes Interieur ohne Chichi – und nicht viel mehr als hundert Franken pro Nacht kosten. Gibt's nicht? Vielleicht nicht überall, aber in Saignelégier schon. Da das zweihundertjährige Freibergerhaus von Reitställen umgeben ist wie eine Trauminsel von Korallenriffen, kann man hier Ausritte von der Haustüre weg unternehmen. Wer dem Nichtstun frönen will, verbringt den Tag an den langen Holztischen im Restaurant-Wohnraum oder auf der Terrasse und freut sich beim dritten Glas Weissen auf die Vernissage in der Galerie oder das abendliche Konzert. Die zum Hotel passenden Gäste haben sich die initiativen Gastgeber «herangezogen»: Menschen, die ihre Ansprüche nicht durch vergoldete Badezimmerarmaturen und neuste Unterhaltungselektronik definieren, sondern sich in kultivierter Abgeschiedenheit in einem kommunikativen Umfeld erholen wollen und dabei offen sind für Kunst und Literatur, Genüsse fürs Ohr und Gaumenfreuden. Beim Abendessen muss man aufpassen, dass man nicht einfältig vor sich hin grinst vor lauter «So schön ist das einfache Leben»-Glück.

Ambiance: ★★★☆☆
Unkonventioneller Landgasthof mit lebendiger Atmosphäre und kultureller Prägung.
Lage: ★★★☆☆
Am oberen Dorfrand, mit Ausblick auf die jurassische Landschaft.

Service: ★★☆☆☆
Freundlich, gelegentlich etwas schleppend.
Zimmer: ★★☆☆☆
21 einfache Zimmer, verteilt auf Haupthaus und Dépendance.
Küche: ★★★☆☆
In der authentischen «Cuisine du terroir» dominieren die frisch gefangenen Doubs-Forellen und die Lämmer von den nahen Weiden. Aus den umliegenden Wäldern kommt Wild aller Art, Pilze und Beeren gibt es im Überfluss.
Freizeitangebot: ★★☆☆☆
Im Veranstaltungskalender stehen regelmässig Konzerte von Jazz über Chanson bis Klassik, Lesungen junger Autoren oder Wechselausstellungen. Das hauseigene «Atelier de dessin du Soleil» führt themenbezogene Mal- und Zeichenkurse durch.

Anfahrt: Saignelégier liegt etwa auf halber Strecke zwischen La Chaux-de-Fonds und Delémont. Das Hotel befindet sich etwas oberhalb der Hauptstrasse mitten im Dorf.

**Hôtel
de La Chaux-d'Abel 75**
CH-2333 La Ferrière

Tel. +41 (0)32 961 11 52
Fax +41 (0)32 853 43 44
www.hotellachauxdabel.ch
info@hotellachauxdabel.ch
Ganzjährig geöffnet

Preise
EZ 55–67 CHF
DZ 120–145 CHF
inklusive Frühstück

Die klimatisch rauen Freiberge, die sich über eine Fläche von zweihundert Quadratkilometern erstrecken, wurden erst spät und zögernd besiedelt. Um mehr Einwohner anzulocken, stellte der damalige Fürstbischof im Jahr 1384 einen Freibrief aus, der alle von Steuern und Zinsen auf ihrem gerodeten Boden befreite. Daher stammt der Name Freiberge. Auch wenn diese Sonderrechte 1792 endeten, sind die Freiberge noch immer das ideale Ausflugsziel für Freiheitsliebende. Velotouren, Ausritte zu Pferd, Wanderungen, Planwagenfahrten, Schneeschuhwandern, Langlaufen oder Hundeschlittenfahrten – für all diese Aktivitäten sind die Freiberge genau das Richtige. Ein stilvoller Ausgangspunkt für stille Geniesser ist das «Hôtel de La Chaux-d'Abel» inmitten der mystischen Landschaft zwischen Les Bois und St-Imier. Wer das geschichtsträchtige Haus mit den sorgfältig renovierten Zimmern, dem gemütlichen Speisesaal und den liebenswürdigen Gastgebern einmal für sich entdeckt hat, getraut sich fast nicht, das Hotel weiterzuempfehlen, aus lauter Angst, Publizität könnte diesem Kleinod etwas anhaben.

Ambiance: ★★★★☆
Ein versteckter Schlupfwinkel für Romantiker und ein authentisch gepflegter Ort der absoluten Ruhe. Der stattliche Gutshof hatte es schon dem Schokoladefabrikanten Richard Sprüngli angetan – zusammen mit einigen befreundeten Industriellen kaufte dieser nach dem Zweiten Weltkrieg das Haus und liess es von zwei rührigen Damen als Edelpension für wohlhabende Reitsportfreunde führen.

Zwar ist die Klientel heute eine weniger betuchte, doch der noble Geist vergangener Tage lässt sich noch erahnen.

Lage: ★★★★☆☆
In einem Garten mit Blick in die umliegene Juralandschaft.

Service: ★★★★★☆
Gastgeberin Agnès Frochaux ist rund um die Uhr um einen herzlichen Empfang und eine persönliche Betreuung bemüht.

Zimmer: ★★★★☆☆
20 charmante, liebevoll eingerichtete Zimmer.

Küche: ★★★★☆☆
Fein zubereitete Regionalküche. Gemütlicher Speisesaal mit Kachelofen.

Freizeitangebot: ★☆☆☆☆
Kinder- und Jugendspielzimmer.

Anfahrt: Auf der Landstrasse La Chaux-de-Fonds–Saignelégier (zwischen La Ferrière und Les Bois) Richtung Les Breuleux abbiegen und dem Hotelwegweiser folgen.

Neu Hôtel des Horlogers 76
CH-1348 Le Brassus

Route de France 8
Tel. +41 (0)21 845 08 45
Fax +41 (0)21 845 08 46
www.leshorlogers.ch
info@leshorlogers.ch
Ganzjährig geöffnet

Preise
EZ 180–240 CHF
DZ 250–300 CHF
Juniorsuite 360–440 CHF
inklusive Frühstück

Der Lac de Joux, das grösste stehende Gewässer im Jura, liegt auf 1000 Meter Höhe und ist bei Windsurfern und Seglern für seine günstigen Windverhältnisse bekannt. Im Winter machen mehrere hundert Kilometer markierter Loipen aus dem Waadtländer Jura eines der weitläufigsten Langlaufgebiete Mitteleuropas, und wenn der Lac de Joux gefriert, sind Hunderte von Schlittschuhläufern in ihrem Element. Im Sommer sind Wanderungen und Mountainbike-Touren durch die intakte Natur ein Hochgenuss. Im Vallée de Joux gab es bis vor kurzem kein Hotel, das den Bedürfnissen von Geniessern gerecht wurde. Seitdem die Uhrenmanufaktur Audemars Piguet das ehemalige «Hôtel de France» stilvoll ins «Hôtel des Horlogers» verwandelt hat, lässt es sich hier auch bestens übernachten. 27 angenehme Zimmer und Juniorsuiten im zeitgemässen Landhausstil, ein kleiner Wellnessbereich und zwei Restaurants laden zum Bleiben ein und machen das Hotel zum idealen Ausgangspunkt für Entdeckungstouren im schweizerisch-französischen Grenzgebiet.

Ambiance: ★★★☆☆
Jurassisches Wohlgefühl – meilenweit entfernt von schnelllebigen Moden.

Lage: ★★☆☆☆
Im Ort mit weitem Blick ins Vallée de Joux.

Service: ★★★★☆☆
Routiniert freundlich, mit französisch angehauchter Nonchalance.

Zimmer: ★★★★☆☆
19 komfortable Zimmer und 8 Juniorsuiten.

Küche: ★★★★☆☆
Neben der einfachen Brasserie erfreut hier insbesondere das edelrustikale Restaurant «Le Chronographe» mit ambitionierter Marktküche. Höhepunkt sind die farbenprächtigen Desserts.

Freizeitangebot: ★☆☆☆☆
Kleiner Wellnessbereich mit Sauna, Dampfbad, Whirlpool, Fitnessraum und diversen Massagen.

Anfahrt: Von Vallorbe Richtung Le Sentier und weiter Richtung Bois d'Amont bis Le Brassus. Das Hotel liegt an der Hauptstrasse (Route de France).

Victoria 77

CH-1823 Glion sur Montreux

Route de Caux
Tel. +41 (0)21 962 82 82
Fax +41 (0)21 962 82 92
www.victoria-glion.ch
info@victoria-glion.ch
Ganzjährig geöffnet

Preise
EZ 190–300 CHF
DZ 280–440 CHF
Juniorsuite/Suite 480–620 CHF
inklusive Frühstück

Ein wirklich gutes Hotel gibt dem Gast das Gefühl, gar nicht in einem Hotel zu wohnen. Toni Mittermair, Gastgeber und Besitzer des «Victoria», schafft es, seine Gäste sehr persönlich zu betreuen und ihnen das Gefühl zu geben, in einem privaten Anwesen eingeladen zu sein, in dem der Hausherr für alles gesorgt hat. Alles wirkt sehr entspannt, zugänglich und echt. Die hundertvierzigjährige Historie hat ihre Spuren hinterlassen, die nicht zu Grunde renoviert wurden, im Gegenteil: Es grenzt fast an ein Wunder, wie unbeschadet das «Victoria» die Zeiten überstanden hat. Die Hallen und Salons sind voller viktorianischer Kuriositäten, prächtiger Lüster und goldgerahmter Spiegel. Die Bar ist ein Traum aus der Zeit der Jahrhundertwende, in den Fluren knarren die Holzdielen. Keines der 68 Zimmer gleicht dem andern, jedes hat seinen eigenen Grundriss, seine spezielle Gestaltung und Ausstattung. Die Wintergarten-Restaurantterrasse zählt zu

Genfersee

den schönsten Plätzen am Lac Léman, und das Essen schmeckt ausgezeichnet. Das in Leder gebundene Gästebuch beim Ausgang ist ein multikulturelles Zeugnis der Begeisterung von Reisenden aus aller Welt. Sie schätzen, dass das «Victoria» trotz einmaliger Architektur, Landschaft und Atmosphäre kein Schaustück zum Bewundern ist, sondern ein Hotel zum Brauchen und Bewohnen.

Ambiance: ★★★★★★
In dem zauberhaften Belle-Epoque-Hotel kam guter alter Stil nie aus der Mode. Hier taucht man in die Zeit der vorletzten Jahrhundertwende ein – und erst bei der Abreise wieder in die heutige Realität auf.

Lage: ★★★★★★
Auf 700 Meter Höhe, zwischen See und Himmel über Montreux schwebend.

Service: ★★★★★★
Aufmerksam dreht der geschäftsführende Besitzer Toni Mittermair von morgens früh bis abends spät seine Runden und scheut sich nicht, dem ohnehin schon effizienten Service auch mal helfend zur Hand zu gehen.

Zimmer: ★★★★★☆
68 komfortable, sehr unterschiedlich eingerichtete und durchwegs angenehme Zimmer, Juniorsuiten und Suiten.

Küche: ★★★★★★
Fein zubereitete französisch-schweizerische Marktküche. Die meisten Hauptgänge werden noch traditionell in zwei Gängen aufgetragen. Schöne Weinselektion, vor allem aus dem Wallis und aus Frankreich, zu kundenfreundlichen Preisen.

Freizeitangebot: ★★☆☆☆☆
Freibad, kleiner Wellnessbereich mit Sauna und Whirlpool, Fitnessraum, Tennisplatz, Golfübungsanlage.

Anfahrt: Autobahn Lausanne–Martigny bis Ausfahrt Montreux, dann Richtung Montreux/See hinunterfahren bis zur Abzweigung Caux/Glion. Das «Victoria» liegt im oberen Ortsteil von Glion.

Masson 78

CH-1820 Montreux-Veytaux

5 rue Bonivard
Tel. +41 (0)21 966 00 44
Fax +41 (0)21 966 00 36
www.hotelmasson.ch
sevegrand@hotelmasson.ch
Anfang April bis Ende Oktober geöffnet

💰 Preise
EZ 100–200 CHF
DZ 190–270 CHF
Dreibettzimmer 240–360 CHF
Vierbettzimmer 280–410 CHF
inklusive Frühstück

Das mit Baujahr 1829 älteste Hotel von Montreux ist zugleich eines der charmantesten der Region. Die Besitzerfamilie hegt und pflegt die Errungenschaften der Vergangenheit mit viel Liebe und Engagement. Deshalb wirkt in den historischen Salons, den dreissig Zimmern und im Restaurant nichts verlebt oder verstaubt: Es ist eher so, als würde man beim Betreten des Hotels in eine andere Zeit eintauchen. Viel Platz zum Entspannen bietet der friedliche Garten, wo man bei einem Fläschchen Pinot noir genüsslich mit dem Genferseepanorama verschmelzen kann.

Ambiance: ★★★★★☆
Ein ganz eigener Mikrokosmos für Individualisten, die stets auf der Suche nach einem verwunschenen Hotel sind.

Hostellerie Bon Rivage 79
CH-1814 La Tour-de-Peilz

18 Route de St-Maurice
Tel. +41 (0)21 977 07 07
Fax +41 (0)21 977 07 99
www.bon-rivage.ch
info@bon-rivage.ch
Ganzjährig geöffnet

🪙 Preise
EZ 140–220 CHF
DZ 180–270 CHF
inklusive Frühstück

Lage: ★★★☆☆
Ruhig zwischen See und Wald, wenige Minuten ausserhalb des Ortszentrums von Montreux.
Service: ★★★★★☆
Die Familie Sèvegrand weiss, was Gastfreundschaft bedeutet, und sorgt dafür, dass die Hotelgäste sich wie persönlich geladene Gäste fühlen.
Zimmer: ★★★☆☆☆
31 gepflegte, im besten Sinne des Wortes «altmodische» Zimmer.
Küche: ★★★☆☆☆
Regionale und französische Spezialitäten.
Freizeitangebot: ★☆☆☆☆☆
Sauna und Whirlpool.

Anfahrt: Autobahn Lausanne–Martigny bis Ausfahrt Montreux, dann an den See hinunter und auf der Seestrasse Richtung Villeneuve bis Veytaux fahren. Das Hotel liegt etwas oberhalb der Seestrasse und ist ausgeschildert.

Wenn man mal so richtig die Nase voll hat von Stadtleben und Reizüberflutung, dann ist die «Hostellerie Bon Rivage» genau das Richtige. Das einstige Mädcheninstitut, das bis heute der Ordensgemeinschaft der Schwestern von St-Joseph in Annecy gehört, blickt über den pittoresken Hafen von La Tour-de-Peilz auf den Genfersee und die savoyischen Alpen. Hier geniesst man die Ruhe im Garten und die entspannte Atmosphäre, schläft gut und frühstückt auf der hübschen Terrasse. Die Eile hat kein Zimmer hier, und jeder Tag hat genug Stunden. Neue Dinge werden wichtig: Einer Biene beim Herumsummen zusehen, die Boote beim Ein- und Auslaufen beobachten, eine Katze necken, einen Spaziergang entlang der Seepromenade nach Vevey machen, auf der Hafenmauer liegen und gar nichts tun. Und bei der Heimreise ist man

Genfersee

dann frisch gestärkt für Stadt- und Szeneleben.

Ambiance: ★★★☆☆
Unprätentiös angenehmes Dreisternhotel mit Weitblick. Wer sich eine kurze Auszeit von der Hektik des Alltags gönnen möchte, kann sich hier an der Küste des Mittelmeers wähnen.
Lage: ★★★★★☆
In einer Gartenanlage über dem Hafen.
Service: ★★★☆☆
Korrekt.
Zimmer: ★★★☆☆
50 komfortable Zimmer, überwiegend mit Seesicht.

Küche: ★★★☆☆☆
Provenzalische Marktküche. Viele Produkte stammen aus dem grossen Gemüse- und Kräutergarten vor dem Haus.
Freizeitangebot:
Kein spezifisches Angebot.

Anfahrt: Autobahn Lausanne–Martigny bis Ausfahrt Vevey, zum See hinunter fahren und dann links Richtung Montreux abbiegen. Die Hoteleinfahrt liegt an der Seestrasse direkt nach dem Ortszentrum von La Tour-de-Peilz.

Neu Le Baron Tavernier 80
CH-1071 Chexbres

Route de la Corniche
Tel. +41 (0)21 926 60 00
Fax +41 (0)21 926 60 01
www.barontavernier.ch
info@barontavernier.com
Ganzjährig geöffnet

Preise
EZ 180–200 CHF
DZ 290–340 CHF
Juniorsuite/Suite 340–450 CHF
inklusive Frühstück

Der Ausblick raubt einem jedes Mal von neuem den Atem, egal, wie oft man schon hier war. Auf der langgestreckten Restaurantterrasse glaubt man, mitten in einer Märklin-Eisenbahnanlage mit wechselnden Beleuchtungseffekten zu sitzen. Denn die Stimmungen über dem Genfersee können sich rasch ändern: innerhalb einer Viertelstunde von den typisch zartdunstigen Pastelltönen zum dräuenden Gewitterschwarz. Da hört das Herzklopfen nie auf. Wer sich an diesem Cinemascope-

Jade 81
CH-1202 Genf

55 rue Rothschild
Tel. +41 (0)22 544 38 38
Fax +41 (0)22 544 38 99
www.manotel.com/de/jade
jade@manotel.com
Ganzjährig geöffnet

Preise
EZ 200–320 CHF
DZ 210–380 CHF
Juniorsuite 300–520 CHF
Frühstück 18 CHF pro Person

Panorama nicht sattsehen kann, bucht ein Zimmer im «Le Baron Tavernier» – es ist erstaunlicherweise das einzige empfehlenswerte Hotel mit Aussicht im Unesco-Weltnaturerbe Lavaux. In den achtzehn Zimmern, überwiegend mit Balkon oder Terrasse, kann man sich herrlich weltentrückt fühlen.

Ambiance: ★★★☆☆☆
Das Hotel lebt von der fantastischen Lage und dem wunderbaren Ausblick. Denn obschon die Zimmer tadellos gepflegt und die Restaurants korrekt geführt sind, fehlt das gewisse Etwas.

Lage: ★★★★★★
Ein Logenplatz mitten in den Rebhängen des Lavaux.

Service: ★★★☆☆☆
Freundlich, an Schönwettertagen oft überfordert.

Zimmer: ★★★★☆☆
11 komfortable Zimmer und 7 Suiten in warmen Farben.

Küche: ★★★★☆☆
Sommerrestaurant «Le Deck» (Salate und Grillspezialitäten) mit grandioser Terrasse und Openair-Lounge. Elegantes, orientalisch angehauchtes Restaurant «Le Baron» (nur im Winterhalbjahr geöffnet), rustikale Pinte «Bon Sauvage» (nur im Winter geöffnet).

Freizeitangebot:
Kein spezifisches Angebot.

Anfahrt: Autobahn Lausanne–Vevey bis Ausfahrt Chexbres, durch den Ort hindurchfahren bis zur Abzweigung nach Epesses. Das Hotel liegt auf der Landstrasse nach Epesses am Ortsausgang von Chexbres.

Die kleine Genfer Hotelkette Manotel hat in den vergangenen Jahren ihre sechs Drei- und Viersternhotels auf sehr innovative Art renoviert. Jedes Haus erhielt ein klar definiertes Profil. Das Hotel Edelweiss zum Beispiel steht für «Chalet-Ambiente in der Stadt», das Hotel Kipling für «koloniale Nostalgie» und das Hotel Jade für «Harmonie nach den Prinzipien des Feng Shui». Das Ergebnis überrascht insbeson-

Genfersee

dere im «Jade»: Die knapp fünfzig Zimmer und die öffentlichen Räume sind eine innenarchitektonische Wohltat und in einem ansprechenden East-meets-West-Stil gestaltet, der Empfang ist ausgesprochen freundlich, es gibt eine hübsche Gartenterrasse, und zur Seepromenade und ins Stadtzentrum sind es nur wenige Schritte.

Ambiance: ★★★★☆☆
Innenarchitektonischer Mix aus östlichem und westlichem Design.
Lage: ★★★☆☆☆
In einer ruhigen Strasse mitten im zentralen Stadtviertel Les Pâquis.
Service: ★★★★★☆
Effizient, motiviert, individuell.

Zimmer: ★★★★★☆
43 kunstvoll puristisch eingerichtete Zimmer und 4 Juniorsuiten mit Balkon. Kostenloser WiFi-Empfang in allen Zimmern.
Küche:
Kein Restaurant im Haus.
Freizeitangebot:
Kein spezifisches Angebot.

Anfahrt: Autobahn Lausanne–Genf bis Ausfahrt Genève Lac, dann immer geradeaus der Hauptstrasse ins Zentrum folgen. Bei der Ferrari-Autogarage (linke Seite) und Apotheke (rechte Seite) unmittelbar vor der Garage links abbiegen und dann die erste Strasse rechts. Am Hotel Epsom vorbei und die erste Strasse rechts bis zum Hotel linker Hand.

Neu La Cour des Augustins 82
CH-1205 Genf

15 rue Jean-Violette
Tel. +41 (0)22 322 21 00
Fax +41 (0)22 322 21 01
www.lacourdesaugustins.com
info@lacourdesaugustins.com
Ganzjährig geöffnet

Preise
EZ 200–585 CHF
DZ 250–691 CHF
Juniorsuite/Suite 288–1437 CHF
Frühstück 24 CHF pro Person

Wer ein gutes Preis-Leistungs-Verhältnis im überteuerten Genf sucht, wird in diesem Boutique-Designhotel im Augustins-Viertel glücklich – zumindest wenn nicht gerade Messe ist, dann schnellen nämlich sämtliche Hotelpreise der Stadt in absurde Höhen. Die vierzig puristisch gestalteten Zimmer und Suiten sind in zwei hundertfünfzigjährigen Gebäuden untergebracht, die durch einen Innenhof miteinander verbunden sind. Ebenfalls zum «Cour des Augustins» gehören eine Boutique mit Wohn-Accessoires sowie eine permanente Kunstgalerie, die sich über das ganze Hotel verteilt.

Ambiance: ★★★★☆☆
Trendiges Design-Domizil, das bei aller gestalterischen Schlichtheit eine urbane Behaglichkeit ausstrahlt.

Lage: ★★★☆☆
Im Augustins-Viertel, dem Genfer «Quartier Latin», in Gehnähe zur Altstadt.
Service: ★★★★☆☆
Freundlich und hilfsbereit.
Zimmer: ★★★★☆☆
16 komfortable, minimalistisch eingerichtete Zimmer und 24 Suiten. Alle Zimmer mit kostenlosem WiFi-Zugang, die Suiten verfügen jeweils über eine eigene Kitchenette.
Küche:
Kein Restaurant im Haus.
Freizeitangebot: ★☆☆☆☆☆
Fitnessraum, Sauna, Dampfbad, auf Wunsch Massagen.

Anfahrt: Autobahn Lausanne–Genf bis Ausfahrt Genève Centre, in die Stadt hineinfahren bis Gare Cornavin. Dort weiter Richtung Plainpalais/Carouge, unter Pont de la Coulouvrenière hindurch und am Ende der Plaine de Plainpalais links Richtung Thonon/Evian abbiegen. Nach Überquerung der Strassenbahnschienen erste Strasse rechts (Rue Prévost Martin), nach der Kirche wieder rechts und bis zum Hotel.

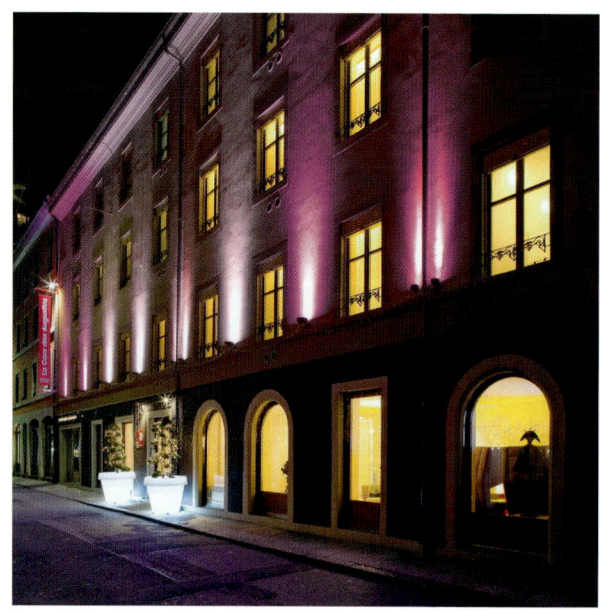

Genfersee

Auberge d'Hermance 83
CH-1248 Hermance

12 rue du Midi
Tel. +41 (0)22 751 13 68
Fax +41 (0)22 751 16 31
www.hotel-hermance.ch
info@hotel-hermance.ch
Anfang Januar bis Mitte Dezember geöffnet

Preise
EZ 185 CHF
DZ 280 CHF
Juniorsuite/Suite 340–420 CHF
inklusive Frühstück

Jahrhundertelang wechselte das mittelalterliche Grenzdorf zwischen savoyischem und Genfer Hoheitsgebiet – seit 1815 ist es eine Gemeinde des Kantons Genf. Der pittoreske Ort verströmt ein Lebensgefühl heiterer Gelassenheit, das sich schnell auf die Besucher überträgt und insbesondere in der «Auberge d'Hermance» zu spüren ist. Die Gäste kommen aus Genf und Lausanne, weil nah ist und doch weit weg, und auch mal aus Bern, Basel und Zürich. Im verwinkelten Restaurant sitzt man entspannt am Tisch neben fröhlichen, festlich tafelnden Menschen. Die sechs Zimmer mögen dem einen oder anderen urbanen Besucher etwas verkitscht erscheinen, doch lullt die Atmosphäre dieses charmanten Hauses auch die meisten Designpuristen ein.

Ambiance: ★★★★★☆
Eine kleine Welt des Wohlbehagens mit verspielter Innendekoration.
Lage: ★★★☆☆☆
Inmitten des mittelalterlichen Orts.
Service: ★★★☆☆☆
Französisch nonchalant (die meisten Mitarbeiter sind Französinnen und Franzosen).
Zimmer: ★★★★☆☆
6 komfortable Zimmer, in denen es sich trotz teilweise wirrem Stilmix angenehm wohnen lässt.
Küche: ★★★★☆☆
Die Menükarte wechselt häufig, nicht aber die marktfrische Qualität der Küche. Hausspezialität ist das Poulet in der Salzkruste.
Freizeitangebot:
Kein spezifisches Angebot.

Anfahrt: Von Genf auf der Seestrasse via Vésenaz und Anières nach Hermance. Im Dorf den Wegweisern zum Hotel folgen.

Château de Coudrée 84

F-74140 Sciez

Bonnatrait
Tel. +33 (0)450 72 62 33
Fax +33 (0)450 72 57 28
www.coudree.com
chateau@coudree.fr
Anfang Dezember bis Ende Oktober geöffnet

Preise
DZ 140–400 €
Frühstück 15 € pro Person

Eine gewisse Abgeschiedenheit ist Teil des Geheimnisses des «Château de Coudrée», das versteckt am Ufer des Lac Léman zwischen Genf und Thonon-les-Bains liegt. Hinter uralten Platanen ragt klotzig der imposante Schlossturm aus dem 12. Jahrhundert in den Himmel. Die Tür zum Innenhof öffnet sich, und man betritt eine verloren geglaubte Welt. Fast erwartet man hier jeden Augenblick einen prächtig gekleideten Reiter, der einem auf seinem Pferd über das Kopfsteinpflaster entgegentrabt. Die Zeiten scheinen sich hier in Schichten abgelagert zu haben – alles liegt nebeneinander, übereinander und passt doch stimmig zusammen. Die Besitzerin Catherine Réale-Laden und ihre beiden Töchter Marina (Küchenchefin) und Caroline (Gastgeberin) sind sichtlich bemüht, das nostalgische Ambiente und die architektonischen Schönheiten aus verschiedenen Jahrhunderten zu bewahren. Wohin man blickt, finden sich antike Möbel, feudale Wandteppiche, Kerzenständer, Leuchter und riesige Kamine. Die Zimmer sind hohe Gemächer mit Amorbildern an jeder Wand. In den labyrinthisch verschachtelten Fluren verfolgen einen die Blicke der Ahnen. Romantiker bekommen in diesem Märchenschloss rasendes Herzklopfen. Fans von todschicken Designhotels und Hightech-Spielereien machen gleich wieder kehrt.

Ambiance: ★★★★★★
Romantischer gehts nicht. Hier wohnen heisst «habiter l'histoire».
Lage: ★★★★★★
In einem Park mit alten Bäumen direkt am Seeufer.
Service: ★★★★☆☆
Liebenswert familiär.
Zimmer: ★★★☆☆☆
17 sehr unterschiedliche, teilweise renovationsbedürftige Zimmer. Atemberaubende «Donjon»-Suite im Schlossturm.
Küche: ★★★★★☆
Zeitgemäss interpretierte und fein zubereitete savoyische Traditionsküche.
Freizeitangebot: ★★☆☆☆☆
Freibad, Tennisplätze, Sauna, privater Strand.

Anfahrt: Von Genf auf der Landstrasse via Douvaine Richtung Thonon/Evian, ab Bonnatrait ist das Hotel ausgeschildert.

Villa Cécile 85
F-74140 Yvoire

156 Route de Messery
Tel. +33 (0)450 72 27 40
Fax +33 (0)450 72 27 15
www.villacecile.com
reservation@villacecile.com
Ganzjährig geöffnet

Preise
DZ 120–185 €
Suite 220–260 €
Frühstück 15 € pro Person

Das mittelalterliche Dorf mit romantischem Hafen, Befestigungsanlage und Schloss liegt auf einer weit in den Genfersee ragenden Landzunge, die den «petit lac» vom «grand lac» trennt. Vor hundert Jahren war Yvoire ein armes Fischerdorf, heute gehört es der Vereinigung der schönsten Dörfer Frankreichs an. Im Schlossgarten wurde das berauschende Pflanzenlabyrinth «Le Jardin des Cinq Sens» angelegt, das sich im Laufe der Jahreszeiten in seinen Farben, Düften und Formen stets verändert. Mit weniger als tausend Einwohnern und mehr als einer halben Million Besuchern jährlich ist das blumengeschmückte Dorf mit den schmalen Gassen tagsüber oft von Touristen überschwemmt. Die «Villa Cécile» am Ortseingang ist ein idealer Schlupfwinkel für alle, die den Rummel umgehen und den Ort dann gemütlich in den frühen Abendstunden erkunden möchten. Die Gastgeberfamilie hat am liebsten glückliche Menschen zu Gast und tut selbst ihr Bestes dafür. Das stilvoll moderne Landhotel mit einladendem Wellnessbereich spricht jene Menschen an, die den Charme eines Kleinhotels einem unpersönlichen Trend- oder Grandhotel vorziehen und nicht unbedingt mit der goldenen Kreditkarte anreisen.

Ambiance: ★★★★☆
Ein ansprechender Mix aus zeitgemässem Design und regionaltypischen Accessoires bestimmt die Einrichtung dieses sympathischen und persönlich geführten Hotels.
Lage: ★★★★☆☆
In einem Garten am französischen Ufer des Genfersees.
Service: ★★★★★☆
Von natürlicher Herzlichkeit.
Zimmer: ★★★☆☆
Zwei Dutzend komfortable, helle Zimmer, alle mit freiem WLAN und mit Balkon oder Terrasse.
Küche: ★★☆☆☆
Traditionelle savoyische Spezialitäten.
Freizeitangebot: ★★☆☆☆
Schöner Wellnessbereich mit Sauna, Dampfbad, Whirlpool, 2 Aussenschwimmbäder, diverse Massagen und Beautyanwendungen.

Anfahrt: Von Genf auf der Landstrasse via Douvaine Richtung Thonon bis zur Abzweigung nach Yvoire, dort zum Seeufer.

La Verniaz 86
F-74500 Evian-les-Bains

Neuvecelle Eglise
Tel. +33 (0)450 75 04 90
Fax +33 (0)450 70 78 92
www.verniaz.com
verniaz@relaischateaux.com
Mitte Februar bis Anfang November geöffnet

 Preise
DZ 95–292 €
Suite/Chalet 269–370 €
Frühstück 16 € pro Person

Der halbe Genfersee liegt einem zumindest visuell zu Füssen. Allein das sorgt schon für ein belebendes Gefühl. Dazu läuft als Background musik permanent der perfekte ländliche Soundtrack: Vogelgezwitscher und Bachrauschen. Aus dem ehemaligen savoyischen Bauernhof hoch über Evian hat sich vor Jahrzehnten ein schönes Ensemble von Chalets und Gästehäusern entwickelt, verteilt über den blumenübersäten Hotelgarten. Es ist alles nicht mehr ganz taufrisch, dennoch sehr charmant und mit viel savoyischem Flair. Einmalig ist die stimmungsvolle Restaurantterrasse – dass dies jedoch keine Neuigkeit ist, beweist der Andrang an lauen Sommerabenden.

Ambiance: ★★★☆☆
Leicht nostalgisches Landhotel im regionstypischen Stil.
Lage: ★★★★★☆
Ruhig in einer weitläufigen Gartenanlage zwischen See und Gebirge.
Service: ★★★☆☆
Familiär.
Zimmer: ★★★☆☆
30 sehr unterschiedliche, teilweise renovationsbedürftige Zimmer, 1 Suite und 5 Chalets.
Küche: ★★★★☆
Liebhaber einer traditionellen Rotisserieküche werden hier glück-

🆕 Les Mazots du Clos 87
CH-1884 Villars

Tel. +41 (0)24 495 38 88
Fax +41 (0)24 495 84 66
www.mazotsduclos.ch
info@mazotsduclos.ch
Ganzjährig geöffnet

Preise
DZ 220–260 CHF
Kleines Chalet (1–3 Personen)
340–380 CHF
Grosses Chalet (1–5 Personen)
410–590 CHF
inklusive Frühstück

Das Chalet-Ensemble «Les Mazots du Clos» ist eines der wenigen ehrlichen Hotels im Waadtländer Ferienort Villars. Es gibt nicht vor, mehr zu sein, als es ist – und verblüfft trotzdem oder vielleicht gerade deshalb. Die fünf Wohneinheiten (zwei Doppelzimmer und drei Chalets) sind zeitgemäss alpin eingerichtet und bieten Raum zum Verweilen und Sein. Das hübsche Spa «Les Fontaines de Pierre» kann auf Wunsch exklusiv für zwei bis sechs Personen gemietet werden – ohnehin werden nie mehr als sechs Personen eingelassen, so dass immer genug Platz für alle bleibt. Wer anderen Gäste begegnen möchte, findet dazu Gelegenheit beim abendlichen «Table d'hôtes» am langen Holztisch.

lich. Am Holzkohlengrill werden diverse Fleischstücke und Fische zubereitet. Daneben gibt es allerlei savoyische Spezialitäten.
Freizeitangebot: ★☆☆☆☆
Freibad, Tennisplätze.

Anfahrt: Autobahn Lausanne–Martigny bis Ausfahrt Villeneuve, von dort Landstrasse via St-Gingolph dem südlichen Genferseeufer entlang bis Evian. Beim grossen Bootsanlegeplatz rechts Richtung Thollon abbiegen und etwa 1 Kilometer den Berg hinauffahren (Rue d'Abondance).

Neu **Fafleralp** 88

CH-3919 Fafleralp, Lötschental

Tel. +41 (0)27 939 14 51
Fax +41 (0)27 939 14 53
www.fafleralp.ch
info@fafleralp.ch
Mitte Mai bis Mitte Oktober
und Ende Januar bis Anfang April
geöffnet

Preise
EZ 76–93 CHF
DZ 152–186 CHF
Suite 254–284 CHF
inklusive Frühstück

Ambiance: ★★★★★☆
Ein kleines alpines Universum, das man ungern wieder verlässt.

Lage: ★★★★☆☆
Ruhig im Ortszentrum, mit weitem Blick auf die Walliser und Savoyer Alpen.

Service: ★★★☆☆☆
Freundlich und hilfsbereit, aber nicht immer zur Stelle wie in einem grösseren Hotel.

Zimmer: ★★★★★☆
2 modern-rustikal gestaltete Doppelzimmer («Flocon de Sel» und «Poivre & chocolat») mit halboffenen Bädern im Hauptgebäude, 1 kleines Chalet («Petit Bonheur») mit Cheminée für 1–3 Personen (oder 2 Erwachsene und 2 Kinder), 2 grosse Chalets («Péché Mignon» und «Dolce Vita»).

Küche: ★★★☆☆☆
Unprätentiöse Regionalküche beim abendlichen «Table d'hôtes». Im Sommer Grillspezialitäten und Pizza auf der Terrasse.

Freizeitangebot: ★★☆☆☆☆
Kleiner Wellnessbereich mit Dampfbad, Sauna, Whirlpool, Aussenpool und klassischen Massagen. Billardtisch, Bibliothek, Videothek.

Anfahrt: Autobahn Lausanne–Martigny bis Ausfahrt Aigle, dann Richtung Villars-sur-Ollon fahren. Nach der Brücke, die das Dorf Chesières von Villars trennt, und 100 Meter nach dem «Collège Beau-Soleil» (rechts der Strasse), kurz vor der UBS-Bank links zum Hotel abbiegen.

Das hundertjährige Holzgebäude mit diversen Zusatzbauten ist so behaglich, wie nur etwas Gewachsenes sein kann. Es entrückt die Gäste in eine andere Zeit und bietet Zimmer von sehr einfach bis ziemlich luxuriös (Wellness-Suite mit Sauna, Hochzeits-Suite mit Whirlpool). Selbst bei den renovierten, in kantiger Klarheit gestalteten Zimmern bleibt der authentisch bodenständige Eindruck immer gewahrt. Liebevolle Details wie das kleine Kissen mit Nadel und Faden an der Wand oder das selbst gepflückte Bergblumensträusschen auf dem Schreibtisch sorgen für Wohlfühl-Ambiente. Auf der Fafleralp steht die Natur im Mittelpunkt. Pius, der die Gegend wie seine Westentasche kennt, ist dabei der hauseigene Guide für alles Mögliche und Unmögliche. Im Winter ist die Zufahrtsstrasse ab Blatten gesperrt, dennoch

Wallis

öffnet das Hotel im Februar und März für ruhesuchende bergtaugliche Genussmenschen, die bereit sind, ab Blatten eine Stunde mit Schneeschuhen, Touren- oder Langlaufskis auf die Fafleralp zu laufen.

Ambiance: ★★★★★☆
Vor allem für eine Kategorie von Menschen ist diese Abgeschiedenheit wie gemacht, und Hochzeitsgesellschaften bezeugen es: für Romantiker.

Lage: ★★★★★☆
Zuhinterst im Lötschental und am westlichen Eingangstor des Unesco-Weltnaturerbes Jungfrau-Aletsch-Bietschhorn, von Lärchen umgeben auf 1800 Meter über Meer.

Service: ★★★☆☆☆
Familiär freundlich, an schönen Sommerwochenenden (grosse Gartenwirtschaft!) manchmal überfordert.

Zimmer: ★★☆☆☆☆
20 holzgetäferte, sehr unterschiedliche Zimmer (davon 3 Einzel-

zimmer mit Lavabo und Etagenbad) und 4 geradlinig modern gestylte Suiten. Alle Zimmer ohne Telefon, Fernseher, Minibar und Internet. Im benachbarten Hotel «Langgletscher» stehen einfachere Zimmer (alle mit Etagenbad) sowie ein Touristenlager zur Verfügung.

Neu Hôtel-Restaurant Didier de Courten 89
CH-3960 Sierre

1 rue du Bourg
Tel. +41 (0)27 455 13 51
Fax +41 (0)27 456 44 91
www.hotel-terminus.ch
info@hotel-terminus.ch
Mitte Januar bis Mitte Dezember geöffnet
Beide Restaurants Sonntag und Montag geschlossen

 Preise
EZ 135 CHF
DZ 210–230 CHF
Juniorsuite/Suite 350–410 CHF
inklusive Frühstück

Küche: ★★★★☆☆
Gut gemachte Walliser Spezialitäten und internationale Klassiker.
Freizeitangebot: ★★☆☆☆☆
Dia-Vorträge zu regionalem Brauchtum und Bergwelt. Kinderspielplatz. Massagen. Der hauseigene Bergführer und Aktivitäten-Guide Pius begleitet die Gäste auf Hoch-, Kletter-, Gletscher- und Skitouren, auf Gebirgswanderungen und zum Schneeschuhlaufen.

Anfahrt: Durch den Lötschbergtunnel (Autoverlad) und nach dem Tunnel gleich links ins Lötschental. Beim Dorf Blatten weiter Richtung Fafleralp. Das Auto bleibt auf dem mehrere hundert Meter entfernten Parkplatz. Von dort führt ein kurzer Waldpfad zum Hotel.

«Ein sonderbares Gemisch zwischen Spanien und der Provence», charakterisierte der grosse Dichter Rainer Maria Rilke die Gegend um Sierre, in der er seine letzten Lebensjahre verbrachte. «Der Landstrich erinnert einen an das Finale einer Beethoven-Symphonie.» Ganz so dramatisch mag das Rhonetal nicht jedem vorkommen, doch die über lange Strecken atemberaubend ansteigenden Rebhänge strahlen schon etwas Wildromantisches aus. Wo die Weinkultur blüht, geniesst auch das Essen einen hohen Stellenwert. Didier de Courten ist das Aushängeschild der Walliser

Küchenszene. In seinem schlicht elegant eingerichteten «Restaurant Didier de Courten» im Stadtzentrum von Sierre bereitet der hoch talentierte Koch mit kaum zu übertreffender Konstanz eine augen- wie gaumenschmeichelnde Haute Cuisine voller Überraschungen zu, basierend auf allerbesten Produkten und einem feinen Zusammenspiel der Aromen aus aller Welt. Gleich nebenan befindet sich die unkomplizierte Brasserie «Atelier Gourmand», die auf einfachere Produkte zu leicht verdaulichen Preisen setzt und sich bei Feinschmeckern mit schmalem Budget grosser Beliebtheit erfreut. Die oberen Stockwerke des geschichtsträchtigen Stadthauses aus dem Jahr 1870 beherbergen neunzehn zeitgemäss eingerichtete Zimmer und machen aus dem «Hotel-Restaurant Didier de Courten» (bisher: «Le Terminus») einen idealen Ausgangspunkt für Entdeckungsreisen ins Rhonetal.

Ambiance: ★★★★☆☆
Gourmet-Hotel mit elegant modernem Flair.
Lage: ★★☆☆☆☆
Im Ortszentrum neben dem Bahnhof von Sierre.
Service: ★★★★★★
Das Personal im Restaurant und im Hotel ist sehr präsent, liest Wünsche von den Augen ab, drängt sich aber nicht auf.
Zimmer: ★★★★☆☆
19 geräumige, komfortable und cool gestaltete Zimmer und Suiten.
Küche: ★★★★★★
Formidable Gourmetküche im «Restaurant Didier de Courten» (ausgezeichnet mit 2 Michelin-Sternen und 19 Gault-Millau-Punkten), einfachere Marktküche im «Atelier Gourmand».
Freizeitangebot:
Kein spezifisches Angebot.

Anfahrt: Autobahn Martigny–Brig bis Ausfahrt Sierre, dann Richtung Sion und der Avenue Général-Guisan entlang bis zur Rue du Bourg.

Neu **Bella Lui** 90
CH-3963 Crans-Montana

Route du Zotset 8
Tel. +41 (0)27 481 31 14
Fax +41 (0)27 481 12 35
www.bellalui.ch
info@bellalui.ch
Anfang Juni bis Anfang Oktober und Mitte Dezember bis Ende März geöffnet

Preise
EZ 125–152 CHF
DZ 250–304 CHF
inklusive Halbpension

Bauhaus-Fans kommen hier auf ihre Kosten: Das 1929 als avantgardistisches Sanatorium erbaute Dreisternehotel ist einer der wenigen Zeugen des sogenannten Neuen Bauens in den Alpen. Die Flachdächer mit Terrassennutzung und die Bandfenster sind typische Elemente dieses Baustils. Ein beachtlicher Teil des Originalmobiliars (Leuchten, Sessel, Tische) blieb bis heute erhalten, auch Besteck und Geschirr der damaligen Zeit sind noch im Einsatz, und die grossen Zimmerbalkone sind mit bequemen Original-Sonnenliegen aus dem Jahr 1930 ausgestattet.

Ambiance: ★★★★☆☆
Die klaren Linien und freundlichen Farben der schützenswerten Bauhaus-Architektur prägen innen und aussen das Erscheinungsbild des Hauses.

Bella Tola 91
CH-3961 St-Luc

Rue Principale
Tel. +41 (0)27 475 14 44
Fax +41 (0)27 475 29 98
www.bellatola.ch
bellatola@bluewin.ch
Mitte Juni bis Mitte Oktober und Mitte Dezember bis Mitte April geöffnet

Preise
EZ 184–215 CHF
DZ 298–520 CHF
Juniorsuite 476–580 CHF
inklusive Halbpension

Das 1859 errichtete Gasthaus wirkt fast so, als sei es hundertfünfzig Jahre lang konserviert worden. Doch dieser Eindruck ist das Ergebnis einer ungeheuren Anstrengung von Anne-Françoise und Claude Buchs, die das

Freizeitangebot: ★☆☆☆☆
Sauna, Whirlpool, Massagen.

Anfahrt: Autobahn Martigny–Simplon bis Ausfahrt Sierre West, dann Landstrasse nach Crans-Montana. In Crans im ersten Kreisel beim See rechts und dann immer geradeaus hinauf ins Zentrum. Im zweiten Kreisel (kurz nach dem Kino) rechts dem blauen Wegweiser Richtung Montana folgen und beim Restaurant und der Bushaltestelle «Le Pavillon» auf der Bergseite in die Hoteleinfahrt abbiegen.

Lage: ★★★★★☆
Sonnig am Waldrand, oberhalb eines Bergsees. Wenige Gehminuten vom Ortszentrum und den Bergbahnen entfernt.
Service: ★★★☆☆
Unkompliziert freundlich.
Zimmer: ★★☆☆☆
49 eher einfache Zimmer, die meisten mit südseitiger Ausrichtung und grossem Balkon.
Küche: ★★★☆☆
Walliser Spezialitäten und klassische Schweizer Gerichte. Freitags «Historischer Abend mit Menü 1930» (ohne Halbpensionszuschlag).

«Bella Tola» Mitte der neunziger Jahre übernommen und in der Zwischenzeit mit grossem Engagement fürs 21. Jahrhundert fit gemacht haben. Wer nicht das Auge dafür hat, sieht den feinfühligen Renovationen die Erneuerung oft nicht an und mag den «altmodischen» Stil belächeln. Für die Jäger verborgener Hotelschätze und all jene Gäste, die es satt haben, wenn ein Hotel so aussieht, als könne es überall auf der Welt stehen, hat dieses Retro-Refugium Kultstatus.

Ambiance: ★★★★★★
Liebhaber historischer Berghotels können hier in eine verloren geglaubte Welt eintauchen – aus einem Aufenthalt im «Bella Tola» wird eine Zeitreise.
Lage: ★★☆☆☆
An der Hauptstrasse am nördlichen Dorfrand.

Service: ★★★★☆☆
Warmherzig und hilfsbereit.
Zimmer: ★★★★☆☆
In den 32 holzgeprägten, antik bis grossmutterhaft möblierten Zimmern spürt man förmlich den Atem der Vergangenheit, ohne dass sie verstaubt oder muffig wirken.
Küche: ★★★★☆☆
In zwei Restaurants wird hier die einfache Küche auf die beste aller Arten praktiziert. Die frischen Zutaten besorgt sich der Koch von den Bauernhöfen in nächster Umgebung.
Freizeitangebot: ★★☆☆☆☆
Kleiner, feiner Wellnessbereich mit Hallenbad, Sauna, Dampfbad und Massagen.

Anfahrt: Autobahn Sion–Brig bis Ausfahrt Sierre Ost, dann Landstrasse Richtung Zinal bis zur Abzweigung nach St-Luc. Das Hotel liegt links der Hauptstrasse am Dorfeingang.

Apparthotel Zurbriggen 92
CH-3920 Zermatt

Tel. +41 (0)27 966 38 38
Fax +41 (0)27 966 38 39
www.zurbriggen.ch
zurbriggen@rhone.ch
Mitte Juni bis Ende April geöffnet

Preise
DZ 230–320 CHF
Suite (2 Personen) 320–460 CHF
Suite (4 Personen) 550–800 CHF
Suite (6 Personen) 850–1350 CHF
inklusive Frühstück

Das Wort, das einem bei der Betrachtung des modernen Chalet-Hotels als Erstes in den Sinn kommt, ist «geräumig» – und zwar enorm geräumig. Die sechs lichtdurchfluteten Zimmer und Suiten bieten ein fantastisches Raumerlebnis und einen unverstellten Postkartenblick aufs Matterhorn. Auch die Aufenthaltsräume sind weitläufig, und der Wellnessbereich mit Hallenbad und Aussen-Sole-Whirlpool bietet an Regentagen genügend Platz. Man hätte in diesem Haus leicht sehr viel mehr Zimmer unterbringen können, aber als Gast kann man eigentlich nur froh sein, dass diese Möglichkeit nicht genutzt wurde. Das ehemalige Skiass Pirmin Zurbriggen und seine Frau Moni führen das Haus mit sichtlicher Liebe und geben ihr Insiderwissen über die sportlichen und kulinarischen Highlights von Zer-

matt gerne weiter. Angenehm: Das Frühstück wird zur gewünschten Zeit aufs Appartement gebracht. Im Sommer stehen kostenlos Mountainbikes zur Verfügung, im Winter Schlitten.

Ambiance: ★★★★★★
Das Hotel biedert sich auf keine Weise bei der Walliser Heimatarchitektur an und setzt doch hervorragend die architektonische Sprache und das Gefühl der

Region um. Mit viel Glas, Aussicht aufs Matterhorn und einheimischem Lärchenholz wird die Natur ins Haus geholt.
Lage: ★★★★☆
Im oberen Dorfteil von Zermatt, neben der Klein-Matterhorn-Bahn. 10 Gehminuten vom Dorfzentrum entfernt.
Service: ★★★★★☆
Man wird aufmerksam unaufdringlich umsorgt.
Zimmer: ★★★★★★
Die 6 Zimmer und Suiten für 2 bis 6 Personen sind grosszügig konzipiert, in schlicht-moderner Behaglichkeit eingerichtet und haben alle Balkon und Matterhornblick.
Küche:
Kein Restaurant im Haus.
Freizeitangebot: ★★☆☆☆☆
Kleiner Wellnessbereich mit Hallenbad, Aussen-Sole-Whirlpool, Sauna, Erlebnisdusche, Eisgrotte, Massagen. Mountainbikes und Schlitten zur freien Verfügung.

Anfahrt: Von Visp Landstrasse nach Täsch. Dort das Auto im öffentlichen Parkhaus «Matterhorn Terminal» abstellen und mit der Bahn ins autofreie Zermatt fahren (20-Minuten-Taktfahrplan). Am Bahnhof werden die Gäste vom Elektromobil des Hotels abgeholt.

Neu **Bella Vista** 93
CH-3920 Zermatt

Riedweg 15
Tel. +41 (0)27 966 28 10
Fax +41 (0)27 966 28 15
www.bellavista-zermatt.ch
hotel@bellavista-zermatt.ch
Anfang Juni bis Mitte Oktober und Mitte Dezember bis Anfang Mai geöffnet

Preise
EZ 103–165 CHF
DZ 170–300 CHF
Juniorsuite/Suite 245–390 CHF
inklusive Frühstück

Die Familie Götzenberger ist in ihrem pittoresken Chalet-Hotel mit einer Hingabe bei der Sache, dass man glauben könnte, sie würde Gäste bei sich zu Hause verwöhnen und umsorgen. Alles in ihrem «Bellavista» ist liebevoll gepflegt und unterhalten und strahlt eine heitere Lebensfreude aus. Gruppen gibt es hier nicht, nur Individualgäste mit Ansprüchen und der grossen Sehnsucht nach kultivierter Idylle. Zwei Drittel der Zimmer verfügt über einen kleinen Balkon mit Blick aufs Matterhorn. Bei Morgendämmerung grüsst der Berg der Berge herüber, und der Duft von frischem Brot dringt durch die Türritzen. Der Chef ist gelernter Bäcker und lässt es sich nicht nehmen, selbst Zopf, Buttergipfel und Laugenweggen für seine Gäste zu backen.

Ambiance: ★★★★☆☆
Reizendes kleines Hotel, das trotz kontinuierlichen Erneuerungen die Atmosphäre und Intimität von einst zu bewahren verstand.

Lage: ★★★★★★
An herrlicher Aussichtslage über den Dächern von Zermatt. 10 Gehminuten ins Dorfzentrum.

Service: ★★★★★★
Sehr persönlich. Die Gastgeber sorgen mit unverfälschter Herzlichkeit dafür, dass man mit sich und der Welt zufrieden ist.

Zimmer: ★★★★☆☆
21 freundliche, rustikale Zimmer und Juniorsuiten.

Küche:
Kein Restaurant im Haus, doch das Frühstück (mit Selbstgebackenem, frischem Orangensaft und 35 Teesorten) ist wunderbar, zudem wird dienstagabends Käsefondue oder Raclette und donnerstags ein saftiges Stück Fleisch vom Grill serviert. Für den kleinen Hunger zwischendurch ist jederzeit ein typischer Walliserteller oder ein Süppchen zu haben.

Freizeitangebot: ★☆☆☆☆
Kleiner Wellnessbereich mit Sauna, Dampfbad und Massagen. Kinderspielecke, Bibliothek.

Anfahrt: Von Visp Landstrasse nach Täsch. Dort das Auto im öffentlichen Parkhaus «Matterhorn Terminal» abstellen und mit der Bahn ins autofreie Zermatt fahren (20-Minuten-Taktfahrplan). Am Bahnhof werden die Gäste vom Elektromobil des Hotels abgeholt.

Cœur des Alpes 94
CH-3920 Zermatt

Tel. +41 (0)27 966 40 80
Fax +41 (0)27 966 40 81
www.coeurdesalpes.ch
info@coeurdesalpes.ch
Mitte Juni bis Ende April geöffnet

Preise
EZ 170–250 CHF
DZ 220–370 CHF
Suite (2 Personen) 320–620 CHF
Suite (4 Personen) 500–720 CHF
Loft (2–4 Personen) 440–780 CHF
inklusive Frühstück

Mehr Zermatt geht nicht, denkt man unwillkürlich, wenn man auf einer der Sonnenterrassen dieses Hotels steht. Das Matterhorn strahlt verführerisch wie ein Riesenstück Toblerone, die Talstation der Bergbahnen liegt wenige Schritte nah, ein in den Fels gehauener Lift verbindet das hoch auf einem Bergsockel gelegene Haus mit der Dorfstrasse.

Die grosse Lobby-Wohnhalle feiert den Raum, die Weite – und ermahnt den Eintretenden höflich, aber bestimmt: Ich bin kein normales Hotel, und du bist hoffentlich auch kein normaler Gast! Die fliessenden Übergänge zwischen drinnen und draussen, die überraschenden Aus- und Durchblicke, der Mix aus alpinem Feeling und lichter Architektur betören. Dennoch fühlt man sich nicht wie in

Wallis

einem Avantgarde-Kunstwerk, sondern eher wie bei einem Freund mit besonders gutem Geschmack. Gastgeberin Leni Müller-Julen, die neben ihrem «Cœur des Alpes» auch noch fünf Kinder «managt», setzt auf eine Ambiance von Geborgenheit inmitten moderner Ästhetik, agiert mit natürlicher Herzlichkeit und vermag jedem das Gefühl zu vermitteln, ein besonders wichtiger Lieblingsgast zu sein.

Ambiance: ★★★★★★
Alpine Designpension für kosmopolitische Geniesser. Der gestalte-

rische Auftrag von Besitzerin Leni Müller-Julen an ihren Bruder, den Designer Heinz Julen, war: Kein architektonisches Kunstwerk, sondern einfach ein Ort, um es gut zu haben im schönen Zermatt.
Lage: ★★★★★★
Auf einem Felssockel am oberen Dorfrand. Wenige Schritte zur Talstation der Matterhornbahnen.
Service: ★★★★★★
Das «Cœur des Alpes» ist ein reines Familienunternehmen ohne fremde Teilhaber. Das spiegelt sich auch in der sehr persönlichen Betreuung der Gäste.
Zimmer: ★★★★★☆
24 komfortable Zimmer, Suiten und Lofts in schlicht schöner Ästhetik. Die vier kleinsten Zimmer sind sehr klein, aber dennoch gemütlich.
Küche:
Kein Restaurant im Haus. Kalte Käse- und Trockenfleischplatten sowie einfache Gerichte und Walliser Weine sind aber immer zu haben.
Freizeitangebot: ★★☆☆☆☆
Kleiner, feiner Wellnessbereich mit Hallenbad, Sauna, Dampfbad, Erlebnisdusche, Fitnessraum und Massagen.

Anfahrt: Von Visp Landstrasse nach Täsch. Dort das Auto im öffentlichen Parkhaus «Matterhorn Terminal» abstellen und mit der Bahn ins autofreie Zermatt fahren (20-Minuten-Taktfahrplan). Am Bahnhof werden die Gäste vom Elektromobil des Hotels abgeholt.

Silvana 95
CH-3920 Zermatt

Furi
Tel. +41 (0)27 966 28 00
Fax +41 (0)27 966 28 05
www.zermatt.ch/silvana
silvana@zermatt.ch
Mitte Juni bis Ende September und Anfang Dezember bis Anfang Mai geöffnet

Preise
EZ 140–195 CHF
DZ 250–380 CHF
inklusive Halbpension

Ein Hotel wie das «Silvana» kann man nicht suchen, man muss es finden. Alles ist hier echt und trotz der einen oder anderen innenarchitektonischen Unzulänglichkeit so gemütlich, dass man den Rest der Welt gern und schnell vergisst. Die Zimmer strahlen eine holzgeprägte Wärme aus, es gibt einen kleinen Wellnessbereich mit Hallenbad und Sauna, und die schöne Sonnenterrasse hat den von stillen Geniessern geschätzten Sicherheitsabstand zum winterlichen Pistenkarussell. «Ski-in-Ski-out» ist hier von der Haustür aus möglich, so dass auch Morgenmuffel rechtzeitig auf der Piste sind. Das Restaurant setzt auf Alpinflair und auf unkompliziert leckere Walliser Spezialitäten. Bei Zermatt-Kennern sehr beliebt: abends mit der letzten Gondel zur Furi-Station fahren, im «Silvana» ein Fondue oder Raclette essen und dann

Küche: ★★★★☆☆
Gut zubereitete einheimische Spezialitäten.

Freizeitangebot: ★★☆☆☆☆
Hallenbad, Whirlpool, Sauna, Dampfbad, Massagen. Skipisten und Wanderwege direkt vor dem Haus. Geführte Wanderungen. Kinderspielplatz.

Anfahrt: Von Visp Landstrasse nach Täsch. Dort das Auto im öffentlichen Parkhaus «Matterhorn Terminal» abstellen und mit der Bahn ins autofreie Zermatt fahren (20-Minuten-Taktfahrplan). Mit dem Ortsbus vom Bahnhof Zermatt bis zur Talstation der Klein-Matterhorn-Bahn fahren und mit der Gondelbahn («Matterhorn-Express») bis zur Zwischenstation Furi. Bei Anreise bis 17 Uhr erledigt das Hotel den Gepäcktransfer vom Bahnhof. Der Transfer vom Bahnhof ins Hotel ist auch mit kostenpflichtigem Elektrotaxi oder zu Fuss (ca. 1 Stunde) möglich.

bei Mondschein den Spazierweg ins Dorf hinunterschlitteln (kostenloser Schlittenverleih im Hotel, die nächtliche Tour ist weitgehend gefahrlos).

Ambiance: ★★★★★☆
Ein Chalet wie aus dem Bilderbuch, ein Feuer im Cheminée und garantiert kein Rummel – so sieht er aus, der Traum vom kleinen Ferienglück. Das Dreisternehotel 300 Höhenmeter ob Zermatt protzt nicht mit Superlativen und ist trotzdem etwas ganz Besonderes. Die etwas umständliche Anreise ist Teil des romantischen Gesamterlebnisses, aber wohl nicht jedermanns Sache.

Lage: ★★★★★★
In idyllischer Abgeschiedenheit im Weiler Furi oberhalb von Zermatt auf 1870 Meter über Meer. Wenige Schritte zur Zwischenstation der Gondelbahn.

Service: ★★★☆☆☆
Unkompliziert familiär.

Zimmer: ★★★☆☆☆
19 solide, gepflegte Zimmer und 2 Vierbett-Attikazimmer.

Sonnmatten 96
CH-3920 Zermatt

Winkelmattenweg 96
Tel. +41 (0)27 967 30 30
Fax +41 (0)27 967 30 29
www.sonnmatten.ch
info@sonnmatten.ch
Mitte Juni bis Ende Oktober und Anfang Dezember bis Ende April geöffnet

Preise
EZ 140–200 CHF
DZ 240–380 CHF
Suite 500–800 CHF
inklusive Frühstück

Wer im Winter nach Sonnenuntergang im Zermatter Ortsteil Winkelmatten eintrifft, bekommt von der Gegend nicht viel mit. Tritt man dann am nächsten Morgen aus dem Hotel und prickelt der erste Schluck Winterluft eisig-frisch im Gaumen wie «Dom Pérignon», steht das Matterhorn so gleissend im Licht, dass man verwirrt blinzelt: Ist das echt? Das «Sonnmatten» liegt zwar nicht im Dorfzentrum, dafür ist der Ausblick ein Traum, und zur Talstation der Bergbahnen sind es nur wenige Schritte. Von den Pisten kann man praktisch bis vors Haus fahren – was in Zermatt selten der Fall ist. Zudem ist auch im Innern alles so, dass man gar nicht mehr weg will: Das kleine, feine Hotel setzt auf klare Linien und ästhetische

Schlichtheit, doch dies mit sehr viel atmosphärischer Wärme und regionaler Verwurzelung. Der Gast

kann mit allen Sinnen spüren, wo er ist – auch kulinarisch. Der Crew unter Gastgeber René Foster gelingt es, entspannte Gemütlichkeit auf hohem Niveau zu schaffen.

Ambiance: ★★★★★☆
Zeitgemässes Design in alten Mauern, mit hochwertigen Materialien der Region.

Lage: ★★★★★★
An herrlicher Aussichtslage im Zermatter Ortsteil Winkelmatten, 15 Gehminuten vom Dorfzentrum entfernt.

Service: ★★★★★☆
Effizient und aufmerksam.

Zimmer: ★★★★★☆
8 komfortable Zimmer und 2 lichtdurchflutete Suiten in schlicht elegantem Stil.

Küche: ★★★★☆☆
Moderne Marktküche, gemütliche Stuben, sehr schöne Terrasse.

Freizeitangebot:
Kein spezifisches Angebot.

Anfahrt: Von Visp Landstrasse nach Täsch. Dort das Auto im öffentlichen Parkhaus «Matterhorn Terminal» abstellen und mit der Bahn ins autofreie Zermatt fahren (20-Minuten-Taktfahrplan). Am Bahnhof werden die Gäste vom Elektromobil des Hotels abgeholt.

Hohnegg Alpine Resort 97
CH-3609 Saas Fee

Tel. +41 (0)27 958 10 70
Fax +41 (0)27 958 10 99
www.hohnegg.ch
welcome@hohnegg.ch
Anfang Juni bis Ende April geöffnet

Preise
EZ 115–190 CHF
DZ 210–340 CHF
inklusive Frühstück

In Saas Fee kommt man nicht einfach so vorbei. Denn der Weg ins autofreie Alpendorf ist von überall her weit, so dass Tagestouristen und der damit verbundene Rummel weitgehend fehlen. Die Abgeschiedenheit verleiht dem auf 1800 Meter über Meer gelegenen Ort ein ganz besonderes Flair,

und die Hektik der Welt scheint Lichtjahre entfernt. Die Hotels und Restaurants sind meist noch von den Besitzerfamilien geführt, was sich in einer sehr persönlichen Atmosphäre niederschlägt, wie sie auch dem «Hohnegg Alpine Resort» zu eigen ist. Das aus einem Weiler heraus gewachsene Chalet-Ensemble mit kleinem Hotel, sechzehn Ferienwohnungen und

Wallis

Restaurant ist ein Traum für alle, die sich von der Last und Hektik des Alltags befreien möchten. Es liegt am südseitigen Waldrand oberhalb des Dorfes, so dass man die zauberhafte Abgeschiedenheit geniessen kann und doch in einer knappen Viertelstunde zu Fuss im Ortszentrum ist. Die Chalets wurden in biologisch sinnvoller Bauweise renoviert respektive errichtet, die Interieurs verbinden hochalpine Gemütlichkeit mit zeitgemässem Touch. Im Blickfeld sind neun Viertausender, die Dächer des Gletscherdorfs und ein Panorama, das seinesgleichen sucht.

Ambiance: ★★★★☆☆
Zeitgemässer Landgasthof. Wer vom Zimmer ins Restaurant möchte, muss – sofern er nicht im Hauptgebäude logiert – einen kleinen Spaziergang in freier Natur in Kauf nehmen. An warmen Sommertagen kein Problem, doch an klirrend kalten Winterabenden vielleicht schon.

Lage: ★★★★★★
15 Gehminuten oberhalb des Dorfzentrums (relativ steiler, auch im Winter gepfadeter Weg).
Service: ★★★★☆☆
Freundlich und hilfsbereit.
Zimmer: ★★★★★☆
8 sehr unterschiedliche, durchwegs gemütliche Zimmer, alle mit WLAN-Zugang.
Küche: ★★★★☆☆
Der kulinarische Schwerpunkt liegt auf leckeren vegetarischen Gerichten, aber auch Fisch und Fleisch schmecken ausgezeichnet, und die Weinkarte bietet Genüssliches vor allem aus dem Wallis.
Freizeitangebot: ★☆☆☆☆☆
Sauna, Massagen. Geführte Wanderungen. In den Wintermonaten am Dienstag und Donnerstag Nachtschlitteln mit anschliessendem Fondue in der hauseigenen Berghütte (Schlitten stehen kostenlos zur Verfügung).

Schlittelweg, Winterwanderweg und Langlaufloipe führen direkt am Hotel vorbei. Ein Skipfad führt direkt zu den Liften und am Nachmittag von 15 bis 18 Uhr pendelt das hauseigene Elektromobil zwischen Kirche und Hotel.

Anfahrt: Von Visp Landstrasse nach Saas-Fee. Dort das Auto im öffentlichen Parkhaus abstellen. Von hier werden die Gäste vom Elektromobil des Hotels abgeholt (bei Ankunft anrufen).

Albergo Ronco   98

CH-6622 Ronco sopra Ascona

Piazza della Madonna 1
Tel. +41 (0)91 791 52 65
Fax +41 (0)91 791 06 40
www.hotel-ronco.ch
info@hotel-ronco.ch
Anfang März bis Mitte Dezember geöffnet

 Preise
EZ 100–200 CHF
DZ 200–300 CHF
inklusive Frühstück

Es ist nicht allein der Postkartenblick auf den Lago Maggiore und die Brissagoinseln, der hier zufrieden stimmt. Es ist der freundliche Service, die weinrebenüberdachte Restaurantterrasse, die angenehmen Zimmer und die Sehnsucht nach wunschlosem Glück, die sich hier zu erfüllen scheint. Abends fällt ein unbeschreiblicher Zauber über den See, und wenn ein Sonnenuntergang die Szenerie in rotes Licht taucht, verschlägt es einem glatt die Sprache – ob deutsch oder italienisch.

Ambiance: ★★★★☆☆
Das Hotel lebt in erster Linie von der einmaligen Aussichtslage mitten im pittoresken Dorf, doch auch das Haus selbst strahlt eine gewisse Würde und echtes Tessiner Lebensgefühl aus.

Lage: ★★★★★★
Logenplatzartig zwischen See und Himmel. Spektakulärer geht es kaum im Tessin.

Service: ★★★★☆☆
Sorgt mit verbindlicher Herzlichkeit für das Wohl der Gäste.

Zimmer: ★★★☆☆☆
20 freundliche, gepflegte Zimmer. Es lohnt sich, eines der (etwas teureren) Zimmer mit Seeblick zu buchen.

Küche: ★★★☆☆☆
Hier wird weder für Foodfotografen noch für Gastrokritiker gekocht, sondern für genussfreudige Menschen. Nichts kommt nur deshalb auf den Teller, weil es nett aussieht, Originalitätssucht findet man hier ebenso wenig wie Trendhörigkeit. Dafür werden angenehm schnörkellose Speisen mit südlicher Note angeboten. Die Pergolaterrasse ist ein Traum, das Innenrestaurant verströmt eine

etwas biedere Halbpensions-Atmosphäre.

Freizeitangebot: ★☆☆☆☆☆
Kleines Freibad mit Liegewiese.

Anfahrt: Von Locarno/Ascona Landstrasse Richtung Brissago bis Porto Ronco. Dort rechts abzweigen nach Ronco. Das Hotel befindet sich direkt neben der Kapelle Maria delle Grazie (Parkplätze bei der Kapelle).

Neu San Martino 99

CH-6613 Porto Ronco

Via Cantonale 47
Tel. +41 (0)91 791 91 96
Fax +41 (0)91 791 93 35
www.san-martino.ch
info@san-martino.ch
Anfang Februar bis Anfang November und Ende November bis Anfang Januar geöffnet, Restaurant Mittwoch ganzer Tag und Donnerstagmittag geschlossen

Preise

EZ 130–160 CHF
DZ 170–200 CHF
inklusive Frühstück

Die kleine Restaurantterrasse überblickt das ganze obere Seebecken des Lago Maggiore und liegt direkt gegenüber den Brissagoinseln, die abends über der Wasseroberfläche zu schweben scheinen. Hier atmet man unwillkürlich tief ein, die Weite hat etwas Befreiendes, Wohltuendes. Wenige Momente später wird das unbewusste Atmen zum bewussten Schnuppern: Da liegt doch etwas in der Luft, und welcher Duft! Die Schwaden feiner Düfte aus der Küche werden intensiver, und schon stehen die Bärlauchravioli und der Branzino mit Risotto auf dem Tisch. Gastgeber Leo Ackermann und Koch Matti Erbrich kümmern sich sehr persönlich um ihre Gäste, mit der Folge, dass es an Sommerwochenenden nicht ganz einfach ist, sich einen freien Tisch zu ergattern. Auch für die fünf netten Zimmer – keines teurer als 190 Franken für zwei Personen mit Frühstück – lohnt es sich, frühzeitig zu reservieren.

Collinetta 100
CH-6612 Ascona-Moscia

Strada Collinetta 115
Tel. +41 (0)91 791 19 31
Fax +41 (0)91 791 30 15
www.collinetta.ch
info@collinetta.ch
Ende Februar bis Mitte November
geöffnet

Preise
EZ 116–136 CHF
DZ 192–272 CHF
Juniorsuite/Suite 252–372 CHF
inklusive Frühstück

Ambiance: ★★★★☆☆
Putziges Gourmet-Domizil mit südlichem Charme an wunderbarer Uferlage.
Lage: ★★★★★☆
Unterhalb der Seestrasse direkt am Seeufer. Gleich hinter dem Haus führt zwar die viel befahrene Seestrasse vorbei, doch stört diese kaum, da Restaurant und alle Zimmer zum See blicken.
Service: ★★★★★☆
Unaufdringlich zuvorkommend.
Zimmer: ★★☆☆☆
5 sehr kleine, aber freundliche Zimmer zum See (2 mit Balkon, 3 mit grosser Glastür).
Küche: ★★★★★☆
Das Beste im Restaurant kommt aus dem See und aus dem Meer. Die italienisch-mediterrane Marktküche zaubert ein Lächeln auf Geniessermienen.
Freizeitangebot:
Kein spezifisches Angebot.

Anfahrt: Gotthardautobahn bis Ausfahrt Locarno, dann Landstrasse Richtung Locarno und vor Locarno durch den Umfahrungstunnel Richtung Ascona/Brissago. Nicht die Ausfahrt Ascona nehmen, sondern durch den zweiten Tunnel Richtung Brissago (Umfahrung Ascona) bis Porto Ronco. Das Hotel liegt gegenüber der Tankstelle direkt an der Seestrasse.

Das gut versteckte Grundstück mit unauffälliger Hoteleinfahrt verfügt über eine berauschende Aussicht auf den Lago Maggiore und einen subtropischen Park, aus dem man am liebsten nicht mehr herausfinden möchte. Zwischen Palmen und Lorbeersträuchern, Kamelien und Zitronenbäumen finden sich zahlreiche stille Plätz-

Tessin

chen für faule Liegestuhltage. Und wenn auch die Innenarchitektur hier und da etwas banal ist, in der Idylle dieses gepflegten und er-

schwinglichen Feriendomizils halten es Menschen, die unprätentiös zu leben verstehen, gern etwas länger aus. Natürlich ist es nicht überraschend, dass sich diese Adresse schnell in der Gemeinde der Hotelliebhaber herumgesprochen hat. Aber trotz lange im Voraus ausgebuchten Wochenenden hat es hier doch Platz für alle. Schliesslich ist das «Collinetta» irgendwie immer noch ein Geheimtipp.

Ambiance: ★★★★★☆
Ein versteckter Schlupfwinkel und ein Ort der absoluten Ruhe nur wenige Minuten vom Touristentrubel von Ascona entfernt. Ohne genaue Adresse würde man das Hotel kaum finden.

Lage: ★★★★★★
In einer 14 000 Quadratmeter grossen Parkanlage zwischen dem Monte Verità und Ronco sopra Ascona, mit fantastischem Ausblick auf See, Brissagoinseln und die Tessiner Bergwelt.

Service: ★★★☆☆☆
Freundlich, aber nicht immer ganz so flexibel, wie man sich dies wünschen würde.

Zimmer: ★★★★☆☆
37 angenehme Zimmer und Juniorsuiten, die meisten mit Balkon zur Seeseite.

Küche: ★★★☆☆
Tessiner und Schweizer Spezialitäten.
Freizeitangebot: ★★☆☆☆
Hallenbad, kleiner privater Badestrand, Fitnessraum.

Anfahrt: Gotthardautobahn bis Ausfahrt Locarno, dann Landstrasse Richtung Locarno und vor Locarno durch den Umfahrungstunnel Richtung Ascona/Brissago. Nicht die Ausfahrt Ascona nehmen, sondern durch den zweiten Tunnel Richtung Brissago (Umfahrung Ascona) fahren und 1,5 Kilometer nach dem Tunnel, bei der Garage Moscia/Treichler, rechts in die Via Collinetta.

Riposo 101
CH-6612 Ascona

Scalinata della Ruga 4
Tel. +41 (0)91 791 31 64
Fax +41 (0)91 791 46 53
www.hotel-riposo.ch
info@hotel-riposo.ch
Ende März bis Ende Oktober geöffnet

 Preise
EZ 110–200 CHF
DZ 180–340 CHF
inklusive Frühstück

Gewachsen aus einem Tessinerhaus und in vielen Jahrzehnten geprägt durch die kunstsinnige Gastgeberfamilie Studer, möchte das «Riposo» im teuren Ascona ein aussergewöhnliches Hotelerlebnis zu erschwinglichen Preisen bieten. Der pittoreske Innenhof, die aussichtsreiche Dachterrasse mit Freibad, die gepflegten Zimmer in mediterranen Farben und die zuvorkommenden Mitarbeiter laden zum Bleiben – und zum Wiederkommen – ein. Die Inneneinrichtung setzt auf rustikale Eleganz und schrammt haarscharf an folkloristischer Tessiner Romantik vorbei.

Ambiance: ★★★★☆☆
Gemütliches Tessiner Ferienhotel wie aus dem Bilderbuch.

Albergo Ristorante Centovalli 102
CH-6652 Ponte Brolla

Tel. +41 (0)91 796 14 44
Fax +41 (0)91 796 31 59
www.ristorante-centovalli.ch
info@centovalli.com
Anfang März bis Mitte Dezember geöffnet
Restaurant Montag und Dienstag geschlossen

Preise
EZ 115–145 CHF
DZ 147–198 CHF
inklusive Frühstück

Lage: ★★★★☆
Ruhig in der Fussgängerzone von Ascona, 50 Meter von See und Piazza entfernt.
Service: ★★★★★☆
Für den Empfang, den man hier erlebt, könnte das Wort «herzlich» erfunden worden sein.
Zimmer: ★★★★☆☆
32 komfortable Zimmer.
Küche: ★★★☆☆☆
Für kulinarische Extravaganzen gibt es keinen Platz, niemand erwartet das hier, aber die Küche stützt sich auf wohlausgewogene Gerichte mit südlicher Note.
Freizeitangebot: ★★☆☆☆☆
Freibad, kostenlose Fahrräder. Wöchentlich Jazzkonzerte im Innenhof, Kunstausstellungen.

Anfahrt: Gotthardautobahn bis Ausfahrt Locarno, dann Landstrasse Richtung Locarno und vor Locarno durch den Tunnel Richtung Ascona. In Ascona immer geradeaus und bei der Post nicht dem Strassenverlauf nach links folgen, sondern geradeaus in die Fussgängerzone (Via Borgo) fahren. An der Gegensprechanlage (Pfosten links, roter Knopf) Ihren Aufenthalt im Hotel Riposo bestätigen, damit die Poller heruntergelassen werden. Nach 500 Metern liegt rechts der Parkplatz des Hotels.

Das Negative vorweg: Ohne Reservation Wochen im Voraus besteht nur eine geringe Chance, an einem Frühlings-, Sommer- oder Herbstwochenende eines der neun Zimmer im «Albergo Centovalli» zu ergattern. Das kommt vom Positiven: Das rosafarbene Tessinerhaus mit den grünen Fensterläden und der pergolaüberdeckten Terrasse ist eine dieser durchwegs stimmigen Adressen, die man am liebsten nur unter

Freunden weiterreichen möchte. Gastgeberin Silvia Gobbi, die das Haus mit Stolz und grossem persönlichen Engagement führt, bringt das Kunststück zustande, für jeden etwas zu bieten: Die Einheimischen kommen gern auf ein Glas Merlot vorbei, Gourmets schwärmen vom besten Risotto im ganzen Kanton, während in den Gästezimmern siebenköpfige Familien fröhlich ihre Sommerferien verbringen. In der Nebensaison treffen rot besockte Wandervögel auf schwarz gewandete Kreative, falsche Dichter auf echte Lebenskünstler – sie alle wissen, dass im «Albergo Centovalli» jeder Aufenthalt zum Fest wird. Aus einem Dinner zu zweit wird schnell eine grosse Runde – fröhlich, laut und von südlicher Unbeschwertheit. So wird der Abend zur Nacht, und die endet erst, wenn den Gästen in einem Zustand höherer Seligkeit die Augen zufallen.

Ambiance: ★★★★★★
Der schmucke Tessiner Gasthof hat Charme und Stil, verbreitet gute Laune und ein zwangloses Lebensgefühl.
Lage: ★★★☆☆☆
An der Weggabelung von Valle Maggia und Centovalli.
Service: ★★★★★☆
Gastgeberin Silvia Gobbi führt ihr Haus mit Stolz und grossem persönlichem Engagement. Ihr Serviceteam hält mit.
Zimmer: ★★★☆☆☆
9 einfache, angenehme Zimmer, teilweise mit Etagenbad.
Küche: ★★★★★☆
Schlichte Tessiner Gerichte in perfekter Zubereitung. Zu den Klassikern zählen der flüssigsämige Risotto mit Gorgonzola und Steinpilzen, hausgemachte Ravioli sowie Rindsfilet vom Grill.
Freizeitangebot:
Kein spezifisches Angebot. Hinter dem Hotel liegt ein Kletterberg.

Anfahrt: Gotthardautobahn bis Ausfahrt Locarno, dann Landstrasse Richtung Locarno und vor Locarno durch den Tunnel Richtung Ascona. Den Wegweisern «Valle Maggia» folgen. Bei der Abzweigung ins Centovalli die Ponte-Brolla-Brücke überqueren und beim ersten Strässchen rechts abbiegen.

Cà Vegia 103
CH-6656 Golino

Tel. +41 (0)91 796 12 67
Fax +41 (0)91 796 24 07
www.hotel-cavegia.ch
Keine E-Mail-Adresse
Mitte März bis Ende Oktober geöffnet

Preise
EZ 95–160 CHF
DZ 136–182 CHF
inklusive Frühstück

Der Lago Maggiore ist ein touristischer Magnet, und die kaum erschlossenen Täler profitieren davon. Mit ein paar kurvigen Kilometern, etwa hinein in das verwunschene Centovalli, scheint man Jahrzehnte zu überwinden. Keine Hektik mehr, keine Ungeduld. Dafür Kargheit allenthalben, eine wildromantische Szenerie, Felsen und Steine, ein paar Ziegen und Schafe. Kastanienwälder bedecken die steilen Bergflanken, alle paar Kilometer ein kleiner Ort, in dem das Schrittmass noch gilt und eine gewisse Romantik der Einfachheit herrscht. Golino ist ein solch pittoresker Ort, der noch

Tessin

Al Ponte Antico 104
CH-6656 Intragna-Golino

Tel. +41 (0)91 785 61 61
Fax +41 (0)91 785 61 60
www.ponteantico.ch
info@ponteantico.ch
Ende März bis Ende Oktober
geöffnet

Preise
EZ 130–170 CHF
DZ 180–220 CHF
Suite 220–240 CHF
inklusive Frühstück

ganz ohne touristische Betriebsamkeit auskommt. An der kopfsteingepflasterten Piazza, die von kunsthistorischen Bauten umgeben ist, liegt das Hotel «Cà Vegia» (zu deutsch: Altes Haus). Freskengeschmückte, vierhundertjährige Mauern vermitteln ein mittelalterliches Wohnerlebnis, allerdings muss in den zwölf patinaschweren Gemächern niemand mehr frierend in ächzende Betten sinken wie einst die Fuhrleute und Maultiertreiber. In dem sacht renovierten Patrizierhaus geniesst man heute soliden Komfort inmitten von Relikten vergangener Zeiten. Man kann auf der Liegewiese in dem nach Süden geöffneten Innenhof in ein Buch versinken oder sich an dem wuchtigen plätschernden Brunnen vor dem Hauseingang mitten in ein Tessiner Stillleben hineinversetzt fühlen.
Ambiance: ★★★★☆
Das «Cà Vegia» ist der Inbegriff eines authentischen Tessinerhauses mit ursprünglichem

Charakter und hübschem Innenhofgarten.
Lage: ★★☆☆☆
Am Dorfplatz.
Service: ★★★★☆
Rodolfo Fusetti ist ein engagierter und charmanter Gastgeber, der für seine Gäste sein Bestes gibt.
Zimmer: ★★☆☆☆
12 gepflegt rustikale Zimmer.
Küche:
Kein Restaurant im Haus.
Freizeitangebot:
Kein spezifisches Angebot.

Anfahrt: Gotthardautobahn bis Ausfahrt Locarno, dann Landstrasse Richtung Locarno, vor Locarno durch den Umfahrungstunnel Richtung Ascona/Losone und zweite Ausfahrt Richtung Losone nehmen. Im Kreisel Richtung Losone und nach 500 Metern rechts nach Golino abbiegen. Das Hotel liegt unübersehbar am Dorfplatz.

Wer ein paar Tage einfach mal seine Ruhe haben und nicht viel dafür bezahlen will, wird sich hier – am Ufer des Flusses Melezza zwischen Losone und Golino – rundum wohl fühlen. Die Atmosphäre in diesem kleinen Hotel ist unkompliziert familiär, das typische Hotelgefühl mit langen, leeren Gängen kann hier gar nicht erst aufkommen. Der Badestrand vor dem Haus lädt dazu ein, endlich das Buch zu lesen, das schon so lange auf dem Nachttisch lag, oder einfach mal gar nichts zu tun.

Ambiance: ★★☆☆☆
Unprätentiöses, absolut ruhig gelegenes Dolcefarniente-Hotel, das sich bestens für Wasserratten eignet.
Lage: ★★★★☆
Freistehend und etwas erhöht über dem Ufer der Melezza.
Service: ★★★☆☆
Familiär freundlich.

🆕 Casa Ambica 105
CH-6672 Gordevio

Tel. +41 (0)91 753 10 12
Kein Fax
www.casa-ambica.ch
info@casa-ambica.ch
Ende März bis Ende Oktober geöffnet

🪙 Preise
EZ 150 CHF
DZ 160–190 CHF
inklusive Frühstück

Das historische Patrizierhaus im malerischen alten Dorfkern von Gordevio beherbergt fünf freundliche Hotelzimmer, eingebettet in ein Ambiente aus sanften Farben und ländlicher Behaglichkeit. Der romantische Garten mit Granittischen, Brunnen und Steinskulpturen lädt ebenso zum Bleiben ein wie der stilvolle Frühstücks- und Aufenthaltsraum mit grossem Kamin.

Zimmer: ★★★★☆☆
11 komfortable, geräumige Zimmer und Suiten mit Balkon oder Terrasse.

Küche:
Kein Restaurant im Haus. Im Sommer werden kalte Speisen auf der Terrasse serviert.

Freizeitangebot: ★☆☆☆☆☆
Attraktive Bademöglichkeiten direkt beim Hotel.

Anfahrt: Gotthardautobahn bis Ausfahrt Locarno, dann Landstrasse Richtung Locarno, vor Locarno durch den Umfahrungstunnel Richtung Ascona/Losone und zweite Ausfahrt Richtung Losone nehmen. Im Kreisel Richtung Losone und nach 500 Metern rechts Richtung Golino abbiegen. Auf der Strasse nach Golino auf die Wegweiser «Al Ponte Antico» achten.

Ambiance: ★★★★★☆
Stimmig mit dem Ort verwobenes Gasthaus und ein angenehmer Ort für ein unbeschwertes Sommerwochenende.

Lage: ★★★★☆☆
Ruhig und sonnig in einem Garten im Dorfzentrum.

Service: ★★★★★☆
Gastgeberin Silvia Beerli hat sich mit der «Casa Ambica» einen persönlichen Traum erfüllt und kümmert sich mit Herz und Seele um das Wohl ihrer Gäste.

Neu Pensione Ca'Serafina 106

CH-6678 Lodano/Valle Maggia

Tel. +41 (0)91 756 50 60
Fax +41 (0)91 756 50 69
www.caserafina.com
info@caserafina.com
Mitte März bis Ende Dezember geöffnet

 Preise
DZ 200 CHF
Juniorsuite 220 CHF
inklusive Frühstück

Zimmer: ★★★★☆☆
5 charmante Zimmer.

Küche:
Kein Restaurant im Haus. Schönes Frühstücksbuffet mit einer Auswahl Tessiner Käse, dem typischen Valle-Maggia-Brot, leckeren Konfitüren usw. Alle Produkte sind aus der Gegend und wenn möglich aus biologischem Anbau.

Freizeitangebot:
Kein spezifisches Angebot.

Anfahrt: Gotthardautobahn bis Ausfahrt Locarno, dann Landstrasse Richtung Locarno, vor Locarno durch den Umfahrungstunnel Richtung Ascona/Brissago und am Ausgang Richtung «Vallemaggia» weiterfahren bis Gordevio.

Während die architektonischen Eigenschaften des restaurierten Gebäudes aus dem Jahr 1837 noch die Geschichte des Maggiatals aus vergangenen Zeiten erzählen, ist die Atmosphäre der schmucken Pension Ausdruck der Persönlichkeit von Gastgeberin Alexa Thio. Mit viel Liebe und guter Laune führt sie ihre «Ca'Serafina» und sorgt dafür, dass es den Gästen an nichts fehlt.

Ambiance: ★★★★★☆
Charmante Pension mit alten Steintreppen, schönen Holzböden und hübschem Garten, ideal für alle, die ein authentisches Tessin in freundlicher, gepflegter Atmosphäre erleben möchten.

Lage: ★★★★☆☆
Im alten Dorfkern von Lodano (17 Kilometer von Locarno entfernt).

Agriturismo Amorosa 107
CH-6515 Gudo-Sementina

Tel. +41 (0)91 840 29 50
Fax +41 (0)91 840 29 51
www.amorosa.ch
info@amorosa.ch
Ganzjährig geöffnet

Preise
DZ 240–300 CHF
Rustico 350–500 CHF
inklusive Frühstück

Service: ★★★★☆
Sehr persönlich.

Zimmer: ★★★☆☆
4 einladende, holzgeprägte Zimmer und 1 Juniorsuite (Letztere kann auch als Dreibettzimmer verwendet werden).

Küche: ★★☆☆☆
Kein offizielles Restaurant im Haus. Auf Wunsch werden für die Pensionsgäste einfache Tessiner Spezialitäten und mediterrane Gerichte im gemütlichen Wohn-/Esszimmer oder im Garten serviert.

Freizeitangebot: ★☆☆☆☆
Gastgeberin Alexa Thio hat ein Sommelier-Diplom und unternimmt Touren zu ausgesuchten Tessiner Winzern.

Anfahrt: Gotthardautobahn bis Ausfahrt Locarno, dann Landstrasse Richtung Locarno, vor Locarno durch den Umfahrungstunnel Richtung Ascona/Brissago und am Ausgang Richtung «Vallemaggia» weiterfahren bis Abzweigung Lodano (der Ort liegt zwischen Maggia und Cevio).

Wer öfter nach Italien reist, dem ist das Wort «Agriturismo» geläufig: Es bezeichnet landwirtschaftliche Betriebe, die ein paar Gästezimmer und eine Table d'hôte mit einem Tagesmenü anbieten. Nach diesem Vorbild hat der umtriebige Tessiner Weinproduzent Angelo Delea seine «Amorosa» (die Liebende) ins Leben gerufen – ein heiter stimmendes kleines Hotel in einem ehemaligen Bauernhaus mitten in den Rebhängen und Olivenplantagen der Magadinoebene. Es bietet ein ansprechendes rusti-

Dellago 108
CH-6815 Melide

Lungolago Motta 9
Tel. +41 (0)91 649 70 41
Fax +41 (0)91 649 89 15
www.hotel-dellago.ch
welcome@hotel-dellago.ch
Ganzjährig geöffnet

Preise
DZ 190–410 CHF
inklusive Frühstück

kales Restaurant mit offener Küche und flackerndem Kamin sowie zehn stilsicher eingerichtete Zimmer. «Ich möchte den Kunden zeigen, wo ich die Trauben anbaue, und dies ist auch eine ideale Kulisse, um meine Produkte (diverse Weine und Grappe, Olivenöl, Essig, Tessiner Trockenfleischspezialitäten) zu degustieren», umschreibt Geschäftsmann Delea das «Amorosa»-Konzept.

Ambiance: ★★★★☆☆
Wie ein Stück Toskana im Tessin.
Lage: ★★☆☆☆☆
Im Rebberg, etwas erhöht über der Magadinoebene, umgeben von Olivenbäumen und einem Rindergehege. Ein grosser Hochleitungsmast nahe beim Haus stört die Idylle und den Ausblick auf den Monte Ceneri und die Schlösser von Bellinzona etwas.
Service: ★★☆☆☆
Je nach Tageslaune mal besser, mal schlechter.
Zimmer: ★★★★☆☆
10 komfortable, schlicht-schöne Zimmer mit Terrakottaböden und modernen Bädern. 2 Rustici.
Küche: ★★★★☆☆
Im einladenden Restaurant mit Gartenterrasse gibt es keine Speisekarte, dafür täglich frisch zubereitete Vorspeisen und zwei Hauptspeisen sowie eine kleine Auswahl an Salaten, Tessiner Käse und Desserts.
Freizeitangebot:
Kein spezifisches Angebot.

Anfahrt: Gotthardautobahn bis Ausfahrt Bellinzona Nord, dann Kantonsstrasse via Sementina in Richtung Locarno. Die Abzweigung zum Hotel (rechts) ist gut ausgeschildert.

Ein Hauch von immerwährenden Ferien liegt in der Luft. Das Plätschern des Wassers unter der schönen Restaurantterrasse, der Blick auf die vorbeiflitzenden Motorboote, die abwechslungsreiche Fisch- und Fusion-Küche und die fair kalkulierten Weine machen das «Dellago» zu einem der beliebtesten Restaurants in der Region. Auch bei Regen zaubert Gastgeber René Probst die Sonne in sein heiter stimmendes, im modernen Art-déco-Stil eingerichtetes Lokal. In den oberen Stockwerken laden 21 einfache Zimmer zum Bleiben ein. Besonders schön ist das Zimmer «Coffee & Cream» im kubanischkolonialen Loft-Stil mit grossen Panoramafenstern zum See. Speziell: Check-out ist erst um dreizehn Uhr.

Ambiance: ★★★★☆☆
«Für ein Ferienhotel fehlt uns der Platz, als Designhotel sind wir viel zu improvisiert, für Familien so gut

Villa Carona 109
CH-6914 Carona

Piazza Noseed
Tel. +41 (0)91 649 70 55
Fax +41 (0)91 649 58 60
www.villacarona.ch
info@villacarona.ch
Ende Januar bis Mitte November geöffnet

Preise
EZ 150–175 CHF
DZ 195–240 CHF
Juniorsuite/Suite 240–285 CHF
inklusive Frühstück

Das Malcantone ist nach den Regionen Ascona/Locarno und Lugano die drittgrösste Ferienregion im Tessin, hat aber als klassische Wanderdestination mehr Ferienwohnungen und kleine Pensionen als attraktive Hotels zu bieten. Ein Lichtblick ist die «Villa Carona», ein zweihundertjähriger Patriziersitz mit achtzehn individuellen Zimmern, sympathischem Restaurant und Garten. Die Gastgeberfamilie Wirth sorgt mit Charme und Schwung für eine entspannte Atmosphäre und verbindet Traditionen mit zeitgemässem Gespür für die Bedürfnisse des modernen Gastes.

Ambiance: ★★★★★☆
Gepflegtes Dreisternehotel mit authentischem Tessiner Flair.

---

wie untauglich und Sterne haben wir auch keine, aber für eine entschleunigende Stadtflucht in Jeans und Chucks sind wir perfekt.» So die zutreffende Eigenwerbung. Tatsächlich ist das «Dellago» ein sehr entspanntes Gute-Laune-Hotel, wo man die Füsse bei einem Glas Wein auch tatsächlich in den See baumeln lassen und den nervenden Alltag für ein paar wertvolle Momente zu zweit vergessen kann.
Lage: ★★★★★☆
Direkt am Ufer des Luganersees.
Service: ★★★☆☆☆
Betont locker, im positiven wie im negativen Sinn. Zwischen 14 und 18.30 Uhr gibt es keinen Service im Restaurant, dafür immer etwas Süsses, eine grosse Kaffeeauswahl und im Sommer auch hausgemachten Eistee, so viel Oman will.
Zimmer: ★★★☆☆☆
21 sehr unterschiedliche, teilweise etwas schrill dekorierte Zimmer.
Küche: ★★★★☆☆
Kalifornisch-asiatisch-mediterrane Crossover-Küche, die sich bewusst Tessin-untypisch gibt und Seafood in den Mittelpunkt stellt. Attraktives Weinangebot – rund 30 Weine werden glasweise ausgeschenkt.
Freizeitangebot:
Kein spezifisches Angebot.

Anfahrt: Autobahn Lugano–Chiasso bis Ausfahrt Melide. Das Hotel liegt im Ortszentrum auf der Seeseite der Dorfstrasse.

Lage: ★★★★☆☆
In einem Garten mitten in Carona, das zu den schöntgelegenen Dörfern in der Luganerseeregion zählt.
Service: ★★★★★☆
Auch bei vollem Haus persönlich und aufmerksam.
Zimmer: ★★★★☆☆
18 rustikal-elegante Zimmer.
Küche: ★★★☆☆☆
Die Küche ist hauptsächlich mediterran und auf den Wechsel der Jahreszeiten ausgerichtet. Die Produkte stammen wenn immer möglich aus der Region. Schöne Sommerterrasse.
Freizeitangebot:
Kein spezifisches Angebot.

Anfahrt: Autobahn Bellinzona–Chiasso bis Ausfahrt Lugano Süd, dann Richtung Lugano bis zum Wegweiser nach Carona. Das Hotel liegt im Ortszentrum.

Süddeutschland

Gasthof Traube   110

D-79588 Efringen-Kirchen/
Blansingen

Alemannenstrasse 19
Tel. +49 (0)7628 942 378 0
Fax +49 (0)7628 942 378 90
www.traube-blansingen.de
info@traube-blansingen.de
Ganzjährig geöffnet

 Preise

DZ 126–199 €
Suite 146–214 €
inklusive Frühstück

Die Küche der «Traube Blansingen» ist weit über das Markgräflerland hinaus ein Begriff. Guter Geschmack findet sich hier jedoch nicht nur im Gaumen. Das ehemalige Bauerngehöft aus dem Jahr 1811 ist auch optisch ein Haus für Geniesser. Die Restaurantstube mit altem Kachelofen ist ebenso stimmungsvoll wie die Terrasse und der Garten,

wo an warmen Sommertagen und -abenden getafelt wird. Die neun frisch renovierten Zimmer sind mit schlichter Raffinesse für entspanntes Wohnen auf dem Land ausgestattet und machen die «Traube» zu einer Trophäe für die Jäger verborgener Hotelschätze.

Ambiance: ★★★★★★
Das Gastgeberpaar Ilka und Nikolai Weisser sorgt für zeitgemässe Wohlfühlatmosphäre. Munter mischen sich hier Geschäfts- und Durchreisende, ältere Pärchen und frisch Verliebte, Vater und Sohn auf Wandertour. An manchen Tagen dominieren die Schweizer Gäste, die den «Geheimtipp» gerne weiterflüstern.

Lage: ★★★★☆☆
Mitten im kleinen Ort, direkt am plätschernden Dorfbrunnen.

Service: ★★★★★★
Charmant, aufmerksam, sehr persönlich.

Zimmer: ★★★★★☆
8 kleine, aber ästhetisch herausragende Zimmer und 1 Suite. Alle mit kostenlosem WLAN-Zugang.

Küche: ★★★★★★
Feinste Marktküche mit besten Produkten in perfekter Zubereitung. Attraktives Weinangebot.

Freizeitangebot: ★☆☆☆☆
Sauna, kleiner Fitnessraum.

Anfahrt: Autobahn Basel–Karlsruhe bis zur Abfahrt 67 Efringen-Kirchen. In Efringen-Kirchen nach Wintersweiler und Huttingen abzweigen. Wenige Kurven nach der Abzweigung nach Huttingen links abbiegen bis Abzweigung Blansingen. In Blansingen liegt die «Traube» unübersehbar an der Hauptstrasse.

Mangler 111
D-79674 Todtnauberg

Ennerbachstrasse 28
Tel. +49 (0)7671 96930
Fax +49 (0)7671 8693
www.mangler.de
wellnesshotel@mangler.de
Ganzjährig geöffnet

Preise
EZ 89–99 €
DZ 158 €
Juniorsuite 184 €
inklusive Frühstück

«Leben in und mit der Natur.» Das Motto der Gastgeberfamilie Mangler wurde in diesem durch und durch schwarzwaldtypischen Landhaus mit viel Liebe zum Detail in die Realität umgesetzt. In zwei Restaurants lässt sich eine kulinarische Rundreise durchs Dreiländereck machen, die Wanderwege führen direkt am Haus vorbei, und im kleinen Wellnessbereich kann man sich gediegen entspannen.

Empfang und Service sind kaum zu überbieten: Keine Spur von Massenabfertigung, keine einstudierte Servilität – hier könnten Hotelfachschüler lernen, was echte und individuelle Gastlichkeit ist.

Ambiance: ★★★★★☆
Gepflegtes und geschmackvolles Wohnambiente mit natürlichen Materialien, warmen Farben und viel Holz. Man fühlt sich willkommen, umsorgt und auf angenehme Art aufgehoben.

Lage: ★★★★☆☆
Ruhig am sonnigen Südhang des Dorfes, mit schönem Ausblick auf den südlichen Hochschwarzwald auf 1020 Meter über Meer.

Service: ★★★★★★
Hier ist man in besten Händen.

Zimmer: ★★★★☆☆
30 komfortable Zimmer und Juniorsuiten in zeitgemässer Schwarzwälder Gemütlichkeit.

Küche: ★★★★☆☆
Gekocht wird regional, gesund, fein und bekömmlich. Auf Wunsch Vollwertgerichte und vegetarische Menüs.

Freizeitangebot: ★★★☆☆☆
Kleiner Wellnessbereich mit Hallenbad, Saunas, Massagen, Naturkosmetik, Entspannungs- und Bewegungslektionen, Fitnessraum. Geführte Wanderungen, Schneeschuh- und Nordic-Walking-Touren.

Anfahrt: Von Basel B317 über Lörrach, Schopfheim, Zell, Schönau, Todtnau, von dort Richtung Freiburg bis Todtnauberg.

Markgräflerland, Schwarzwald, Baden-Württemberg

Adler 112
D-79838 Häusern

St. Fridolinstrasse 15
Tel. +49 (0)7672 4170
Fax +49 (0)7672 417150
www.adler-schwarzwald.de
adler@relaischateaux.com
Ganzjährig geöffnet

🪙 Preise
EZ 80–120 €
DZ 122–216 €
Suite 216–298 €
inklusive Frühstück

Der «Adler», seit fünf Generationen von der Familie Zumkeller geführt, ist ein Urgestein der Schwarzwälder Hotellerie und verfügt dennoch über genügend Ansporn, um Traditionen mit Zeitgemässem aufzufrischen. Die Zimmer sind mit viel Gespür für Formen und Farben im süddeutschen Landhausstil eingerichtet und tragen zusammen mit der guten Küche und dem ansprechenden Wellnessbereich dazu bei, dass man hier entspannt abtauchen und alle Wetter ignorieren kann. Nach einer energetischen Massage oder einem Thalassobad fühlt man sich so leicht und entspannt, dass das Fünf-Gänge-Menü vom Vorabend garantiert nicht mehr ins Gewicht fällt.

Ambiance: ★★★★☆
Gutbürgerlich-rustikale Atmosphäre mit viel Holzwerk und durchwegs liebevoll arrangiertem Interieur.
Lage: ★★☆☆☆
Im Dorf.
Service: ★★★★★★
Im ganzen Haus erwartet den Gast ein ehrliches Lächeln und freundliche Kompetenz.
Zimmer: ★★★☆☆
45 komfortable, gepflegte Zimmer.
Küche: ★★★★★☆
«Adler»-Restaurant mit badisch-französischer Gourmetküche, teilweise mit mediterranen und asiatischen Aromen (Montag und Dienstag geschlossen). «Chämi-Hüsle» (300 Meter vom Hotel entfernt) mit badisch-regionalen Gerichten.
Freizeitangebot: ★★☆☆☆
Wellnessbereich mit Hallenbad, Aussen-Whirlpool, Saunas, Dampfbad, Massagen, Kosmetikanwendungen, Fitnessraum. Innen- und Aussen-Tennisplätze. Täglicher Transfer zu Wanderausgangspunkten, kostenloser Fahrradverleih.

Anfahrt: Autobahn Zürich–Bern bis Ausfahrt Baden, dann Landstrasse nach Waldshut und von dort 19 Kilometer nördlich Richtung Titisee bis Häusern.

Spielweg 113
D-79244 Münstertal

Spielweg 61
Tel. +49 (0)7636 709 0
Fax +49 (0)7636 709 66
www.spielweg.com
fuchs@spielweg.com

 Preise
EZ 93–112 €
DZ 135–263 €
Suite 264–291 €
Familien-Appartements
(3–4 Personen) 229–366 €
inklusive Frühstück

Ein bisschen wie in Grimms Märchen ist einem zumute, wenn man sich dem Ort Münstertal im südlichen Schwarzwald nähert. Man fährt durch eine Bilderbuchlandschaft: Bauernhöfe, wie zufällig hingewürfelt, hier ein Tannenwäldchen, dort ein Bach. Nach einigen Kurven und dem leise dämmernden Hintergedanken, man habe sich verfahren, kommt die Abzweigung zum Hotel. Das «Spielweg» hat sich in hundertfünfzig Jahren vom unscheinbaren Gasthof zu einem weithin angesehenen Landhotel entwickelt. Selbst Grossstadtmenschen, die Landluft, Trachten und Schwarzwaldromantik nicht ausstehen können, fühlen sich hier auf Anhieb pudelwohl – bei allem Komfort ist hier eben noch alles echt. Die Besitzerfamilie Fuchs schont sich nicht und arbeitet unablässig, um die Gäste umfassend zu verwöhnen. Jeder erwirtschaftete

Euro wird wieder in den Betrieb gesteckt, und so sind die siebenundvierzig Zimmer und Suiten ebenso gemütlich wie die rustikalen Restaurantstuben. Eine Stube ist einem illustren Freund des Hauses, Tomi Ungerer, gewidmet: Sie hängt voller Originalbilder des Elsässer Künstlers.

Ambiance: ★★★★★
Wer hierher kommt, sucht nichts weiter als beschauliche Ruhe in einem authentischen Schwarzwälder Umfeld. Keine Animation, kein Programm, keine Events. Die Gäste machen Spaziergänge, lesen dicke Bücher, trinken Tee vor dem knisternden Kamin, gehen schwimmen oder in die Sauna und

geniessen die Gourmetmenüs. Und sie finden es grossartig, dass man im «Spielweg» mit so viel Aufwand scheinbar so wenig bietet!

Lage: ★★★★☆☆
Freistehend inmitten von Wiesen und Wäldern.

Service: ★★★★★☆
Das Hotelteam vermittelt jedem Gast das angenehme Gefühl, sich ganz besonders über seinen Besuch zu freuen.

Zimmer: ★★★★☆☆
42 komfortable, sehr unterschiedliche Zimmer und 5 Suiten im rustikal eleganten Landhausstil. Die schönsten Zimmer befinden sich im «Sonnhalden»-Trakt.

Küche: ★★★★★☆
Im Rhythmus der Jahreszeiten bereitet Karl-Josef Fuchs die heimischen Produkte leicht und ideenreich zu.

Freizeitangebot: ★★☆☆☆☆
Hallenbad, Freibad, Sauna, Massagen, Kosmetikanwendungen, Tennisplatz, Fahrräder. Kinderspielplatz und «Spielboden» auf dem Dachboden des Stammhauses.

Anfahrt: Autobahn Basel–Freiburg bis Ausfahrt Bad Krozingen, dann Landstrasse via Bad Krozingen und Staufen nach Münstertal.

Neu Treschers Schwarzwaldhotel am See 114
D-79822 Titisee

Seestrasse 10
Tel. +49 (0)7651 8050
Fax +49 (0)7651 8116
www.schwarzwaldhotel-trescher.de
info@schwarzwaldhotel-trescher.de
Ganzjährig geöffnet

Preise
EZ 130–185 €
DZ 170–250 €
Juniorsuite 260–360 €
inklusive Frühstück

Es ist, als wäre das Hotel von Wasser umgeben: Blick auf den See beim Frühstück im Wintergarten, Blick auf den See beim Kaffee auf der Hotelterrasse, Blick auf den See beim Schwimmen im Pool, Blick auf den See in der Sauna, und – natürlich – vom Zimmer aus. Das gepflegte Schwarzwaldhotel verheisst seit 1887 unbeschwerte Tage am Titisee und erfreut mit der Tatsache, dass es innenarchitektonisch weitgehend heimatkitschfrei ist. Die Zimmer sind, wie das in einem alten Gasthaus so ist, sehr unterschiedlich, am schönsten im 2007 komplett sanierten Seeflügel.

Ambiance: ★★★★☆☆
Gepflegte Gastlichkeit zum Wohlfühlen für drei Gästegenerationen.

Lage: ★★★★★★
Wie aus einem Schwarzwald-Bilderbuch, direkt am Seeufer und idyllisch eingebettet in die waldreiche Hügellandschaft, auf 875 Meter über Meer.

Service: ★★★★★☆
Zuvorkommend und stets gut gelaunt.

Zimmer: ★★★★★☆
83 komfortable Zimmer und Juniorsuiten im dezenten Landhausstil.

Reppert 115

D-79856 Hinterzarten

Adlerweg 21–23
Tel. +49 (0)7652 1208 0
Fax +49 (0)7652 1208 11
www.reppert.de
hotel@reppert.de
Ganzjährig geöffnet

Preise
EZ 126–147 €
DZ 238–298 €
Juniorsuite 282–122 €
Suite für 4 Personen 468–592 €
inklusive Halbpension

Küche: ★★★☆☆☆
Schwäbisch-badische Spezialitäten. Wer das Beständige liebt, is(s)t hier richtig.
Freizeitangebot: ★★☆☆☆☆
Einladender Wellnessbereich mit Hallenbad, Freibad, Whirlpool, Saunawelt, Fitnessraum, diversen Körper- und Beautybehandlungen. Privater Badestrand mit Liegewiese und Schwimmsteg, Bootsverleih.
Anfahrt: Autobahn Basel–Karlsruhe bis Ausfahrt Titisee, dann B31 Richtung Titisee. Im Ort der Hotelbeschilderung folgen.

Die ländliche Tradition der malerischen Umgebung wurde hier bewahrt und mit neuzeitlichem Komfort verbunden. Zu diesem unprätentiösen süddeutschen Ferien- und Wellnesshotel haben viele über die Jahrzehnte treue Freundschaftsbande geknüpft. Es geht so spielerisch einfach, weil das Hotelteam unter der Familie Reppert die Gäste mit Gastfreundlichkeit überhäuft, ohne aufdringlich zu wirken. Das ist eine Kunst, die nicht jeder beherrscht und die an keiner Schule gelehrt wird. Langschläfer können hier aufatmen: Das lukullische Frühstücksbuffet steht bis zwölf Uhr mittags zur vollen Verfügung.

Ambiance: ★★★★★☆
Ein mittelgrosses, sehr komfortables Haus für verwöhnte Gäste, die nichts Förmliches suchen, sondern sich im Hotel zu Hause fühlen

Markgräflerland, Schwarzwald, Baden-Württemberg

Forsthaus Auerhahn 116

D-72270 Hinterlangenbach-Baiersbronn

Tel. +49 (0)7447 934 0
Fax +49 (0)7447 934 199
www.forsthaus-auerhahn.de
info@forsthaus-auerhahn.de
Mitte Dezember bis Mitte November geöffnet

 Preise

EZ 75–97 €
DZ 159–182 €
Suite 198–204 €
inklusive Halbpension

Sollte der Alltag bei der kurvenreichen Anfahrt durch die grüne Waldlandschaft noch nicht ganz verflogen sein, verschwindet er mit Sicherheit, sobald man das «Forsthaus Auerhahn» betritt. Es ist zwar nicht mehr das kleine Gasthaus der Holzfäller und Fuhrleute, das der Baedecker vor knapp hundert Jahren entdeckte, und auch das Bier wird nicht mehr wie früher im Brunnentrog gekühlt. Überdies wollen. Das «Reppert» genügt hohen Ansprüchen und hat dennoch familiäres Ambiente.

Lage: ★★★★☆
Ruhig am Ortsrand zwischen Kirchwiesen und Adlerweiher.

Service: ★★★★★★
Von kaum zu übertreffender Konstanz und Kompetenz. Luxus bedeutet hier ein natürliches Lächeln, ein harmonisches Umfeld mit positiver Energie, das Einfühlen in den Gast, der nicht mit Regeln und Zwängen eingeengt werden soll, sondern auf den man so weit wie möglich eingeht. Nach ein, zwei Tagen Aufenthalt kennt jeder Mitarbeiter jeden Gast mit Namen.

Zimmer: ★★★★☆☆
46 komfortable, geräumige Zimmer und Suiten. Kostenloses WLAN in allen Zimmern.

Küche: ★★★☆☆☆
Badische und mediterrane Marktküche, die leider nicht immer ganz hält, was die Speisekarte verführerisch verspricht.

Freizeitangebot: ★★★☆☆☆
Schöner Wellnessbereich mit Hallenbad, Freibad, Innen- und Aussen-Whirlpools, Saunawelt, Fitnessraum, zahlreichen Körperbehandlungen und Beautyanwendungen. Geführte Wanderungen, Rad- und Nordic-Walking-Touren, regelmässig Gymnastik- und Entspannungslektionen (Yoga, Pilates, Wassergymnastik).

Anfahrt: Autobahn Basel–Karlsruhe bis Ausfahrt Freiburg Mitte, über die Stadtautobahn und durch das Höllental Richtung Donaueschingen bis Ausfahrt Hinterzarten.

Hubertus Alpin Lodge & Spa 117
D-87538 Balderschwang

Tel. +49 (0)8328 9200
Fax +49 (0)8328 92010
www.hotel-hubertus.de
info@hotel-hubertus.de
Ganzjährig geöffnet

Preise
EZ 149–204 €
DZ 258–378 €
Juniorsuite/Suite 338–498 €
inklusive Vollpension

wurden zusätzlich zwei Gästehäuser mit angenehm schlichten Hotelzimmern und Ferienappartements errichtet. Aber der Brunnen plätschert immer noch neben der Treppe, der mächtige eiserne Auerhahn hängt noch über der Eingangstür, und im Restaurant serviert die herzliche Familie Zepf wie eh und je das Medaillon von Wildschweinrücken mit Zwetschgenwasserpfläumle. Waldesruh und Tannenwipfel, feine Gerichte auf dem Teller und ein kleiner Wellnessbereich – was braucht man mehr, um am Ende der Welt mit sich und derselben wieder ins Reine zu kommen?

Ambiance: ★★★☆☆☆
Ein Ort zum Verweilen und Kraftschöpfen in romantischer Abgeschiedenheit – dort, wo sich Hase und Fuchs gute Nacht sagen.

Lage: ★★★★☆☆
Ruhig in einer Waldlichtung am Ende einer 11 Kilometer langen kurvigen Strasse, die von Schönmünzach hinauf in den Wald führt, auf 700 Meter über Meer.

Service: ★★☆☆☆☆
Familiär freundlich.

Zimmer: ★★★☆☆☆
30 einfache, modern eingerichtete Zimmer und Suiten (fast alle mit Balkon), verteilt auf das «Forsthaus» und zwei unmittelbar benachbarte Gästehäuser.

Küche: ★★★☆☆☆
«Einfaches besonders gut» lautet das Motto der Küche. Zu den Spezialitäten zählen heimisches Wild und Schwarzwaldforellen.

Freizeitangebot: ★★★☆☆☆
Kleiner Wellnessbereich mit Hallenbad, Whirlpool, Sauna, Dampfbad, Massagen, Kosmetikanwendungen, Fitnessraum. Tennisplatz. Angelmöglichkeit im hoteleigenen Forellenbach. Geführte Wanderungen sowie Langlauf- und Velotouren. Kinderspielplatz, grosszügiges Jugendspielzimmer.

Anfahrt: Autobahn Basel–Karlsruhe bis Ausfahrt Achern, von dort Richtung Schwarzwaldhochstrasse und auf dieser bis Ruhestein, dort abbiegen nach Baiersbronn. Von Baiersbronn auf der B462 Richtung Karlsruhe. In Schönmünzach links nach Hinterlangenbach.

Vor wenigen Jahren noch ein traditioneller Berggasthof, heute ein formidables Wellnesshotel mit zeitgemässem Flair und tiefer Verbundenheit mit der Natur. Seit Karl Traubel die Regie von seinen Eltern übernommen und einige Millionen Euro ins Haus investiert hat, weht ein frischer Wind. Die unlängst renovierten Zimmer und

Allgäu, Bayern

die Aufenthaltsräume präsentieren sich im trendig-heimeligen Wohlfühldesign, mit warmen Farben und natürlichen Materialien. Der Wellnessbereich bietet alles, was der erholungsuchenden Seele gut tut – ein Dutzend qualifizierte Therapeutinnen und Therapeuten verwöhnen die Gäste nach allen Regeln der alpenländischen und ayurvedischen Kunst. Zwar mag Balderschwang, die kleinste und mit 1044 Metern höchstgelegene Gemeinde Deutschlands, nicht die optimale Destination für Menschen sein, denen der Sinn nach dem Trubel der Welt steht, doch wer einmal im «Hubertus» angekommen ist, möchte so lange wie möglich hinter den sieben Bergen bleiben und sich in heiterer Freundlichkeit verwöhnen lassen.

Ambiance: ★★★★★★
Sympathisches Wohlfühlhotel mit einer liebevollen Hinwendung zum Detail und vielen strahlenden Gesichtern – zu schade für nur ein Wochenende.

Lage: ★★★★☆☆
Am Ortsrand in einem Hochtal der Allgäuer Alpen, umgeben von Bergwiesen, auf 1044 Meter Höhe fern von Hektik, Stress und Alltag.

Service: ★★★★★★
Der Gastgeberfamilie ist kein Aufwand zu gross, um die Gäste zu umsorgen. Auf Sonderwünsche wird umgehend eingegangen.

Zimmer: ★★★★★☆
66 freundliche Zimmer uns Suiten mit Naturholzböden, historischen Schwarzweiss-Fotografien an den Wänden und modernen Bädern.

Küche: ★★★★☆☆
Zeitgemässe Bergküche aus regionalen Frischprodukten. Abends Vier-Gang-Auswahlmenü, immer auch mit vegetarischer Variante.

Freizeitangebot: ★★★☆☆☆
Schöner Wellnessbereich mit Aussenpool (31 Grad im Sommer, 34 Grad im Winter), Saunawelt, Fitnessraum, zahlreiche Körper- und Beautybehandlungen. Geführte Wanderungen, Rad- und Nordic-Walking-Touren. Täglich Gymnastik- und Entspannungslektionen (Tai-Chi, Yoga, Qigong, Pilates, Aqua-Gymnastik, Rückenfit usw.). Im Winter führt eine Langlaufloipe am Hotel vorbei.

Anfahrt: Autobahn St. Gallen–St. Margrethen bis Ausfahrt Au. In Lustenau über die Grenze und Richtung Dornbirn. Durchs Ortszentrum Dornbirn hindurchfahren und den Wegweisern «Bregenzerwald», dann «Balderschwang» folgen.

Neu Bergkristall Wellnesshotel 118

D-87534 Oberstaufen-Willis

Willis 8
Tel. +49 (0)8386 911 0
Fax +49 (0)8386 911 150
www.bergkristall.de
wellness@bergkristall.de
Ganzjährig geöffnet

Preise
EZ 105–135 €
DZ 210–270 €
Juniorsuite/Suite 238–330 €
inklusive Halbpension

Gäbe es ein Ranking der schönstgelegenen Berghotels in Deutschland, das «Bergkristall» wäre ganz vorne mit dabei. Das regionaltypische, aus einem Bauernhof herausgewachsene Viersternehotel am sonnigsten Südhang Oberstaufens im Allgäu blickt übers Weissachtal zum Hochgrat und in die Österreicher und Schweizer Berge. Auch die Innenwelt lädt zum Bleiben ein: Grosszügige Aufenthaltsräume, wohnliche Zimmer, einladender Wellnessbereich, familiärer Service – alles zusammen so

schön, dass man es eigentlich gar nicht weitersagen sollte.

Ambiance: ★★★★★☆
Ein wahrer Geheimtipp für all jene, die Stille und Unaufgeregtheit suchen.

Lage: ★★★★★★
Herrliche Panoramalage mit Dreiländerblick. 1,5 Kilometer vom Ortskern entfernt.

Service: ★★★★★☆
Umsichtig, freundlich, professionell.

Zimmer: ★★★★☆☆
49 komfortable Zimmer und Suiten, verteilt auf das Stammhaus und zwei Erweiterungsbauten. Die Zimmer im Stammhaus sind die einfachsten und günstigsten, diejenigen im 2006 hinzukommenen Gästehaus «Paradies» am komfortabelsten und geräumigsten. Fast alle Zimmer verfügen über einen Balkon.

Küche: ★★☆☆☆
Bayerische Spezialitäten, die den in frischer Bergluft gewachsenen

Appetit auf vernünftige Weise stillen. Auf Wunsch Ernährung nach Montignac. Idyllische Sommerterrasse.

Freizeitangebot: ★★★☆☆
Wellnessbereich mit Hallenbad, Saunawelt, Fitnessraum, diverse Körper- und Beautybehandlungen. Geführte Wanderungen, Nordic Walking, Gymnastik- und Entspannungslektionen, Kinderspielplatz.

Anfahrt: Von Lindau ca. 40 Kilometer auf der B308 Richtung Oberstdorf, 1 Kilometer vor Oberstaufen rechts abbiegen.

Allgäu, Bayern

🆕 Lanig 119
D-87541 Oberjoch

Ornachstrasse 11
Tel. +49 (0) 8323 708 0
Fax +49 (0) 8324 708 200
www.lanig.de
hotel@lanig.de
Anfang Dezember bis Anfang November geöffnet

Preise
EZ 95–175 €
DZ 190–320 €
Suite 350–400 €
inklusive Halbpension

Bei der Ankunft überkommt einen das Gefühl: Hier ist gut sein. Und es bleibt bis zum Auschecken. Das ist kein Zufall, sondern das Ergebnis hartnäckiger Arbeit sowie der sachten Vorwärtsstrategie der Gastgeberfamilie Lanig. Ohne grosses Aufsehen, aber mit ausserordentlicher Beständigkeit und hohem Qualitätsbewusstsein entzückt das Hotel die treue Kundschaft. Auch am Herd wird mit Ambitionen gearbeitet, und das grosszügig angelegte Spa und die behaglichen Zimmer aus Altholz und regionalem Stein runden das schöne Angebot ab.

Ambiance: ★★★★★☆
Das über die Generationen gewachsene Haus kultiviert die persönliche Wertschätzung und gute alte Werte bayerischer Gastlichkeit. Ganz von heute sind der Wellnessbereich und der Komfort der Zimmer. Ein Ferienhotel für anspruchsvolle Gäste, die nichts Formelles suchen, sondern sich im Hotel zu Hause fühlen wollen.

Lage: ★★★★★☆
An sonniger Panoramalage im höchsten Berg- und Skidorf Deutschlands (1200 m ü. M.), im südlichsten Teil an der Grenze zu Tirol und dem Tannheimertal.

Service: ★★★★★☆
Warmherzig und zuvorkommend.

Zimmer: ★★★★★☆
40 gepflegt rustikale Zimmer und Suiten, die meisten mit Balkon und Ausblick zum Iselermassiv.

Küche: ★★★★☆☆
Gut gemachte bayerische Spezialitäten, internationale Klassiker und wechselnde Buffets in einladenden Restaurantstuben, im Sommer auf der blumengeschmückten Panoramaterrasse.

Freizeitangebot: ★★★☆☆☆
Schöner Wellnessbereich mit Hallenbad, Freibad, Whirlpool,

Saunawelt, Fitnessraum, zahlreiche Körper- und Beautyanwendungen. Tennis-Aussenplatz, geführte Wanderungen, eigene Ski- und Snowboardschule.

Anfahrt: Von Immenstadt über Sonthofen nach Hindelang. Dann auf der B19 weiter die neue Jochpassstrasse hinauf nach Oberjoch.

Neu Schlossgut Oberambach 120
D-82541 Münsing

Oberambach 1
Tel. +49 (0)8177 9323
Fax +49 (0)8177 932 40 0
www.schlossgut.de
info@schlossgut.de
Ganzjährig geöffnet

🍋 Preise
EZ 96–129 €
DZ 134–229 €
Juniorsuite/Suite 215–349 €
inklusive Frühstück

Trotz vornehmem Anwesen und konsequent ökologischen Prinzipien des Hausherrn Andreas Schwabe ist die Atmosphäre des Schlossgutes entspannt, man fühlt sich sofort bestens aufgehoben. Das hat mit den hellen, geschmackvoll eingerichteten Zimmern zu tun, mit der idyllischen Lage – hinten urwüchsiger Wald, vorne Weitblick auf den Starnberger See und die bayerischen Alpen –, mit der ebenso vollwertigen wie köstlichen Küche und den wohltuenden Ayurveda-Behandlungen, und natürlich auch mit dem netten Hotelteam, das Professionalität mit Liebenswürdigkeit zu verbinden weiss.

Ambiance: ★★★★☆
Unaufdringlich eleganter Landsitz an schöner Aussichtslage.

Allgäu, Bayern

Lage: ★★★★★★
In einem 50 Hektar grossen Hotelpark hoch über dem Starnberger See.

Service: ★★★★★☆
Die motivierten Mitarbeiter übertragen ihre herzliche Selbstverständlichkeit auf die Gäste.

Zimmer: ★★★★☆☆
40 angenehme, mit Naturmaterialien ausgestattete und nach baubiologischen Grundsätzen renovierte Zimmer und Suiten. Kostenloses WLAN in allen Zimmern.

Küche: ★★★★☆☆
Aus hundertprozentigen Biozutaten zaubert der Küchenchef internationale und regionale Köstlichkeiten mit und ohne Fleisch. Auch sämtliche Säfte und Weine (über 80 Sorten) stammen aus biologischem Anbau. Im Café gibt es Pflaumenkuchen oder Schwarzwälder Kirschtorte aus der hauseigenen Konditorei.

Freizeitangebot: ★★☆☆☆☆
Naturbadeteich, Sauna, Dampfbad, ayurvedische Therapien, Massagen, Naturkosmetik. Kostenlose Leihfahrräder. Volleyball, Badminton. Hoteleigener Strand am Starnberger See (in 7 Gehminuten erreichbar).

Anfahrt: Autobahn München–Garmisch Partenkirchen bis Ausfahrt Wolfratshausen, dann Richtung Münsing und im Ort der Beschilderung zum Hotel folgen.

Kaiserin Elisabeth   121

D-82340 Feldafing,
Starnberger See

Tutzinger Strasse 2
Tel. +49 (0)8157 9309 0
Fax +49 (0)8157 9309 133
www.kaiserin-elisabeth.de
info@kaiserin-elisabeth.de
Ganzjährig geöffnet

🪙 Preise
EZ 85–105 €
DZ 140–175 €
Suite 270–310 €
inklusive Frühstück

Wo sich Kaiserin Sissi vierundzwanzig Sommer lang von den Strapazen des österreichischen Hofs erholte, ist es gelungen, den Charme der guten alten Zeit zu wahren – und doch über (fast) alle heutigen Annehmlichkeiten zu verfügen. Auf der überdachten Terrasse mit Zauberberg-Flair und Weitblick auf Starnberger See und Karwendelgebirge fühlt man sich wie im Set für einen wunderbaren Film.

Ambiance: ★★★★★★
Unaufdringlich vornehm. Man versteht, dass sich hier nicht nur der Schriftsteller Thomas Mann wohl fühlte, sondern nach ihm auch Generationen anderer anspruchsvoller Gäste.

Lage: ★★★★★★
In einer englischen Parkanlage hoch über dem Starnberger See, mit Blick über den Golfplatz Feldafing und auf die Alpenkette.

Service: ★★★★☆☆
Freundlich und hilfsbereit.

Zimmer: ★★★★☆☆
50 sehr unterschiedliche, grösstenteils behagliche Zimmer und luxuriöse Suiten, die meisten mit Balkon. Originale Sissi-Suite.

Küche: ★★★☆☆☆
Regionale und internationale Gerichte. Stimmungsvolle überdachte Terrasse mit Blick auf Park, See und Alpen.

Freizeitangebot: ★★☆☆☆☆
Sauna, Fitnessraum, Massagen und Kosmetikbehandlungen, schöner Aussen-Tennisplatz unter alten Bäumen. 18-Loch-Golfplatz direkt vor dem Hotel.

Anfahrt: Autobahn München–Garmisch-Partenkirchen bis Ausfahrt Starnberg. Am See entlang über Possenhofen nach Feldafing.

Neu **Das Tegernsee 122**
D-83684 Tegernsee

Neureuthstrasse 23
Tel. +49 (0)8022 1820
Fax +49 (0)8022 1821 00
www.dastegernsee.de
info@dastegernsee.de
Ganzjährig geöffnet

Preise
EZ 105 €
DZ 160–260 €
Juniorsuite/Suite 280–360 €
inklusive Frühstück

Für die traumhafte Lage – unten der Tegernsee, vorne die Alpengipfel, rundherum Wiesen und Bäume – würde mancher Hotelier einen Exra-Obolus verlangen. Direktor Peter Kahl ist aber klug genug, die Preise in seinem Viersternehaus am Boden zu halten (Doppelzimmer mit Frühstück für zwei Personen ganzjährig ab 160 €) und dennoch eine starke Leistung zu bieten – atmosphärisch, kulinarisch und bei der Betreuung der Gäste. Herzstück der Hotelanlage, die sich auf vier miteinander verbundene Gebäude verteilt, ist das denkmalgeschützte Sengerschloss, das Ende des 19. Jahrhunderts Gästeresidenz des deutschen Kaiserhauses war. Heute sind dort Restaurant, Bar und zehn klassisch-schöne Zimmer und Suiten untergebracht. Die Neugestaltung des Gästehauses Wallberg mit 37 modernen Zimmern, einem 1400 Quadratmeter grossen Spa und verschiedenen Tagungsräumen läutete eine neue Ära für «Das Tegernsee» ein, das zuvor

Allgäu, Bayern

Neu Hofgut Hafnerleiten 123
D-84364 Bad Birnbach

Brunndobl 16
Tel. +49 (0)8563 9151 1
Fax +49 (0)8563 9151 2
www.hofgut.info
post@hofgut.info
Ganzjährig geöffnet

Preise
«Häuschen» für 2 Personen
290–398 €
inklusive Halbpension

«Hotel Bayern» hiess. Geblieben ist das entspannte Lebensgefühl: Hier taucht man in eine Atmosphäre kultivierter Gelassenheit und stilvollen Wohlbehagens ein.

Ambiance: ★★★★★★
Zeitgenössische bayerische Lebens- und Genusskultur zu verhältnismässig moderaten Preisen.
Lage: ★★★★★★
In einem 42 Hektar grossen Naturgeländer an einem Südhang hoch über dem Tegernsee. Oberbayern wie aus dem Bilderbuch breitet sich rund um das Hotel aus.

Service: ★★★★★★
Von lautloser Perfektion.
Zimmer: ★★★★★☆
73 komfortable Zimmer und Suiten in drei unterschiedlichen Wohnstilen: klassisch, alpenländisch oder modern.
Küche: ★★★★★☆
Fein zubereitete mediterrane und regionale Spezialiäten aus vorwiegend heimischen Produkten. Herrliche Sommerterrasse.
Freizeitangebot: ★★☆☆☆☆
Einladender Wellnessbereich mit Indoor-/Outdoorpool, Saunawelt, Fitnessraum, zahlreiche Körper- und Beautybehandlungen. Kinderbetreuung, Kinderspielplatz.

Anfahrt: Autobahn München–Salzburg bis Ausfahrt Holzkirchen. Über Gmund 25 Kilometer Richtung Tegernsee. 500 Meter nach dem Ortsschild Tegernsee links in die Hochfeldstrasse, dann links in die Karl-Theodor-Strasse und wieder links in die Neureuthstrasse.

Hier wohnt man «zu zweit alleine» in einem von sieben stilsicher gestalteten Themenhäuschen, die sich über eine weitläufige Gartenanlage verteilen und jeweils über einen kleinen eigenen Garten verfügen. Jeden Morgen wird zur vereinbarten Zeit das Frühstückskörbchen ins Haus gebracht – mit exzellentem Kaffee oder Tee, knusprigen Croissants, hausgemachten Marmeladen und verschiedenen Brötchen. Am Abend trifft man sich zum mediterranen Menü im Haupthaus, an der Familientafel der Gastfamilie. Wer ein «Dinner for two» vorzieht, kann sich ein Viergangmenü in der Privatsphäre seines Häuschens servieren lassen (Aufpreis pro Person 39 €).

Ambiance: ★★★★★★
Natürliche Baumaterialien, umweltgerechte Bewirtschaftung und naturnahes Wohnen sorgen für einen rundum angenehmen Er-

holungsort für Naturliebhaber, die sogenannten Gäste-«Häuschen» für ein Hotelerlebnis der besonderen Art.

Lage: ★★★★★☆

In einer idyllischen Gartenanlage mit Badeteich, eingebettet in die niederbayerische Hügellandschaft, etwa 30 Kilometer von Passau und der österreichischen Grenze entfernt.

Service: ★★★★★☆

Aufmerksam, individuell, sehr persönlich.

Zimmer: ★★★★★☆

7 unterschiedlich gestaltete «Häuschen» im Zeichen mediterraner Leichtigkeit, ein «Arkadenzimmer» im Haupthaus neben dem Kräutergarten sowie zwei Teichsuiten. Die meisten Häuschen verfügen über einen eigenen Kamin.

Küche: ★★★★☆☆

Mediterran inspirierte Marktküche im «Restaurant ohne Speisekarte». Gastgeber und Koch Erwin Rückerl erwarb seine Kenntnisse der Zubereitung perfekter Antipasti und Pasta in einem bekannten Restaurant auf Sardinien.

Freizeitangebot: ★★☆☆☆☆

Badeteich, Erdsauna, Entspannungsmassagen (bei schönem Wetter auf dem Floss im Teich, im Erlenwald oder im Massagehäuschen am Badeteich), Kochkurse, Wein- und Geschmacksseminare.

Anfahrt: Autobahn München–Landshut–Eggenfelden, dann über B20 und B388 nach Bad Birnbach. Dort Richtung Vilshofen, nach 2 Kilometern rechts Richtung Haarbach, nach 2,5 Kilometern links nach Brunndobl und nach 2 Kilometern in den Hofgutweg rechts einbiegen.

Allgäu, Bayern

Neu Landhaus Benediktenhof 124

D-83646 Arzbach

Alpenbadstrasse 16
Tel. +49 (0)8042 9147 0
Fax +49 (0)8042 9147 29
www.benediktenhof.de
info@benediktenhof.de
Ganzjährig geöffnet

 Preise
EZ 64–70 €
DZ 98–128 €
Suite 113–167 €
inklusive Frühstück

Die Bichlers sind eine urbayerische Familie, in der zwei Generationen harmonisch miteinander arbeiten und der Nachwuchs im Garten spielt. In den letzten Jahren mauserte sich ihre kleine Pension zu einem liebevoll herausgeputzten Landhotel. Im Innern geben warme Farben und Naturmaterialien den Ton an, die Zimmer sind für entspanntes Wohnen ausgestattet, der Garten mit Naturschwimmteich lädt dazu ein, endlich einmal das Buch zu lesen, das schon so lange auf dem Nachttisch liegt.

Ambiance: ★★★★★★
Eine feine Landpartie, wo auch persönliche Gastfreundschaft noch ihre Bedeutung hat.
Lage: ★★☆☆☆
In einem hübschen Garten im 650-Seelen-Dorf, inmitten des bayerischen Voralpenlands zwischen Bad Tölz und Lenggries.
Service: ★★★★★☆
Die Gäste gehören sofort zur Familie und werden ohne viel Aufhebens verwöhnt.
Zimmer: ★★★☆☆
Ein Dutzend behagliche, geschmackvoll rustikal eingerichtete Zimmer und Suiten, teilweise mit Himmelbetten.
Küche:
Kein Restaurant im Haus. Gastgeberfamilie Bichler hat jedoch zahlreiche Empfehlungen im Ort (etwa die 200 Meter entfernten Restaurants «Schweizer Wirt» und «Arzbacher Hof») und in der Gegend. Frühstücksbuffet aus hundertprozentig biologischen Produkten, Kuchen und Bio-Snacks für den kleinen Hunger zwischendurch.
Freizeitangebot: ★★☆☆☆
Kleiner Wellnessbereich mit Sauna, Dampfbad, Aussen-Whirlpool,

Körper- und Beautybehandlungen, Naturheilpraxis. Natürlicher Schwimmteich im Garten. Kinderspielplatz.

Anfahrt: Autobahn München–Garmisch Partenkirchen bis Ausfahrt Wolfratshausen, dann Richtung Bad Tölz und schliesslich Richtung Arzbach.

🆕 Eibsee Hotel 125

D-82491 Grainau bei Garmisch-Partenkirchen

Am Eibsee 1–3
Tel. +49 (0)8821 9881 0
Fax +49 (0)8821 825 85
www.eibsee-hotel.de
info@eibsee-hotel.de
Anfang Mai bis Mitte November und Mitte Dezember bis Ende März geöffnet

🪙 Preise
EZ 120–129 €
DZ 149–224 €
Juniorsuite/Suite 212–283 €
inklusive Halbpension

Woran liegt es, dass man sich hier wohler fühlt als in vielen anderen ebenfalls engagiert und professionell geführten Ferienhotels in Bayern? Ist es die wunderschöne Lage direkt am pittoresken Eibsee mit Blick auf das Zugspitzmassiv? Ist es die über hundertjährige Familientradition, die man zwar in der souveränen Gästebetreuung, nicht aber in den durchgängig renovierten Zimmern und Aufenthaltsräumen spürt? Ist es die heitere Ferienatmosphäre, die über dem von aussen nicht weiter bemerkenswerten Grossbau liegt? Es wird von allem ein bisschen sein, dazu kommt eine der wichtigsten Zutaten für jedes gute Hotel: ein interessanter Gästemix.

Ambiance: ★★★★☆☆
Zwangloses Ferienhotel für sport- und spassorientierte Familien und Paare. Ein einladendes Ganzes, nie hundertprozentig perfekt, aber stets sehr sympathisch.

Lage: ★★★★★★
Direkt am Ufer des kristallklaren Eibsees, am Fuss der Zugspitze auf 1000 Meter über Meer.

Service: ★★★★★☆
Flink, freundlich und angenehm dezent.

Allgäu, Bayern

Zimmer: ★★★★☆☆
120 komfortable Zimmer und Suiten, fast alle mit Balkon. Superblick auf See und Zugspitze von den Eckzimmern 137 und 237.

Küche: ★★☆☆☆
Bayerische Spezialitäten und Fische aus dem See im Hauptrestaurant mit grosser Seeterrasse. Köstliches aus dem Wok und Fondues in der «Taverne» mit hübscher Gartenterrasse direkt am Wasser.

Freizeitangebot: ★★☆☆☆
Hallenbad, Finnische Sauna mit direktem Zugang zum See, Dampfbad, eigener Badestrand unmittelbar vor dem Hotel, 3 Tennissandplätze (kostenfrei). Im Winter hoteleigener Anfängerskilift direkt beim Haus (kostenfrei für Hotelgäste), Eisbahn mit Flutlicht (Schlittschuhverleih im Hotel). Die Talstation der Bergbahnen liegt 200 Meter nah.

Anfahrt: Autobahn München–Garmisch-Partenkirchen bis zum Autobahnende fahren, dann via Ortszentrum Garmisch-Partenkirchen und Grainau zum Eibsee.

Neu Das Kranzbach 126
D-82493 Kranzbach bei Garmisch-Partenkirchen

Tel. +49 (0)8823 92 800 0
Fax +49 (0)8823 92 800 900
www.daskranzbach.de
info@daskranzbach.de
Ganzjährig geöffnet

Preise
EZ 149–198 €
DZ 278–376 €
inklusive Halbpension

Im Grunde genommen braucht das dramatisch schön gelegene Wellness- und Ferienhotel gar nicht mit Wellness und anderen Angeboten zu locken: Wer hierher gefunden hat, in die Welt des 2007 wiedereröffneten und architektonisch kühn erweiterten «Country-House Hotels» – ursprünglich eine skurrile, 1915 erbaute Villa der eigensinnigen englischen Adeligen Mary Isabel Portman –, der braucht eigentlich nur noch ein Glas Weisswein und

einen Platz auf der Panoramaterrasse. Dazu einen Käseteller und frisch gebackenes Brot. Allein das könnte man schon als Wellness der anderen Art bezeichnen. Auch im Innern ist alles harmonisch aufeinander abgestimmt – der Architekt hat das Draussen nach drinnen geholt und dabei fast ausschliesslich natürliche Materialien aus der Region verwendet. Wer den Gang ins Spa antritt, kann dort vielerlei für Körper und Schönheit tun. Auch die Zimmer laden zum Bleiben ein, so dass es eigentlich keinen Grund gibt, das Hotel zu verlassen. Doch direkt vor dem Haus locken rund ums Jahr grandiose Wege zum Wandern, Biken und Langlaufen.

Ambiance: ★★★★★★
Zeitgemäss inszeniertes Wellness- und Ferienhotel der Superlative. Die extravagant inszenierten Lounge-Räume im «Mary Portman House» sind eine innenarchitektonische Sensation und verweisen augenzwinkernd auf die Exzentrik der ursprünglichen englischen Hausherrin.

Lage: ★★★★★★
In Alleinlage auf einem sonnigen Hochplateau inmitten eines Naturschutzgebiets mit Blick auf Zugspitze und Wettersteingebirge. In diesem märchenhaften Seitental 15 Kilometer hinter Garmisch-Partenkirchen gibt es weder Nachbarn noch Strommasten noch Golfplätze.

Service: ★★★★★☆
Gut drauf, hin und wieder etwas übertrieben jovial.

Zimmer: ★★★★★★
90 komfortable, freundliche Zimmer, verteilt auf den neuen «Gartenflügel» und das historische «Mary Portman House».

Küche: ★★★★☆☆
Moderne Bergküche aus biologischen Produkten der Region, abends mit Fünf-Gang-Auswahlmenü.

Freizeitangebot: ★★★★☆☆
Grosser Wellnessbereich mit 5 Innen- und Aussenpools in verschiedenen Temperaturen, Saunawelt, Fitnessraum, zahlreiche Körper- und Beautybehandlungen. Geführte Wanderungen, Rad- und Nordic-Walking-Touren, kostenloser Fahrradverleih, täglich Gymnastik- und Entspannungslektionen (Yoga, Rückentraining, Pilates, Aquafit, Bauch-Beine-Po usw.).

Anfahrt: Autobahn München–Garmisch-Partenkirchen, von dort weiter Richtung Innsbruck. Nach 12 Kilometern rechts Ausfahrt in das Dorf Klais und von dort den Wegweisern zum Hotel folgen (idyllische Mautstrasse).

Österreich

Gasthof Hirschen 127
A-6867 Schwarzenberg

Tel. +43 (0)5512 2944 0
Fax +43 (0)5512 2944 20
www.hirschenschwarzenberg.at
info@hirschenschwarzenberg.at
Ganzjährig geöffnet

 Preise
EZ 95–121 €
DZ 139–239 €
Suite 233–343 €
inklusive Frühstück

Seit fünf Generationen ist der 1755 im Holzbarock erbaute «Hirschen» im Besitz der Familie Fetz. Sie bringt das Kunststück fertig, für jeden etwas zu bieten. Die Einheimischen kommen gern auf ein Glas Bier in die «Jägerstube», Fein- und Weinschmecker schwärmen von Küche und Keller, im Winter verbringen hier siebenköpfige Familien ihre Skiferien, im Sommer kommen junge Paare und Individualisten, die wissen, dass jede Einkehr im «Hirschen» zum Fest wird. Moderne Kunst, knallige Blumensträusse und avantgardistische Möbel kontrastieren mit den original erhaltenen Kassettendecken, Holztäfelungen und Kachelöfen. Anfang der neunziger Jahre ist direkt hinter dem «Hirschen» ein modernes Gästehaus mit schlicht gestalteten Zimmern entstanden, die mancher Gast den antiken Zimmern im Hauptgebäude vorzieht. Hirschenwirt Franz Fetz: «Wir wissen, dass man in einem Hotel das Zuhause nicht ersetzen kann, doch wir wollen versuchen, dass sich unsere Gäste wie bei Freunden zu Besuch fühlen.»

Ambiance: ★★★★★★
Hotel-Bijou mit über 250 Jahren Geschichte – und ein Ort der Begegung für kommunikationsfreudige Bonvivants, die sich der griechischen Weisheit (und dem Credo des Hauses) «Ein Leben ohne Feste ist wie eine lange Reise ohne Einkehr» anschliessen.
Lage: ★★☆☆☆
Im denkmalgeschützten Ortskern, auf 700 Meter über Meer.
Service: ★★★★☆☆
Freundlich familiär.

Zimmer: ★★★★☆☆
32 komfortable Zimmer und Suiten – traditionell im Haupthaus, schlicht modern im benachbarten «Wälderhaus».
Küche: ★★☆☆☆
Frische Bodenseefische und österreichische Spezialitäten, in heiter stimmenden Gaststuben serviert.
Freizeitangebot: ★★☆☆☆
Sauna, Dampfbad, Massagen. Regelmässige Aktivitäten wie Jazz-Night, «Schubertiade», «Oldies & Ohrwürmer Party» oder «Frühjahrsschilauf mit dem Wirt». Im Winter stehen kostenlos Schneeschuhe, Stöcke und Schlitten zur Verfügung.

Anfahrt: Autobahn St. Gallen–St. Margrethen bis Ausfahrt Au. In Lustenau über die Grenze und Richtung Dornbirn. Durchs Ortszentrum Dornbirn hindurchfahren und den Wegweisern «Bregenzerwald» folgend bis nach Schwarzenberg. Das Hotel liegt unübersehbar im Ortszentrum.

Neu Gams Geniesser- und Kuschelhotel 128

A-6870 Bezau, Bregenzerwald

Tel. +43 (0)5514 2220
Fax +43 (0)5514 2220 901
www.hotel-gams.at
info@hotel-gams.at
Ganzjährig geöffnet

Preise
DZ 264 €
Kuschelsuite 356 €
Top-of-Suite 556 €
inklusive Halbpension

«Eine romantische Zeit der Zweisamkeit» wollen die Gastgeber Ellen Nenning und Andreas Mennel ihren praktisch durchwegs in Paarformation anreisenden Gästen bieten, und diesen Anspruch trägt das im Sommer 2009 stark erweiterte und umgebaute Haus mit viel Engagement, grossem Vergnügen an der Inszenierung und einem an romantischen Kitsch grenzenden «Einfühlen in die besondere Befindlichkeit von frisch Verliebten, noch Verliebten und wieder Verliebten». Die Mischung aus Wellnessparadies, Designhotel

und Kuscheloase erfreut sich grosser Beliebtheit bei Schweizer Gästen – an manchen Tagen stehen praktisch nur Autos mit ZH-, SG-, TG- und GR-Nummernschildern auf dem Parkplatz. Übrigens: Einzelreisende bleiben der exzessiv zelebrierten Paarromantik – wohin das Auge blickt, weiss bemantelte Paare, die sich an den Händen halten – besser fern.

Ambiance: ★★★★☆
Man liebt das Hotel («sooo romantisch!») oder findet es schlicht unerträglich («Sammelsurium an Kitsch!»).

Neu Gasthof Sonne 129

A-6870 Bezau, Bregenzerwald

Tel. +43 (0)5514 2262
Fax +43 (0)5514 2912
www.gasthof-sonne.at
info@gasthof-sonne.at
Mitte Mai bis Ende Oktober und
Mitte Dezember bis Ende April
geöffnet

 **Preise**

EZ 43–79 €
DZ 86–138 €
inklusive Frühstück

Lage: ★★★☆☆
Im Dorfzentrum und mit Blick in die Hügellandschaft.

Service: ★★★★☆☆
Gut in den Restaurants, allzu lässig am Empfang.

Zimmer: ★★★★★☆
54 «Kuschelsuiten» im neuen «Kokon»-Gebäude und im «Blütenschloss»-Rundturm (jede 45 Quadratmeter gross, alle mit eigenem Whirlpool, Himmelbett, offenem Kamin und Balkon), 4 Top-of-Suiten (je 60 Quadratmeter, alle mit Panoramablick vom Balkon). Im historischen Haupthaus aus dem Jahr 1648 befinden zudem noch 12 einfache Doppelzimmer.

Küche: ★★★★★★
Frischprodukte aus der Umgebung werden bemerkenswert wohlschmeckend auf den Tisch gebracht – wahlweise im Rahmen der Halbpensionsrestaurants (5-gängiges Abendmenü) oder im «Esszimmer» (7-gängiges Gourmetmenü). Attraktives, vielfältiges Weinangebot mit Schwerpunkt Österreich. Originell: Die Schauküche befindet sich im prachtvollen ehemaligen Ballsall aus dem späten 19. Jahrhundert.

Freizeitangebot: ★★★☆☆
Grosser Wellnessbereich mit warmem Aussenpool, Schwimmteich, Whirlpool, Saunawelt, Fitnessraum, zahlreichen Körper- und Beautyanwendungen. Geführte Wanderungen, gut bestückte Bibliothek mit zahlreichen Architektur- und Designbüchern.

Anfahrt: Autobahn St. Gallen–St. Margrethen bis Ausfahrt Au. In Lustenau über die Grenze und Richtung Dornbirn. Durchs Ortszentrum Dornbirn hindurchfahren und den Wegweisern «Bregenzerwald» folgen. In Schwarzenberg Richtung Bezau.

In diesem sympathischen Familienbetrieb, der sich auch sehr für Familien mit Kindern eignet, fällt es leicht, innerlich eine Drehzahl niedriger zu schalten. Die ortstypisch rustikale Einrichtung, der nette Empfang, die Ruhe und Naturnähe machen aus einem Aufenthalt im «Gasthof Sonne» ein angenehmes Erlebnis, das auch noch in schöner Erinnerung

Post 130

A-6870 Bezau, Bregenzerwald

Tel. +43 (0)5514 2207 0
Fax +43 (0)5514 2207 22
www.hotelpostbezau.com
office@hotelpostbezau.com
Ganzjährig geöffnet

Preise
EZ 140–185 €
DZ 280–390 €
Juniorsuite/Suite 320–630 €
inklusive Halbpension

bleibt, wenn die Rechnung beglichen ist.

Ambiance: ★★★★☆☆
Kleine heile Welt, die nicht mehr sein will, als sie ist, und dennoch mehr hält, als sie verspricht.
Lage: ★★★☆☆☆
Im Dorf, mit Blick in die Hügellandschaft.
Service: ★★★★★☆
Die Familie Meusburger verwendet viel Mühe darauf, den eintreffenden Gast mit unaufdringlicher Präsenz und Freundlichkeit zu «entwaffnen», so dass er gar nicht anders kann, als sich schlagartig im traditionsreichen Haus wohl zu fühlen.
Zimmer: ★★★☆☆☆
5 solide Einzelzimmer, 20 Doppelzimmer, 5 Familienzimmer.
Küche: ★★★☆☆☆
Gut gemachte Regionalküche aus heimischen Produkten.
Freizeitangebot: ★★☆☆☆☆
2 Saunas, Dampfbad, geführte Themen-, Kräuter- und Kulturwanderungen, Nordic-Walking- und Schneeschuhtouren. Grosszügiges Kinderspielzimmer, gute Kinderbetreuung (3–12 Jahre) an 20 Stunden pro Woche.

Anfahrt: Autobahn St. Gallen–St. Margrethen bis Ausfahrt Au. In Lustenau über die Grenze und Richtung Dornbirn. Durchs Ortszentrum Dornbirn hindurchfahren und den Wegweisern «Bregenzerwald» folgen. In Schwarzenberg Richtung Bezau.

Von der Dorfstrasse aus lässt sich kaum erahnen, welch schlichte Eleganz sich hinter der braun geschindelten Fassade des ehemaligen k. u. k. Postamts verbirgt. Das Stammhaus mit frisch renovierten Zimmern ist mit zwei zeitgenössischen Anbauten verbunden, die eine kleine architektonische Meisterleistung sind: Die Mischung aus klaren Formen, ökologischem Anspruch und trendig-heimeliger Wohlfühlstimmung ist genau das, was ermattete Grossstadtmenschen heute von einem Hotel erwarten. Konzipiert hat die neue, aber immer noch gute alte «Post» Susanne Kaufmann. Als Gastgeberin in fünfter Generation liegt ihr viel an der lokalen Identität und der Naturverbundenheit ihres Hauses. Das spiegelt sich nicht nur in den Baumaterialien und den Produkten, die in der Küche verarbeitet werden, sondern auch in der eigens entwickelten Pflegelinie, die auf Alpenkräutern der heimischen

Pflanzenwelt basiert. Es gibt sicher zahlreiche Spas, die dasjenige der «Post» grössenmässig in den Schatten stellen, ein feinsinnigeres Therapeutenteam hat aber wohl kaum eines. Bei einem halben Hundert an Körper- und Schönheitsbehandlungen von der Moorpackung bis zur Traditionellen Chinesischen Medizin zerfliessen Sorgenfalten und Stress im Nu. Die unangestrengt freundliche Crew und die vielfältige Infrastruktur (unter anderem sechs Tennisplätze) sorgen dafür, dass der Luxus anderer Wellnesshotels nur noch angenehme Nebensache ist.

Ambiance: ★★★★★★
Der «Post» gelingt es exemplarisch, Einfachheit mit höchster Qualität zu verbinden und Sinnlichkeit mit Sinn zu erfüllen.

Lage: ★★☆☆☆
Im Dorfzentrum und mit Blick in die Hügellandschaft.

Service: ★★★★★★
Susanne Kaufmann ist zweifellos schon mit einem Lächeln auf den Lippen geboren worden. Sie und ihr hochmotiviertes Team leben jeden Tag aufs Neue vor, wie man die Gäste mit kleinen Aufmerksamkeiten glücklich macht.

Zimmer: ★★★★★★
Die 53 Zimmer und Suiten beweisen, dass Design und Behaglichkeit sich nicht ausschliessen müssen: Schnörkelloses Mobiliar und strahlend weisse Bäder verbinden sich mit warmem Holz, Filz und handgewebtem Bregenzerwälder Leinen. Den einzigartigen Look in allen Zimmern und im ganzen Haus konzipierte der Bruder der Gastgeberin, der Architekt Oskar Leo Kaufmann.

Küche: ★★★★★★
Der Küchenchef verwendet nur beste Produkte aus der Region für die moderne Interpretation traditioneller Vorarlberger Rezepte. Im kleinen Gourmetlokal «Irma» lässt sich der Genuss der siebengängigen Halbpensionsmenüs noch steigern.

Freizeitangebot: ★★★★☆☆
Schöner Wellnessbereich mit Hallenbad, Aussen-Solebecken, Saunawelt, Fitnessraum, zahlreiche Körper- und Beautybehandlungen. Geführte Wanderungen und Landpartien, «ArchitekTouren», Kochkurse. 6 Tennisplätze, davon 2 in der Halle. Täglich Gymnastik- und Entspannungslektionen. Mountainbikes, Schneeschuhe, Schlitten. Weindegustationen.

Anfahrt: Autobahn St. Gallen–St. Margrethen bis Ausfahrt Au. In Lustenau über die Grenze und Richtung Dornbirn. Durchs Ortszentrum Dornbirn hindurchfahren und den Wegweisern «Bregenzerwald» folgen. In Schwarzenberg Richtung Bezau.

Neu Gesundhotel Bad Reuthe 131

A-6870 Reuthe, Bregenzerwald

Tel. +43 (0)5514 2265 0
Fax +43 (0)5514 2265 100
www.badreuthe.at
office@badreuthe.at
Ganzjährig geöffnet

 Preise
EZ 78–102 €
DZ 154–228 €
Suite 240–250 €
inklusive Halbpension

Noch eine Kurve und wieder eine, links und rechts wechseln einander derweil Weiden, Waldstücke, Bäche und kleine Hügel ab. Wir könnten uns im Süden Englands befinden, eine sanfte Landschaft, abwechslungsreich, grün und beruhigend. Wir sind aber im Bregenzerwald, oberhalb des Bodensees. Und plötzlich, nach einer weiteren Kurve, steht das «Gesundhotel Bad Reuthe» vor einem. Das über vier Generationen gewachsene Konglomerat, das von den Einheimischen das «Moorbad» genannt wird (direkt neben dem Hotel wird das Naturmoor für Heilbehandlungen in Form von Packungen und Bädern gestochen), präsentiert sich vorwiegend in dezent moderner Vorarlberger Architektur mit viel Holz, Glas und Licht. Es ver-

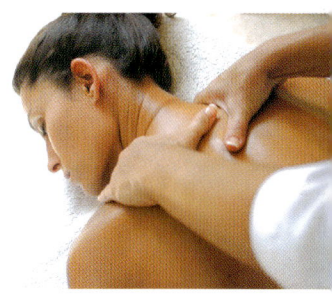

mittelt Freude am gesunden Leben und punktet mit einem sehr guten Preis-Leistungs-Verhältnis. Ganz offensichtlich wird das Haus von Freunden und Freundesfreunden fleissig weiterempfohlen, denn nicht immer ist es einfach, zum gewünschten Termin ein Zimmer zu ergattern.

Ambiance: ★★★☆☆
Klassiker der Vorarlberger Wellnesshotels, zu gewissen Zeiten mit leichter Kurhausstimmung und nicht mehr ganz jungem Publikum.

Lage: ★★★★☆☆
In Alleinlage in schöner Natur.
Service: ★★★★☆☆
Freundlich und hilfsbereit.
Zimmer: ★★★☆☆☆
Schlichte, angenehme Zimmer aus natürlichen Materialien, fast alle mit Balkon.
Küche: ★★★☆☆☆
Regionale Marktküche sowie Schlank- und Diätmenüs.
Freizeitangebot: ★★★☆☆
Thermenbad mit 3 Innenbädern, Aussenpool (32 Grad), Whirlpool, Saunawelt. Fitnessraum, diverse Körper- und Beautyanwendungen. Geführte Wanderungen und Nordic-Walking-Touren, kostenloser Fahrradverleih, tägliche Gymnastik- und Entspannungslektionen. Im Winter Langlaufloipe direkt neben dem Hotel (kostenloser Verleih von Langlaufskis und -schuhen). Hotel-Shuttle zum Skigebiet Mellau-Damüls (im Stundentakt).

Anfahrt: Autobahn St. Gallen–St. Margrethen bis Ausfahrt Au. In Lustenau über die Grenze und Richtung Dornbirn. Durchs Ortszentrum Dornbirn hindurchfahren und den Wegweisern «Bregenzerwald/Bödele» folgen, dann via Schwarzenberg nach Bezau. Dort 1 Kilometer Richtung Bizau bis zum Hotel.

Neu **Sonne Lifestyle Resort** 132
A-6881 Mellau, Bregenzerwald

Tel. +43 (0)5518 20100 0
Fax +43 (0)5518 20100 70
www.sonnemellau.com
info@sonnemellau.com
Ganzjährig geöffnet

Preise
EZ 139–179 €
DZ 238–318 €
Suite 318–378 €
inklusive Halbpension

Der markante Um- und Erweiterungsbau des alteingesessenen Gasthofs beweist, was Architekten schon seit einiger Zeit behaupten: dass gelungenes Design eine friedliche und entspannende Atmosphäre verbreiten kann. Die Zimmer verzichten auf alpenländische Klischees und strahlen eine zeitgemässe Coolness aus; dabei stellen die verwendeten Naturmaterialien aber dennoch Bezüge zum Bregenzerwald her. Im einladenden, lichtdurchfluteten Spa fällt es leicht, Körper und Seele wieder mal echte Aufmerksamkeit zu schenken. Speziell: Das professionelle Outdoor-Center im Hotel, wo eine Vielzahl von Freizeitaktivitäten für Naturerlebnisse oder Adrenalinkicks sorgen.

Ambiance: ★★★★★☆
Feinsinnige Innenarchitektur aus einem Guss – alles ist von A bis Z sauber durchgestaltet. Altes und Neues verschmelzen zu einem harmonischen Ganzen. Dennoch gibt es zwei Wermutstropfen: Das Dorf liegt in den Wintermonaten weitgehend im Schatten. Und die Durchgangsstrasse durchs Tal führt hörbar nah am Hotel vorbei.

Vorarlberg, Bregenzerwald, Kleinwalsertal

Lage: ★★☆☆☆☆
Im Dorfzentrum.
Service: ★★★★★☆
Das durchwegs junge Hotelteam agiert gastbewusst und bleibt auch bei Sonderwünschen angenehm gelassen. Bemerkenswert: Beinahe hundert Prozent der Mitarbeiter sind einheimisch.
Zimmer: ★★★★★★
38 geräumige Zimmer (35 Quadratmeter) und 8 Penthouse-Suiten (45 Quadratmeter). Alle Zimmer mit grossem Balkon, Holzböden und kostenlosem Highspeed-Internetzugang. Gäste der Penthouse-Suiten haben exklusiven Zugang zur Penthouse-Lounge mit Cocktail-Bar (im Zimmerpreis inbegriffen).
Küche: ★★★★☆☆
Zwei Restaurants mit ambitionierter Marktküche. Alles ungekünstelt aromenreich und in zeitgemässer Beköммlichkeit zubereitet. Originell: Das «Frühstückchen» in der Loungebar für Früh- und Spätaufsteher.
Freizeitangebot: ★★★★☆☆
Schöner Wellnessbereich mit warmem Indoor-/Outdoorpool, Saunawelt und Fitnessraum, diverse Körper- und Beautybehandlungen. Outdoor-Center im Hotel mit kostenpflichtigen Aktivitäten wie Riverrafting, Canyoning, Bungee-Jumping, Klettern, Paragleiten, Biketouren usw. Moutainbike-Verleih. Geführte Wanderungen, Kinderspielzimmer, Kinderspielplatz. Tägliches Gymnastik- und Entspannungsprogramm. Wenige Schritte zur Talstation der Skilifte.

Anfahrt: Autobahn St. Gallen–St. Margrethen bis Ausfahrt Au. In Lustenau über die Grenze und Richtung Dornbirn. Durchs Ortszentrum Dornbirn hindurchfahren und den Wegweisern «Bregenzerwald/Bödele» folgen, dann via Schwarzenberg und Bezau nach Mellau.

Neu Haus Alpina   133
A-6764 Lech am Arlberg

Omesberg 6
Tel. +43 (0)5583 2309
Fax +43 (0)5583 4118
www.lech-alpina.at
strolz@lech-alpina.at
Anfang Dezember bis Ende April geöffnet

Preise
EZ 95–125 €
DZ 180–240 €
Suite 220–280 €
inklusive Frühstück

Die Empfehlung dieses kleinen Alpenjuwels darf eigentlich nur unter vorgehaltener Hand weitergereicht werden, was Hotelliebhaber auch fleissig tun. So ist es für einmal keine Frage des Geldbeutels (das «Haus Alpina» ist im masslos übertäuerten Lech erstaunlich preiswert), sondern eher der frühzeitigen Reservierung, um in den Genuss eines der acht Zimmer zu gelangen. Das stilvoll erneuerte Haus stammt in seiner ursprünglichen Form aus dem Jahr 1750, das heutige Gastgeber-

Neu Chesa Valisa Naturhotel 134
A-6992 Hirschegg, Kleinwalsertal

Gerbeweg 18
Tel. +43 (0)5517 5414 0
Fax +43 (0)5517 5108
www.naturhotel.at
info@naturhotel.at
Ganzjährig geöffnet

Preise
EZ 88–138 €
DZ 170–276 €
Juniorsuite 196–296 €
inklusive Halbpension

Alpine Rustikalität und moderne Architektur treffen hier ebenso aufeinander wie Trennkost und Gourmetgenuss, ökologisches Bewusstsein und sinnliches Vergnügen. Die «Chesa Valisa», was in der Sprache der alten Walser einfach «Walserhaus» bedeutet, ist seit fünfhundert Jahren dicht an der Natur und bezaubert doch mit ihrer weltoffenen Art. Selbst paar empfängt die maximal zwanzig Gäste in vierter Generation mit natürlichem Charme.

Ambiance: ★★★★★☆
Man fühlt sich nicht wie in einem Hotel, sondern eher wie in einem grossen Ferienhaus zu Besuch bei Freunden. Ideal für unkomplizierte Geniesser mit Sinn für österreichische Gastlichkeit.
Lage: ★★★★☆☆
Ruhig im Dorf.
Service: ★★★★★☆
Andrea und Bruno Strolz führen ihr Haus sehr persönlich und mit sichtlicher Liebe.
Zimmer: ★★★☆☆☆
7 gemütliche, eher kleine Zimmer und 1 geräumige Suite.
Küche:
Kein Restaurant im Haus.
Freizeitangebot: ★☆☆☆☆☆
Sauna und Dampfbad.

Anfahrt: Autobahn Richtung Innsbruck bis Ausfahrt Arlberg, dann Landstrasse via Zürs nach Lech. Nach dem Ortseingang nach der Mühlgarage die erste Strasse links abbiegen, anschliessend rechts; das Hotel liegt linker Hand.

Grossstadtmenschen, die Landleben und Bio-Romantik nicht ausstehen können, fühlen sich hier pudelwohl. Bei allem Komfort ist eben alles echt – auch das Lächeln der Hotelcrew. Die Besitzerfamilie Kessler schont sich nicht und steckt jeden erwirtschafteten Euro wieder in den Betrieb, und so sind die Zimmer ebenso auf dem neusten Stand wie der Wellnessbereich. Insgesamt ein ganz besonderes Haus, in dem sich alle Generationen geborgen fühlen.

Ambiance: ★★★★★★
Natürliche Materialien und Proportionen – mit Feingefühl eingesetzt

– passen sich der Landschaft an und schlagen eine Brücke vom Traditionshaus zum modernen Teil.

Lage: ★★★★☆
In Alleinlage in einer grossen Gartenanlage oberhalb des Ortes Hirschegg inmitten des Kleinwalsertals.

Service: ★★★★★★
Sieglinde und Klaus Kessler schenken ihren Gästen viel Aufmerksamkeit und sind sehr darum bemüht, keine Routine aufkommen zu lassen.

Zimmer: ★★★☆☆
55 Zimmer, Juniorsuiten und Familienapartments im zeitgemässen alpinen Landhausstil.

Küche: ★★★☆☆
Gut gemachte Regionalküche. Alle Lebensmittel stammen aus kontrolliert biologischem Anbau.

Freizeitangebot: ★★★☆☆
Kleiner Wellnessbereich mit Saunawelt, beheiztem Aussenpool (im Sommer mindestens 25 Grad, im Winter 30 Grad), Fitnessraum, zahlreiche Körper- und Beautybehandlungen. Geführte Themenwanderungen, Berg- und Fahrradtouren. Entspannungslektionen (Yoga, Tai-Chi). 25 Stunden Kinderbetreuung pro Woche, Kinderspielplatz. Kostenloser Verleih von Schneeschuhen, Langlaufausrüstung, Schlitten, Mountainbikes, Geländebuggys und Babytragen. Wein- und Käsedegustationen.

Anfahrt: Von Bregenz via Oberstaufen und Immenstadt nach Sonthofen, dann über Oberstdorf und Riezlern ins Kleinwalsertal. In Hirschegg auf der Hauptstrasse Richtung Mittelberg bleiben und der Beschilderung zum Hotel folgen.

Der Sonnenberg 135
A-6992 Hirschegg, Kleinwalsertal

Am Berg 26
Tel. +43 (0)5517 5433
Fax +43 (0)5517 5433 33
www.kleinwalsertal-sonnenberg.de
info@kleinwalsertal-sonnenberg.de
Mitte Mai bis Ende Oktober und Mitte Dezember bis Mitte April geöffnet

 Preise
EZ 75–92 €
DZ 144–194 €
inklusive Halbpension

Weit hinten im Kleinwalsertal liegt Hirschegg und auf der Sonnenseite über dem Dorf das vierhundertjährige ehemalige Bauernhaus «Der Sonnenberg», ganz aus Holz gestrickt, wie man hier sagt, ein alpenländisches Bijou, das im Winter wie ein Lebkuchenhaus mit Zuckerglasur aussieht. Wenn es einmal schneit, bieten sich draussen schöne gepfadete Spazierwege an, im behaglichen In-

nern erwarten den Gast knarrende Dielen, ein knisterndes Kaminfeuer und sechzehn Himmelbettzimmer mit karierter Bettwäsche. Zur Kaffeestunde backt der Küchenchef dann Streuselkuchen, und abends werden in der Walserstube österreichische Schmankerln serviert.

Ambiance: ★★★★☆
Das Bauernhaus aus dem 16. Jahrhundert hat – unberührt von den Veränderungen in der grossen weiten Welt – alle Moden und Kurzlebigkeiten überstanden, und so ist hier noch alles echt. Keine künstliche Erlebnisgastronomie,

kein falscher Alpenbarock, dafür eine romantische Atmosphäre, die an die ländliche Idylle vergangener Tage erinnert.
Lage: ★★★★☆
In einer schönen Gartenanlage auf der Sonnenseite über dem Dorf auf 1125 Meter über Meer.
Service: ★★★☆☆
Unkompliziert familiär.
Zimmer: ★★☆☆☆
16 einfache, gemütliche Zimmer, alle mit Himmelbetten, die meisten mit Balkon. Am schönsten sind die «Vernaschkammer» und das «Knusperhäusle» mit Kachelofen.
Küche: ★★★☆☆
Österreichische Spezialitäten und mediterrane Gerichte, gelegentlich Fondues bei Kerzenlicht.
Freizeitangebot: ★☆☆☆☆
Hallenbad, Sauna, Kinderspielplatz. Im Winter sind die Skilifte direkt vom Haus aus erreichbar.

Anfahrt: Von Bregenz via Oberstaufen und Immenstadt nach Sonthofen, dann über Oberstdorf und Riezlern ins Kleinwalsertal. In Hirschegg auf der Hauptstrasse Richtung Mittelberg bleiben bis Abzweigung «Am Berg» rechts.

Jungbrunn 136
A-6675 Tannheim

Tel. +43 (0)5675 6248
Fax +43 (0)5675 6544
www.jungbrunn.at
hotel@jungbrunn.at
Ganzjährig geöffnet

Preise
EZ 108–129 €
DZ 234–328 €
Suite 300–532 €
inklusive Halbpension

Sie träumen von einer Region, die mehr Bauernhäuser als Hotels zählt? Genau das werden Sie im (fast) unberührten, bäuerlichen Tannheimer Hochtal finden. Nichts trübt die Ruhe, nichts die Stimmung. Schon dies vermittelt Wellness im ursprünglichen Sinn des Wortes. Und das «Jungbrunn» besitzt darüber hinaus das Talent, den Gästen diese Wellness auf allen Ebenen zu bieten – mit einem erlebnisreichen Sport- und Freizeitprogramm in der Natur

Tirol

sowie einem attraktiven Spa-Angebot auf fünftausend Quadratmetern. Seit der Erweiterung des Hotels im Jahr 2006 ist «alpiner Lifestyle» der gestalterische Leitgedanke: modern im Look, aber immer mit regionalem Lebensgefühl und traditionellen Materialien wie Holz, Leder, Granit, Glas, Wolle, Loden und Filz. Die Nähe zur Schweiz bringt entsprechend viele Schweizer Gäste.

Ambiance: ★★★★★☆
Das Besondere ist hier der Kontrast: zwischen Ursprünglichkeit und modernem Design, zwischen Einfachheit und zeitgemässem Komfort.

Lage: ★★★★★☆
Im offenen Tannheimer Hochtal, in Alleinlage etwas oberhalb des Dörfchens Tannheim. Ruhig, sonnig und fern vom Lärm der Welt.

Service: ★★★★★☆
Das Besitzerpaar Markus und Ulrike Gutheinz beseelt das «Jungbrunn» mit viel Charme und Engagement und sorgt für eine heitere, unkomplizierte Ambiance.

Zimmer: ★★★★★☆
81 komfortable Zimmer und Suiten, teilweise im rustikalen, teilweise im modernen Landhausstil. Einige der Suiten verfügen über einen Kamin.

Küche: ★★★★★☆
Typische Tiroler Gerichte im Wirtshaus «Was Guats vom Berg», innovative Gourmetküche in der «Jungbrunnstube», fein zubereitete abendliche Auswahlmenüs im grossen Halbpensionsrestaurant. Diverse Buffets von morgens bis abends.

Freizeitangebot: ★★★★★☆
Grosser Wellnessbereich mit Hallenbad, Sole-Freibad, Whirlpool, Badebiotop, Saunawelt, Fitnessraum, zahlreiche Körper- und Beautybehandlungen. 4 Tennisplätze (davon 2 Hallenplätze) mit Tennisakademie, geführte Wanderungen, Schneeschuhtouren und Mountainbike-Ausflüge, kostenloser Mountainbike-Verleih, tägliches Sport- und Unterhaltungsprogramm. Täglich Gymnastik- und Entspannungslektionen (Yoga, Qigong, Pilates, Aquafit, Water Balancing, Spinning, Bodyforming, Wirbelsäulengymnastik usw.). Das Hotel befindet sich unmittelbar am Einstieg ins Langlaufloipennetz und direkt neben der Gogelhornbahn, die ins Familienskigebiet Neunerköpfle führt.

Anfahrt: Inntalautobahn Richtung Innsbruck bis Ausfahrt Imst, dann Landstrasse Richtung Füssen bis Abzweigung Haldensee. Von dort Richtung Oberjoch/Sonthofen bis Tannheim.

🆕 Mohr Life Resort   137
A-6631 Lermoos

Innsbruckerstrasse 40
Tel. +43 (0)5673 2362
Fax +43 (0)5673 3538
www.mohr-life-resort.at
willkommen@mohr-life-resort.at
Ganzjährig geöffnet ausser drei Wochen im April

Preise
EZ 115–195 €
DZ 180–340 €
Juniorsuite/Suite 290–690 €
inklusive Halbpension

Hier kann man fast bis zur Zugspitze schwimmen. Denn vom Pool des Hotels aus hat man einen Traumblick auf Deutschlands höchsten Berg. In dem puristisch designten Spa trifft Holz auf Glas, Naturstein auf poliertes Kupfer. Nach Besuchen in der Bio-Kräutersauna und dem Orangenblütenbad, nach der Shiatsu-Massage oder der St.-Barth-Gesichtsbehandlung relaxt man in den arvenholzverkleideten Zimmern – ein Holz, das auf den Organismus beruhigend wirkt. Die Hotelbesitzerin betreibt eine renommierte Zucht von Westernpferden – für die Gäste besteht die Möglichkeit für Ausritte oder Unterricht. Im Winter führt eine Skiabfahrt von der Zugspitzarena direkt bis zum Hotel.

Ambiance: ★★★★☆☆
Ein organisch gewachsenes, urtypisches Tiroler Ferienhotel mit weitläufigen öffentlichen Räumlichkeiten und betörender Naturkulisse.
Lage: ★★★★★★
Am Ortsrand von Lermoos, mit schönem Blick auf die Zugspitze.
Service: ★★★☆☆☆
Mal besser, mal weniger gut.
Zimmer: ★★★★★☆
74 Zimmer, Juniorsuiten und Suiten, verteilt auf das Stammhaus (Kategorie «Tradition») und den

modernen Anbau (Kategorie «Lifestyle»).

Küche: ★★★☆☆☆
Grosses Halbpensionsrestaurant mit viergängigen Auswahlmenüs oder Spezialitätenbuffets am Abend. Italienische Espresso-Bar.

Freizeitangebot: ★★★★★☆
Grosser Wellnessbereich mit Hallenbad, Sole-Aussenpool, Whirlpool, Saunawelt, Fitnesscenter, zahlreiche Körper- und Beautybehandlungen. Täglich Gymnastik- und Entspannungslektionen (Yoga, Pilates, Rückentraining, Wassergymnastik, Qi-gong). Billard, Abenteuerspielplatz mit Riesentrampolin, Kinderbetreuung (ab 5 Jahren) in der Hauptferienzeit. Fischen und Tauchen in drei hauseigenen Seen. Fliegenfischer-Eldorado Loisach (exklusiv für Hotelgäste). Reithalle, Ausritte oder Unterricht mit top ausgebildeten Quarter Horses. Im Winter: 6er-Sessellift gleich hinter dem Haus (Einstieg in die Zugspitzarena mit 118 Skipistenkilometern), Langlaufloipe direkt vor dem Haus, Schlittelbahnabfahrt bis zum Hotel.

Anfahrt: Inntalautobahn Richtung Innsbruck bis Ausfahrt Imst/Karrösten, dann Richtung Fernpass. Bei Nassereith durch den Tunnel Richtung Fernpass bis Abzweigung Biberwier/Weissensee. Hier rechts abbiegen, durch den Ort Biberwier bis zur Abzweigung Lermoos.

Naturhotel Waldklause 138
A-6444 Längenfeld im Ötztal

Unterlängenfeld 190
Tel. +43 (0)5253 5455
Fax +43 (0)5253 5455 4
www.waldklause.at
office@waldklause.at
Ganzjährig geöffnet

Preise
EZ 130–140 €
DZ 224–264 €
Suite 270–360 €
inklusive Halbpension

«Holz atmet und bietet ideale Wohn- und Lebensbedingungen», ist Gastgeberin Irene Auer überzeugt. In allen Räumen des konsequent aus Holz, Glas und Stein erbauten Hotels herrschen ein gesundes Klima und eine warme, wohlige Atmosphäre, überall duftet es nach heimischen Nadelhölzern. Zudem sind die fünfzig geräumigen, lichtdurchfluteten Zimmer und Suiten von hoher ästhetischer Qualität: Sanfte Holztöne wurden mit kräftigem Rot, Grün, Orange und Gelb wirkungsvoll verbunden. «Wir schielten nicht auf einen Rekord, wir bauten einfach, wie wir es für richtig hielten», sagt Irene Auer. Dazu gehörten jahrhundertealte Holzbautechniken, sauberste Verarbeitung und auch das Datum, an dem die Zirben (Arven) gehauen wurden: am 23. Februar 2003, bei abnehmendem Mond. Die «Waldklause» zeigt einerseits, dass neue Tiroler Hotels Modernität und Gemütlichkeit unter einen Hut bringen können und andererseits Design und Ökologie so selbstverständlich im Einklang stehen können, als gehörten sie schon immer zusammen.

Quellenhof 139
A-6105 Leutasch

Weidach 288
Tel. +43 (0)5214 6782 0
Fax +43 (0)5214 6369
www.quellenhof.at
info@quellenhof.at
Ganzjährig geöffnet

Ambiance: ★★★★★☆
Wer «grün» wohnen möchte, wird hier artgerecht verwöhnt. Das Hotel wurde weitestgehend aus natürlichen Baustoffen und mit umweltschonenden Verfahrens- und Verarbeitungsweisen erstellt: keine Schadstoffe, keine Chemie, alles anti-allergen und strahlensicher. Die Küche legt viel Wert auf Bioprodukte, aus dem Hahn fliesst frisches Gebirgsquellwasser. Auch der Wellnessbereich ist umweltorientiert: Honig-Zirben-Bad, Körperpflege mit regionalen Substanzen wie Arnika und Murmeltieröl.

Lage: ★★☆☆☆☆
Am Dorf- und Waldrand auf 1173 Meter über Meer, wenige Schritte von der «Aqua Dome»-Therme und wenige Kilometer von der «Rambazamba»-Station Sölden entfernt.

Service: ★★★★☆☆
Freundlich und unkompliziert.

Zimmer: ★★★★★★
Alle 50 Zimmer und Suiten sind durch zwei Treppenstufen in einen Wohn- und einen Schlafbereich unterteilt und mit einem grossen Balkon ausgestattet. Vier Suiten im Dachgeschoss mit grosser Panoramaterrasse. Aus allen Zimmern blickt man durch wandgrosse Fenster in den Wald.

Küche: ★★★☆☆☆
Regionale und internationale Gerichte aus Naturprodukten heimischer Bauern. Wechselnde Themenbuffets.

Freizeitangebot: ★★★☆☆☆
Kleiner Wellnessbereich mit Sauna, Dampfbad, Kräuter-Schwitzstube, Massagen und Naturkosmetik. Hotelgäste haben uneingeschränkten Gratiszugang zur benachbarten «Aqua Dome»-Therme Längenfeld (2 Gehminuten entfernt). Kostenloser Mountainbike- und Wanderstöckeverleih. Kostenlose Benützung der Tennisplätze. Regelmässig geführte Wanderungen.

Anfahrt: Durch den Arlbergtunnel und Richtung Innsbruck bis Ausfahrt Ötztal, dann Landstrasse bis Unterlängenfeld. Die Hotelabfahrt liegt etwas versteckt im Dorf und ist ausgeschildert.

Preise
EZ 128–185 €
DZ 234–378 €
inklusive Halbpension

Stil, Komfort und Gastlichkeit sind in diesem durch und durch tirolerischen Wellness-Ferienhotel sozusagen eine Selbstverständlichkeit – und insofern ist der «Quellenhof» nichts Besonderes, sondern einfach eine stimmige, runde Sache. Das Lebensgefühl ist trotz 83 Zimmern sehr intim; es werden keine Busgruppen, Seminar- oder externe Restaurantgäste ange-

nommen. Das Spa, das ganzjährig achtzehn kompetente Therapeutinnen und Therapeuten beschäftigt, legt den Schwerpunkt auf Traditionelle Chinesische Medizin.

Ambiance: ★★★★☆☆
Sympathischer Familienbetrieb, der ohne grosses Aufsehen, aber mit ausserordentlicher Beständigkeit und hohem Qualitätsbewusstsein seine treue Kundschaft entzückt.

Lage: ★★★★★☆
In Alleinlage auf dem sonnigen Leutascher Hochplateau auf 1130 Meter über Meer.

Service: ★★★★★★
Motiviert, hilfsbereit und kompetent. Die Gäste spüren echte Wertschätzung.

Zimmer: ★★★☆☆
83 freundliche Zimmer.

Küche: ★★★★★☆
Vollwertige Naturküche aus vorwiegend regionalen Produkten – tadellos zubereitet und schön präsentiert.

Freizeitangebot: ★★★★☆☆
Wellnessbereich mit Hallenbad, 2 Aussenwhirlpools, Saunawelt, Fitnessraum, zahlreiche Körper- und Beautybehandlungen. Geführte Wanderungen, kostenloser Mountainbike-Verleih. Bibliothek, zahlreiche Brettspiele. Direkt vor der Haustür befindet sich der 18-Loch-Golfplatz Wildmoos/Seefeld mit Golf-Academy und angeschlossenem 9-Loch-Übungsplatz. Im Winter Skilift nebenan (einfaches Skigebiet mit Kinderskischule) und Langlaufloipen vor dem Haus. Täglich Gymnastik- und Entspannungslektionen (Yoga, Pilates, Wassergymnastik, Meditation, Qigong usw.), Vorträge über Traditionelle Chinesische Medizin.

Anfahrt: Inntalautobahn Richtung Innsbruck bis Ausfahrt Telfs Ost, dann Bundesstrasse Seefeld–Leutasch ins Leutaschtal, durch die Weiler Ostbach, Platzl, Kirchplatzl und weiter bis Weidach, wo sich der «Quellenhof» befindet.

Naturhotel Grafenast 140
A-6130 Schwaz

Pillbergstrasse 205
Tel. +43 (0)5242 63209
Fax +43 (0)5242 63209 99
www.grafenast.at
sehnsucht@grafenast.at
Mitte Mai bis Ende Oktober und Mitte Dezember bis Ende März geöffnet

Preise
EZ 99–172 €
DZ 198–350 €
inklusive Halbpension

Wem schon bei der Ankunft ein so freundliches Lächeln geschenkt wird, der startet gleich viel entspannter in die Ferien. In diesem sonnenverwöhnten hundertjährigen Holzchalet ist alles echt und

erfreulich unaufdringlich arrangiert. Hier geniesst man die bodenständige Atmosphäre und das zwanglose Sein, isst regionaltypisch biologisch, lauscht klassischer Musik oder gutem Jazz, und wem beim Grafenaster Panorama das Herz nicht höher schlägt, der hat wohl keines. Beim Abendessen muss man aufpassen, dass man nicht einfältig vor sich hin grinst, vor lauter «So schön ist das einfache Leben»-Glück. Irgendwann zieht man sich dann ins Zimmer zurück und schläft so gut wie seit Monaten nicht.

Ambiance: ★★★★★★
Das Hotel vermittelt reines, authentisches, unprätentiöses Tirol. Ein Traum für alle, die sich von Alltagsneurosen und City-Hektik befreien möchten.

Lage: ★★★★★★
«Über allem drüber» auf 1330 Meter über Meer. Sagenhafter Ausblick aufs Inntal, ringsherum nur Natur pur.

Service: ★★★☆☆
Der Service ist sehr freundlich und hilfsbereit, aber nicht immer zur Stelle, wenn man ihn braucht.

Zimmer: ★★☆☆☆
Zwei Dutzend einfache, ökologisch korrekte Zimmer mit holziger Wärme, ohne Minibar und Fernseher. Manche Zimmer mit angeschlossenem Kinderzimmer.

Küche: ★★★☆☆
Die Küche setzt auf Vollwert und verwendet ausschliesslich Produkte von heimischen Biobauern und aus dem eigenen Biogarten. Sehr beliebt: die Pizzen zum Selberbelegen (Schüsseln mit Gemüse, Fisch, Fleisch, Käse stehen vor dem Pizzaofen – die Gäste kommen dabei sofort miteinander ins Gespräch).

Freizeitangebot: ★★★☆☆
Kleiner Wellnessbereich mit Saunas, Fitnessraum, Massagen, Naturkosmetik, Freibad. Tennisplatz (kostenlos), geführte Berg- und Schneeschuhwanderungen sowie Rad- und Nordic-Walking-Touren (Gratisverleih von Rucksack, Mountainbikes und Disc-Playern), Entspannungs- und Gymnastiklektionen. Skifahren und Schlitteln von der Haustür weg, Langlaufloipen in 200 Meter Entfernung. Kinderspielzimmer, Kinderspielplatz, Ballspielwiese, Kinderbetreuung im Sommer.

Anfahrt: Inntalautobahn Innsbruck–Salzburg bis Ausfahrt Schwaz. Von dort führt eine etwas mühselige Landstrasse zum Hochpillberg hinauf.

Gannerhof 141
A-9932 Innervillgraten

Tel. +43 (0)4843 5240
Fax +43 (0)4843 5506
www.gannerhof.at
gannerhof@aon.at
Anfang Juni bis Ende Oktober und Anfang Dezember bis Ende April geöffnet

Preise
EZ 128–145 €
DZ 196–230 €
inklusive Halbpension

Ein altes Bauerngut, vom Grossvater geerbt, vom Enkel zum kleinen Gasthof ausgebaut, wobei die Schale geblieben ist. Aussen der verwitterte Bauernhof, innen stilechte Gemütlichkeit. Mit den Jahren kam eine modern-holzgeprägte Dépendance mit weiteren Gästezimmern hinzu, und die beiden Kinder arbeiten in-

Tirol

Lage: ★★★★☆☆
Auf gut 1400 Meter Höhe im Villgratental, einem bäuerlich geprägten Seitental des Osttiroler Pustertals. Um das Haus viel Wiese, Schafe und Ziegen, Hühner und Schweine aus eigener Landwirtschaft.

Service: ★★★★☆☆
Auf den ersten Blick etwas ruppig, tatsächlich aber liebenswert und jederzeit hilfsbereit.

Zimmer: ★★☆☆☆☆
20 solide, behagliche Zimmer, in denen es nach Holz riecht. Die Zimmer verfügen alle über Balkon und freien Internetanschluss und verteilen sich auf den «Gannerhof» und das benachbarte «Bio-Schupferhaus».

Küche: ★★★★☆☆
Fein zubereitete regionale Spezialitäten. Grosses Angebot an österreichischen Spitzenweinen.

Freizeitangebot: ★☆☆☆☆☆
Sauna. Im Winter Langlaufloipen von der Haustür weg.

Anfahrt: Autobahn bis Innsbruck, dann auf der Brennerautobahn bis Ausfahrt Bressanone, von dort Landstrasse durchs Pustertal Richtung Lienz bis Sillian. Von dort ist Innervillgraten ausgeschildert.

zwischen auch kräftig mit. Was der «Gannerhof» bietet: selbst gebackenes Brot, Lamm aus eigener Aufzucht, die besten Jahrgänge der besten österreichischen Weine und diverse gastronomische Auszeichnungen. Das kam laut der Köchin Monika Mühlmann so: «Am 10. oder 12. September im Jahr 1982 war das Haus voll, und der Koch ist einfach von einem Tag auf den anderen nicht mehr ge-

kommen. Da habe ich mich in die Küche gestellt und bin seither nicht mehr herausgegangen.» Leute mit feinem Geschmack kommen von weit her, um authentisch gut zu essen, zu trinken und zu schlafen. Die Wirtsleute geben sich, wie sie sind, und pflegen im Übrigen eine «nicht auswendig gelernte, sondern eine pur menschliche» Höflichkeit. Gewisse aus Gourmetkreisen eingeschleppte Manieren werden nach und nach abgebaut, denn so Hausherr Alois Mühlemann: «Wenn ich in dein Haus komme, und du bist nur darauf aus, dass du keinen Fehler machst, dass der Kaffee heiss und die Tischdecke weiss genug ist, stört mich das. Lieber ist mir, wenn du mir zuerst einen Platz anbietest, mit mir redest und es für wichtig nimmst, dass ich da bin.»

Ambiance: ★★★★★☆
Ein Berghotel der eigenwilligen Art mit guter Küche und unkomplizierter Gastlichkeit mit Herz.

Italien

Südtirol

Neu Pension Briol 142
I-39040 Barbian-Dreikirchen

Tel. +39 0471 650 125
www.briol.it
info@briol.it
Anfang Mai bis Mitte Oktober
geöffnet

 Preise
EZ 75–105 €
DZ 150–210 €
inklusive Halbpension

Jeder Winkel dieser ehemaligen Sommerfrische-Villa scheint eine Geschichte zu erzählen zu haben. Das für die Gegend total untypische Gebäude im Bauhausstil sieht noch ziemlich genau so aus, wie es der wohlhabende, in moderne Architektur vernarrte Bozener Porzellan- und Seidenhändler Heinrich Settari vor gut achtzig Jahren errichten liess. Heute gehört das Anwesen seiner Urenkelin Johanna von Klebelsberg, die dafür sorgt, dass Briol wie anno dazumal glänzt.

Ambiance: ★★★★★★
Eigenwilliges Berghotel und ein Sehnsuchtsort für ruhebedürftige Grossstädter – so ländlich und nostalgisch, dass die Turbulenzen des Alltags rasch vergessen sind.
Lage: ★★★★★★
Logenplatz über dem Südtiroler Eisacktal, inmitten von Wiesen und Wäldern auf 1310 Meter über Meer mit Blick zu den Dolomiten und ins Grödnertal. Das Hotel ist ausschliesslich zu Fuss (1 Stunde ab Barbian) oder mit dem Geländefahrzeugtaxi zu erreichen (20 Minuten Fahrt ab Barbian).
Service: ★★★★☆☆
Unkompliziert freundlich.

Zimmer: ★★★☆☆☆
13 einfache, stimmungsvoll puristische Zimmer mit knarrenden Holzböden, originalen Waschschüsseln, teils mit originalem Bauhausmobiliar aus den zwanziger Jahren, immer mit Etagenbad. Die Zimmer verteilen sich auf Haupthaus und Dépendance (7 Gehminuten entfernt).
Küche: ★★★★☆☆
Innovative Marktküche und regionale Spezialiäten.
Freizeitangebot: ★☆☆☆☆☆
Freibad. Ausgangspunkt für diverse Wanderungen.

Anfahrt: Brennerautobahn bis Ausfahrt Klausen, dann Landstrasse Richtung Brixen bis Waidbruck und dort rechts nach Barbian abbiegen. Weiter Richtung Sportzone bis zum Parkplatz Briol/Dreikirchen. Von dort zu Fuss in einer guten Stunde zur Pension (480 Höhenmeter, auf Wunsch Gepäcktransport). Oder ab Barbian mit Taxi (Taxi Torggler, Tel. +39 0471 650 004).

Neu Naturhotel Moosmair   143
I-39032 Sand in Taufers

Ahornach 44
Tel. +39 0474 67 80 46
Fax +39 0471 42 31 150
www.moosmair.it
info@moosmair.it
Mitte Mai bis Anfang November und Anfang Dezember bis Mitte April geöffnet

 Preise
EZ 79–135 €
DZ 138–250 €
inklusive Halbpension

Das Tauferer Ahrntal ist für all jene ein Geheimtipp, die dem Massentourismus samt im Winter ausschweifendem Après-Ski aus dem Weg gehen wollen. Diese Bergregion hat in den letzten Jahrzehnten so manche andernorts begangene touristische Sünden vermieden, so dass man hier noch Flecken findet, die ganz der Natur gehören oder von sorgfältiger Bauernhand kultiviert werden. Das «Naturhotel Moosmair» im urigen Bergdorf Sand in Taufers passt bestens ins Gesamtbild, hier vereinen sich Genuss und ein ökologisch ruhiges Gewissen auf vergnügliche Art. Die Natur und alles, was in ihr so nahe liegt, ist die Philosophie dieses Hauses.

Ambiance: ★★★★☆☆
Alles in dem ehemaligen Bauernhof kommt ganz ohne Alpenbarock und verschnörkeltem Country-Kitsch aus und verbreitet ein heiteres «Wohlfühlaroma ohne Geschmacksverstärker», wie es die Gastgeberfamilie Ebenkofler ausdrückt. Die Wahl von wenigen schlichten, natürlichen Materialien und eine besondere Liebe fürs Detail sorgen für ein einladendes Ganzes.

Lage: ★★★★☆☆
Am Südhang hoch über dem Tauferer Ahrntal, auf 1340 Meter Höhe mit Blick auf die Zillertaler Alpen, die Dolomiten und achtzig Dreitausender.

Service: ★★★★☆☆
Familiär freundlich.

Zimmer: ★★★★☆☆
Zwei Dutzend dezent modern gestaltete Zimmer mit Lärchenholzböden, Naturtextilien und Balkonen. Wer es gerne etwas traditioneller mit historischen

Südtirol

Mirabell 144
I-39030 Olang

Tel. +39 0474 496 191
Fax +39 0474 498 227
www.mirabell.it
hotel@mirabell.it
Anfang Juni bis Anfang April geöffnet

Preise
EZ 122–154 €
DZ 202–280 €
Suite 236–374 €
inklusive Halbpension

Holztäfelungen mag, für den gibt es das «Grossvater-» und das «Grossmutterzimmer».

Küche: ★★★★☆☆
Pasta und Knödel, Risotto und Krapfen – hier schwelgt man auf der Basis von regionalen und biologischen Produkten im Genussbereich zwischen der italienischen und der Südtiroler Küche. Auch Vegetarier und Allergiker sind bestens aufgehoben. Alleinreisende treffen sich an der «Freundschaftstafel» im Hotelrestaurant. Als Alternative bietet sich das «Kräuterrestaurant Arcana» in der alten, holzgetäferten Gaststube an, wo in erster Linie Wildkräuter aus ungedüngten Wiesen zu zungenbezaubernden Gerichten verarbeitet werden.

Freizeitangebot: ★★☆☆☆☆
Wellnessbereich mit Blockhaus-Sauna, Kräuter-Schwitzstube. Heu- und Entspannungsbäder, Massagen, Ernährungsberatung, Kräuterheilkunde nach dem Motto: ganzheitliches Wohlbefinden mit reinen Naturprodukten aus der hiesigen Bergwelt. Von Ende Juli bis Ende August kann man sich auf dem Balkon seines Zimmers ein Heubett aus 50 verschiedenen lokalen Heilkräutern herrichten lassen; durch die Körperwärme werden die ätherischen Öle freigesetzt und über die Haut in den Blutkreislauf aufgenommen.

Anfahrt: Brennerautobahn bis Ausfahrt Brixen, dann Landstrasse Richtung Lienz bis Bruneck, dort nach Sand in Taufers abbiegen und im Ort weiter Richtung Rein in Taufers bis Abzweigung Ahornach.

Das «Mirabell» bietet Geborgenheit in berührender Intensität. Alles ist von feinfühliger Hand arrangiert, alles ist hell, alles strahlt eine luxuriöse Freundlichkeit aus. Ziel jedes Aufenthalts in der stilvoll herausgeputzten Chalet-Anlage ist ein ganzheitliches Aufbauprogramm, das im Kern des Körpers beginnt. Man kann hier natürlich auch wandern, golfen oder skifahren – aber vor allem kann man im Haus etwas ganz Besonderes tun: in der sinnlichen Atmosphäre körperlich und seelisch mit sich ins Reine kommen. Ein breites Spektrum an ayurvedischen Behandlungsformen macht es möglich. Nach Konstitutionsanalyse mit Irisdiagnose wird für jeden Gast auf Wunsch eine individuelle Kur aus Massagen, Stirngüssen, Packungen und Bädern zusammengestellt, Ernährungstipps und entsprechende Menüs inklusive.

Ambiance: ★★★★★☆
Komfortables Gesundheitshotel mit sinnlichem Flair.

Lage: ★★★☆☆☆
Ruhig im Dorf, das in der offenen Talweitung des Pustertals auf 1000 Meter über Meer liegt.

Service: ★★★★★★
Das Team rund um Gastgeberin Judith Agstner vermittelt Südtiroler Gastlichkeit in Reinkultur.

Zimmer: ★★★★★☆
55 geräumige Zimmer und Suiten mit viel Gefühl für das richtige Detail.

Küche: ★★★★☆☆
Mix aus mediterraner und Sütiroler Küche. Die täglichen Auswahlmenüs bestehen aus sechs Gängen, die Weinkarte umfasst über 500 Provenienzen. Nachmittags Kuchenbuffet. Auf Wunsch individuell abgestimmte ayurvedische Menüs.

Freizeitangebot: ★★★★☆☆
Wellnessbereich mit Indoor-/Outdoorpool, Saunawelt, Fitnessraum, Ayurveda-Pavillon, zahlreiche Körper- und Beautybehandlungen. Eigene Driving-Range mit Kompaktgolfanlage, Golfkurse für Anfänger und Fortgeschrittene, geführte Wanderungen, Rad- und Nordic-Walking-Touren, Rundfahrten mit einheimischem Naturbegleiter, Verleih von Fahrrädern, Schlitten, Rucksäcken und Teleskopstöcken. Weindegustationen im Haus und in Südtiroler Kellereien. Tägliche Gymnastik- und Entspannungslektionen (Wassergymnastik, Bodystyling, Stretching, Qigong, Yoga usw.). Im benachbarten Tharerhof steht den Hotelgästen ein Reitstall mit Haflingerpferden und Reitlehrer zur Verfügung (gegen Gebühr).

Anfahrt: Brennerautobahn bis Ausfahrt Brixen/Pustertal, dann Landstrasse durchs Pustertal Richtung Bruneck/Toblach/Innichen. In Mitterolang links abbiegen und 150 Meter bis zum Hotel.

Südtirol

Neu Drei Zinnen 145
I-39030 Sexten/Hochpustertal

St.-Josef-Strasse 28
Tel. +39 0474 710 321
Fax +39 0474 710 092
www.hotel-drei-zinnen.com
info@hotel-drei-zinnen.com
Mitte Juni bis Ende September und Mitte Dezember bis Ende März geöffnet

Preise
EZ 76–145 €
DZ 132–270 €
inklusive Halbpension

In einer Gegend, in der sich so mancher Herbergsvater dem pseudoalpinen Kitschbarock verschrieben hat, sticht dieses charaktervolle Hotelgebäude besonders hervor. Es wurde 1930 vom Wiener Architekten Clemens Holzmeister im Stil der «Tiroler Moderne» erbaut und vom Künstler Rudolf Stolz mit Fresken verziert. Das stolze, in den letzten Jahren behutsam erneuerte Haus besticht mit klaren Linien und wohlproportionierten, sonnigen Räumen. Gastgeberin Waltraud Watschinger ist keine coole Managerin, sondern eine charismatische Hausherrin und das beste Beispiel dafür, dass man mit hohem Traditions- und Qualitätsbewusstsein und besonderer Zuwendung zum Gast viel erreichen kann. Ihr «Drei Zinnen» zieht ein bunt gemischtes Publikum aus drei Generationen an und bietet beste Voraussetzungen für ungetrübte Urlaubsfreuden im Hochpustertal.

Ambiance: ★★★★★★
Monument der Südtiroler Hotellerie, das seine Authentizität bis heute bewahren konnte und dennoch mit der Zeit geht.

Lage: ★★★★★☆
Freistehend in einem Garten mit schönem Blick auf die Sextener Dolomiten.

Service: ★★★★★☆
Seit der Eröffnung vor acht Jahrzehnten wacht die Hotelierfamilie Watschinger mit natürlichem Charme über die Abläufe im Haus.

Zimmer: ★★★☆☆☆
35 solide, sehr unterschiedliche Zimmer.

Küche: ★★★★☆☆
Gut gemachte Regionalküche aus vorwiegend heimischen Produkten.

Freizeitangebot: ★☆☆☆☆☆
Sauna, Dampfbad, Freibad. Langlaufloipe und Kinderskilift vor dem Haus.

Anfahrt: Brennerautobahn bis Ausfahrt Brixen/Pustertal, dann Landstrasse durchs Pustertal Richtung Bruneck/Toblach/Innichen. In Innichen nach Sexten abbiegen.

Neu Gasthof Kohlern 146
I-39100 Bozen

Kohlern 11
Tel. +39 0471 329 978
Fax +39 0471 329 966
www.kohlern.com
info@hotelkohlern.com
Ostern bis Anfang Januar geöffnet

 **Preise**
EZ 75–120 €
DZ 110–200 €
inklusive Halbpension

900 Höhenmeter über der Südtiroler Landeshauptstadt gelegen, mit Panoramablick auf Stadt, Etschtal und Dolomitengipfel, ist der Weiler Kohlern mit seinen Jugendstilvillen seit der zweiten Hälfte des 19. Jahrhunderts ein Sommerfrischeparadies für hitzegeplagte Bozener. Hier liegt der 1870 erbaute «Gasthof Kohlern», den die Familie Schrott subtil in die heutige Zeit manövriert hat, so dass hier sowohl nostalgische Gefühle als auch zeitgemässe Wohlfühlatmosphäre aufkommen. Der Journalist Helmuth Luther von der Wiener Tageszeitung «Der Standard» hat das Lebensgefühl so beschrieben: «Die Stille und der Luxus des Zeithabens – zwei Hauptingredienzen, aus denen sich die gemächlichen Tage in Kohlern zusammensetzen. Man muss das nicht mögen, der Durchschnittsgeschmack hat andere Aufstiegshilfen. Den eingefleischten Stammgästen aber scheint dieses überschaubare Leben gerade am besten zu gefallen.»

Ambiance: ★★★★☆
Im alpinen Jugendstil erbautes Herrenhaus. Man wohnt mitten in einer Postkartenidylle und überblickt weite Teile des Südtirols, nichts stört die himmlische Ruhe. Das hatte schon vor hundert Jahren seinen Reiz – und daran hat sich nichts geändert.

Lage: ★★★★★★
Auf dem Kohlerberg, einem weiten, sonnigen Hochplateau über der Stadt Bozen, auf 1130 Meter über Meer. Zu erreichen ist das Hotel entweder über eine Serpentinenstrasse oder mit der ältesten Schwebeseilbahn der Welt (der «Gasthof Kohlern» liegt 3 Gehminuten von der Bergstation entfernt).

Service: ★★★☆☆
Freundlich familiär.

Zimmer: ★★☆☆☆
16 solide, sehr unterschiedliche, mit viel Liebe fürs Authentische eingerichtete Zimmer ohne Fernseher, ohne Telefon und ohne Minibar.

Südtirol

Küche: ★★★★☆☆
Authentische, fein zubereitete Südtiroler Gerichte, serviert in der stimmigen Stube mit Kachelofen oder auf der luftigen Veranda mit fulminantem Weitblick. Sehr gutes Weinangebot.
Freizeitangebot: ★★☆☆☆☆
Kleiner Wellnessbereich mit Aussenpool, Whirlpool, Sauna, Körper- und Beautybehandlungen. Kostenloser Mountainbike-Verleih.

Anfahrt: Brennerautobahn bis Ausfahrt Bozen Nord, rechts abbiegen und immer Richtung Bozen Zentrum bis zur Kreuzung mit Kreisverkehr, hier links abbiegen, nach der Autobahnunterführung rechts halten und links an der Talstation der Kohlerer Seilbahn vorbei. Dann 9 Kilometer auf einer kurvenreichen Bergstrasse hinauf nach Kohlern. Der Gasthof liegt etwas versteckt nach dem Ortsende-Schild direkt neben der Kapelle.

Bad Schörgau 147
I-39058 Sarnthein im Sarntal

Tel. +39 0471 62 30 48
Fax +39 0471 62 24 42
www.bad-schoergau.com
info@bad-schoergau.com
Ganzjährig geöffnet

 **Preise**
EZ 83–111 €
DZ 166–222 €
Suite 230 €
inklusive Frühstück

Wärme. Die Wärme der Farben, der Möbel. Die Wärme des Lichts. Holzbehaglichkeit, Terrakottasattheit. Aus der Kälte der Alltagswelt kommend, umschmeichelt den Fremden die Wärme dieses ökologisch bewussten Hotels ohne weitere Umstände. Das gepflegte Haus setzt ganz auf die Sinnlichkeit natürlicher Materialien, den Charme architektonischer Schlichtheit und den leisen Genuss im angedeuteten Luxus. Die Gastgeberfamilie Wenter legt Wert auf die Kraft des Einfachen und die Liebe zum Detail, die von den Zimmern über die beiden Restaurants bis in die Räumlichkeiten der kleinen «Alpinen Wellness» spürbar ist. Das Gefühl des Zuhauseseins stellt sich ganz von selbst ein.

Ambiance: ★★★★★★
Das gelungene Zusammenspiel von zeitgemässem Design und erprobter traditioneller Wohnkultur

ergeben ein besonders reizvolles, grosszügiges Wohnambiente.
Lage: ★★★☆☆
Ruhig am Waldrand, inmitten der Natur- und Bergwelt des urigen Sarntals.
Service: ★★★★★★
Die Gastgeberfamilie, bestehend aus vier Menschen mit Sinn für das Gute und Schöne, sorgt mit Feingefühl und nicht nachlassendem Engagement für den reibungslosen Aufenthalt jedes einzelnen Gastes.
Zimmer: ★★★★★☆
Liebevoll gestaltete Zimmer und Suiten mit flauschigen Betten.
Küche: ★★★★★☆
Sowohl im Gourmetrestaurant als auch im Weinbistro werden Naturprodukte mit Sorgfalt und Kreativität behandelt. Im Keller wird

🆕 Romantikhotel Turm 148

I-39050 Völs am Schlern

Kirchplatz 9
Tel. +39 0471 725 014
Fax +39 0471 725 474
www.hotelturm.it
info@hotelturm.it
Ende April bis Anfang November und Mitte Dezember bis Ende März geöffnet

Preise
EZ 113–155 €
DZ 174–316 €
Suite 258–366 €
inklusive Frühstück

Die labyrinthisch angelegte Hotelanlage ist ein Traum für Ästheten und ein Alptraum für Orientierungsschwache. Überall führen Treppen zu neuen Gebäudeflügeln und Räumen. Überall gleichermassen spürbar ist die sichere Hand des Architekten. Jedes der vierzig Zimmer ist anders, keines ist langweilig. Alt und neu ergänzen sich aufs Beste. Das Restaurant bietet eine kreative leichte Küche zusammen mit einer hervorragenden Weinauswahl, der Wellnessbereich beeindruckt mit sinnlicher Inszenierung. Die Sammlung bedeutender Originalkunstwerke, die sich unaufdringlich und ganz selbstverständlich auf zahlreichen Stockwerken verteilt, würde in manchem Museum für Furore sorgen. Und wie immer steckt hinter einem

Südtirols und Italiens Weinkultur gepflegt.
Freizeitangebot: ★☆☆☆☆
Kleiner Wellnessbereich mit Sauna und diversen Körper- und Beautybehandlungen.

Anfahrt: Über die Brennerautobahn bis Ausfahrt Bozen Süd, dann Richtung Sarntal. Das Hotel liegt kurz vor Sarnthein (18 km ab Bozen) und ist ausgeschildert

Südtirol

derartigen Hotel-Gesamtkunstwerk keine Beratungsfirma, sondern ein Gastgeber mit Stil, Herz und Geschmack. Stefan Pramstrahler wacht mit nicht nachlassendem Engagement darüber, dass man sich in seinem Reich bestens umsorgt fühlt und dass sein «Turm» ein im besten Sinne eigenwilliges Hotel bleibt.

Ambiance: ★★★★★★
Der spezielle Mix aus zeitgemässem Design und alpinem Pragmatismus fasziniert junge Trendsetter ebenso wie gutbürgerliche Wanderfreunde.

Lage: ★★★★☆☆
Mitten im Dorf, mit weitem Ausblick in die Bergwelt.

Service: ★★★★☆☆
Das Hotelteam passt sich individuell dem Pulsschlag der Gäste an.

Zimmer: ★★★★☆☆
40 sehr unterschiedliche, vorwiegend modern eingerichtete Zimmer und Suiten.

Küche: ★★★★★☆
Zeitgemässe Marktküche, legendärer Weinkeller.

Freizeitangebot: ★★☆☆☆☆
Sinnlich inszenierter Wellnessbereich mit Freibad (im Winter 32 Grad), Whirlpool, Sauna, Salzgrotte, zahlreiche Körper- und Beautybehandlungen. Kochkurse. Besichtigung führender Südtiroler Winzerbetriebe.

Anfahrt: Brennerautobahn bis Ausfahrt Blumau, dann Landstrasse Richtung Seis bis Völs.

Neu Icaro 149
I-39040 Seiser Alm

Piz 18/1
Tel. +39 0471 7299 00
Fax +39 0471 7299 99
www.hotelicaro.com
info@hotelicaro.com
Ganzjährig geöffnet

Preise
EZ 106–183 €
DZ 192–358 €
Suite 232–376 €
inklusive Halbpension

Icaro, Ikarus – der Name ist in diesem rustikal-modernen Berghotel ganz oben auf der Seiser Alm Programm. Die Bergkulisse der Dolomiten (Unesco-Weltnaturerbe!) überwältigt. Im Sommer liegt das Haus mitten im Wander- und Blumenparadies, im Winter auf den Skipisten. Hausherr Walter Sattler kümmert sich um das Wohlergehen seiner Gäste, wann immer diese es wünschen, und lässt sie teilhaben an seiner Liebe zu dieser wunderbaren Landschaft und zu den Sehenswürdigkeiten, welche die Gegend zu bieten hat. Geduldig erklärt er die besten Wander- und Mountainbike-Routen und weist auf Kraftorte und Eigenheiten der Natur hin; regelmässig führt er die Hotelgäste auch selber in die Bergwelt.

Ambiance: ★★★☆☆☆
Fantastisch gelegenes, ganz und gar unprätentiöses Alpendomizil

Seiser Alm
Urthaler 150
I-39040 Seiser Alm
Tel. +39 0471 7279 19
Fax +39 0471 7278 20
www.seiseralm.com
info@seiseralm.com
Mitte bis Ende April sowie November geschlossen

Preise
EZ 150–246 €
DZ 242–338 €
Suite 338–436 €
inklusive Halbpension

für Naturliebhaber, Wanderer und Skifahrer.
Lage: ★★★★★★
In atemberaubender Natur auf dem weitläufigen Hochplateau der Seiser Alm auf 1910 Meter über Meer, zu Füssen des Schlernmassivs.
Service: ★★★★☆☆
Freundlich familiär.
Zimmer: ★★★★☆☆
Helle, angenehme, teilweise etwas banal eingerichtete Zimmer, alle mit Balkon und Panoramablick auf die Dolomiten.
Küche: ★★☆☆☆
Südtiroler und italienische Spezialitäten.
Freizeitangebot: ★☆☆☆☆
Kleiner Wellnessbereich mit Hallenbad, Aussen- und Innen-Whirlpool, Sauna, Dampfbad, Massagen und Beautybehandlungen. Geführte Ski- und Schneeschuhtouren im Winter, Bergwanderungen, Nordic Walking und Blumensafaris im Sommer. Im Winter Ski-in-Ski-out gleich vor dem Haus.

Anfahrt: Brennerautobahn bis Ausfahrt Klausen/Grödner Tal, Landstrasse Richtung Bozen bis Waidbruck, dann links Richtung Seiser Alm/Schlerngebiet. 10 Kilometer immer den Berg hinauf, dann nochmals links abbiegen Richtung Seiser Alm, von dort sind es noch 14 Kilometer bis zum Hotel.

Der allgegenwärtige Duft des Holzes entspannt, beruhigt, belebt. Die natürliche Holzbauweise des schlicht-modernen, 2002 eröffneten Gebäudes schafft ein besonderes Wohlgefühl. Verwendet wurde Holz aus einer besonderen Mondphase, das äusserst widerstandsfähig ist und keiner chemischen Behandlung bedarf. Auch auf Anstriche, Lacke und andere chemische Stoffe wurde gänzlich verzichtet. Architektonisch galt die Devise «Reduktion auf das Wesentliche», jedes Einrichtungsstück mit einem Sinn im Ganzen. Das Lebensgefühl ist jung und sportlich – viele norditalienische Familien mit Kindern verbringen in diesem naturnahen, unkomplizierten Fünfsternehotel ihre Ferien.

Ambiance: ★★★★★☆
Das Hotel strahlt eine Atmosphäre von Gelassenheit und Harmonie aus, die in der dynamischen Ver-

Südtirol

Küche: ★★☆☆☆
Rustikale und mediterrane Gerichte aus regionalen Frischprodukten im Hotelrestaurant und in der «Urthaler Stube». Nachmittags herrliches Kuchenbuffet.

Freizeitangebot: ★★☆☆☆
Wellnessbereich mit Hallenbad, Freibad, Saunawelt, Whirlpool, Fitnessraum, klassische Massagen und Kosmetikbehandlungen. Betreute Bewegung innen und aussen, geführte Wanderungen, professionelle Kinderbetreuung, hauseigene Skischule, Mountainbikes. Wander- und Velowege, Skipisten und Langlaufloipen vor der Haustür.

Anfahrt: Brennerautobahn bis Ausfahrt Klausen/Grödner Tal, Landstrasse Richtung Bozen bis Waidbruck, dann links Richtung Seiser Alm/Schlerngebiet. 10 Kilometer immer den Berg hinauf, dann links abbiegen Richtung Seiser Alm und von dort 12 Kilometer bis zum Hotel.

bindung von Architektur und Umgebung begründet liegt.

Lage: ★★★★☆☆
Auf dem weitläufigen Hochplateau der Seiser Alm auf 1850 Meter über Meer, zu Füssen des Schlernmassivs und wenige Schritte zur Bergstation der Seilbahn. Rund ums Haus ist im Sommer viel Wandertourismustrubel, im Winter viel Skizirkus.

Service: ★★★★☆☆
Das freundliche Team lässt stets gute Laune aufkommen.

Zimmer: ★★★★★★
Die 54 Zimmer und Suiten präsentieren sich jenseits von Alpenkitsch in ästhetischer Klarheit und sind alle mit Naturmöbeln, Holzfussböden und handgeknüpften Wollteppichen ausgestattet. Grosszügige Bäder und Balkone.

Berghotel Zirmerhof   151
I-39040 Radein

Tel. +39 0471 8872 15
Fax +39 0471 8872 25
www.zirmerhof.com
info@zirmerhof.com
Anfang Mai bis Anfang November und 26. Dezember bis Anfang Januar geöffnet

Preise
EZ 95–122 €
DZ 190–280 €
Suite 280–320 €
inklusive Halbpension

Wanderfreunde und alle, die jene frische Luft und jenes Licht suchen, die es nur in den Bergen gibt, sind hier anzutreffen. Auch die Ruhe ist im «Zirmerhof» noch spürbar – fern vom Massentourismus hat die Gegend von Radein ihre ursprüngliche Schönheit bewahrt. Als sich der prächtige Gutshof im Jahr 1890 den Reisenden öffnete, waren es zuerst die Aristokraten und Wissenschaftler aus Wien und Berlin, welche die heilsame Wirkung der alpinen Landschaft und den Charme des Hauses entdeckten. Der Komfort hat in den letzten Jahren zu-, die Tradition aber nicht abgenommen. Einige hundert Jahre bäuerlicher Geschichte stecken in Gebälk und Gewölben, in der Tiroler «Stube», in der Bibliothek und in weiteren stilvollen, getäferten Räumen mit Kachelöfen oder offenen Kaminen. Die Küche vereint Naturverbundenheit mit Freude am Geniessen – verlässlichste Lieferanten sind

der angeschlossene Bauernhof sowie das eigene Wein- und Obstgut unten im Tal. Der «Zirmerhof»-Naturpark mit seinem Lehrpfad öffnet einem Augen und Ohren

Südtirol

für wichtige Zusammenhänge einer intakten alpinen Naturlandschaft. Im hauseigenen Reitstall stehen Haflingerpferde, mit denen man (auf Wunsch geführte) Ausritte unternehmen kann.

Ambiance: ★★★★★★
«In der Natur und mit der Natur» – so schreibt der «Zirmerhof» seit vielen Generationen Bauern- und Hoteliersgeschichte. Das Zusammenspiel zwischen Berghotel,

Land- und Weinwirtschaft sowie der Naturlandschaft ermöglicht natürliche Kreisläufe. Aus dem Holz der eigenen Wälder entsteht Biowärme. Die Freilaufhaltung der Tiere und die natürliche Fütterung garantieren bestes Fleisch. Naturnahe Bewirtschaftung des Wein- und Obstguts sorgt für gesunden Trinkgenuss und hochwertige Früchte.

Lage: ★★★★★★
Hoch über dem Etschtal, auf der Radeiner Sonnenterrasse auf 1566 Meter über Meer, mit Blick zu den vergletscherten Gipfeln des Ortlergebirges und über hundert weiteren Spitzen von Brenta, Presanella, Adamello bis zu den Ötztaler und Stubaier Alpen.

Service: ★★★★★☆
Alles ist echt, nichts ist falsch im «Zirmerhof» – auch die Gastfreundschaft: Man wird im wahrsten Sinn des Wortes wie ein Freund des Hauses empfangen.

Zimmer: ★★☆☆☆
30 einfache, aber gemütliche Zimmer, 5 Suiten, 3 Ferienhütten. Fernseher im Zimmer gibt es nicht, dafür ein grandioses Bergpanorama vor den Fenstern.

Küche: ★★☆☆☆
Österreichische und italienische Spezialitäten, mit Produkten aus der eigenen Landwirtschaft.

Freizeitangebot: ★★☆☆☆
Geführte Bergtouren. Eigene Reitpferde und Fahrräder. Freibad, Sauna, Dampfbad, Massagen. Golf Driving Range am Haus (Golfplatz 20 km entfernt). Weinverkostungen und önologische Lehrgänge. Hauskonzerte.

Anfahrt: Nach Innsbruck und über den Brenner via Bozen Richtung Trento bis zur Ausfahrt Neumarkt/Auer. Von dort Richtung Cavalese-Cortina bis Kaltenbrunnen (15 km), am Ortsende links ab nach Redagno (weitere 7 km).

Neu **Hohenwart** 152
I-39017 Schenna bei Meran

Verdinserstrasse 5
Tel. +39 0473 944 400
Fax +39 0473 945 996
www.hohenwart.com
info@hohenwart.com
Mitte März bis Ende November und Mitte Dezember bis Anfang Januar geöffnet

Preise
EZ 91–148 €
DZ 234–318 €
Juniorsuite/Suite 260–384 €
inklusive Halbpension

Organisch gewachsener Familienbetrieb an bester Aussichtslage. Der Slogan «Zuhause bei Freunden» ist hier kein hohler

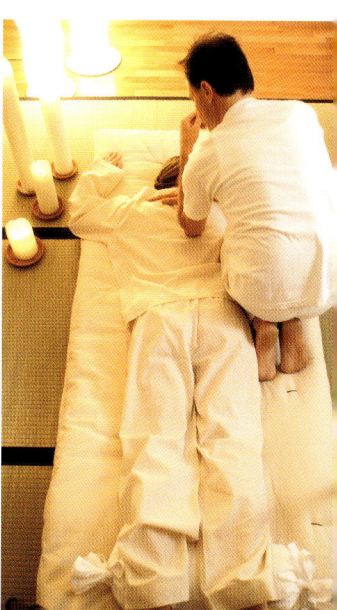

Werbespruch, sondern täglich für den Gast erlebbar.

Ambiance: ★★★★☆☆
Klassiker der Südtiroler Ferienhotellerie, mit schöner Gartenanlage, holzgetäfelten Stuben und vielfältigem Aktivprogramm für Erwachsene und Kinder.

Lage: ★★★★★★
Ruhig auf einem Sonnenbalkon über Meran, mit weitem Ausblick auf die Hügellandschaft und die Dreitausender der Texelgruppe.

Service: ★★★★★☆
Aufmerksam und mit sichtlicher Liebe von der Besitzerfamilie geführt.

Zimmer: ★★★☆☆☆
Die 90 Zimmer und Suiten verteilen sich auf das Stammhaus und die beiden (unterirdisch damit verbundenen) Dépendancen. Die meisten Zimmer haben einen tollen Ausblick und Balkon, sind aber teilweise etwas ältlich und banal eingerichtet.

Küche: ★★☆☆☆
Es wird auf klassisch-regionaler Basis mit italienischen Einflüssen gekocht.

Freizeitangebot: ★★★★☆☆
Wellnessbereich mit Hallenbad, Freibad, Whirlpool, Saunawelt, Fitnessraum, zahlreiche Körper- und Beautybehandlungen. Täglich Gymnastik- und Entspannungslektionen. Geführte Wanderungen, Mountainbike-Verleih und -Touren, Nordic Walking, breites Aktivitäten- und Unterhaltungsprogramm. Familieneigener Reitstall in Hafling (geführte Ausritte, Reitunterricht), Tennisplatz (auf Wunsch mit Trainerstunden). Sehr gute Kinderbetreuung in den Ferienzeiten mit vielfältigen Aktivitäten, Kinderspielplatz, Spielzimmer.

Anfahrt: Brennerautobahn bis Ausfahrt Bozen Süd, Schnellstrasse nach Meran bis Ausfahrt Meran Süd, dann Landstrasse nach Schenna. Das Hotel ist ausgeschildert.

 **Pergola Residence** 153

I-39022 Algund bei Meran
St. Kassianweg 40
Tel. +39 0473 201 435
Fax +39 0473 201 419
www.pergola-residence.it
info@pergola-residence.it
Ganzjährig geöffnet

Preise
Suite für 2 Personen 220–280 €
Suite für 4 Personen 360–380 €
ohne Frühstück (20 € pro Person)

Wer einmal in den grosszügig dimensionierten Räumen der «Pergola Residence» weilte, wird sich nur ungern wieder an ein gewöhnliches Hotel mit Normmassen gewöhnen. Geboten wird zunächst einmal Raum, Raum und noch mehr Raum. Dem renommierten Südtiroler Architekten Matteo Thun, der auch das nahe gelegene Luxushotel «Vigilius» und die neue Therme Meran gestaltet hat, ist mit diesem Edel-Guesthouse ein kleines Kunstwerk gelungen. In den vierzehn lichtdurchfluteten, unaufdringlich avantgardistisch gestalteten Residenzen mit riesigen Terrassen und weitem Blick über das ganze Etschtal fühlt man sich wie auf einer Luxusjacht. Der Minimalismus des Interieurs mindert keinesfalls ein maximales Vergnügen, er fördert hier gewissermassen die Konzentration auf das Wesentliche. Hier ist man auf zeitgemässe Art im Einklang mit der Natur –

Südtirol

die Schnittstellen zwischen aussen und innen erscheinen fliessend. Zwar gibt es kein Restaurant im Haus, doch in den benachbarten Orten herrscht kein Mangel an empfehlenswerten Lokalen, und die Gastgeberin gibt ihr Insiderwissen gerne an ihre Gäste weiter.
Ambiance: ★★★★★★
Holz, Stein und Glas sind die prägenden Baumaterialien, die durchwegs aus der Region stammen. Umweltverträglich ist auch die Architektur: Eleganter und optisch diskreter lässt sich kaum ein Gebäude in den terrassierten Weinberg bauen. Fast hat man das Gefühl, dass die Weinberge nachträglich um das Haus herum angelegt worden wären.
Lage: ★★★★★★
Die Anlage wurde inmitten eines Weinbergs an einen Hang mit zwölf Metern Höhenunterschied gebaut. Wenige Autominuten von Meran entfernt.
Service: ★★★★☆☆
Freundlich und hilfsbereit.
Zimmer: ★★★★★★
14 luxuriöse, gekonnt reduziert gestylte Suiten mit 60 Quadratmeter Wohnfläche, jeweils mit Wohnraum, Schlafzimmer, voll ausgestatteter Küche, Holzböden und raumhohen Glasfronten zur grossen Terrasse. Teilweise «Connecting Rooms» mit zwei verbundenen Wohneinheiten, jede davon mit eigenem Eingang, jede mit eigenem Bad, eine davon mit Küche und Terrasse – um nach Bedarf getrennt und trotzdem stets nah zu sein, individuell und trotzdem gemeinsam.
Küche:
Kein Restaurant im Haus. Feines Frühstück aus biologischen, hochwertigen Zutaten der Region.
Freizeitangebot: ★☆☆☆☆☆
Kleines Hallenbad, Sauna.

Anfahrt: Über die Brennerautobahn bis Ausfahrt Bozen Süd, Schnellstrasse Richtung Meran bis Ausfahrt Algund (nach Ausfahrt Marling/Meran), dann rechts abbiegen in die Josef-Weingartner-Strasse Richtung Meran. Nach der Tankstelle auf der linken Seite abbiegen in die Alte Landstrasse. Von dort aus der Beschilderung «Pergola» folgen.

Neu **Der Küglerhof 154**
I-39019 Dorf Tirol bei Meran

Haslach Strasse 82
Tel. +39 0473 923 399
Fax +39 0473 923 699
www.kueglerhof.it
info@kueglerhof.it
Mitte März bis Anfang November geöffnet

Preise
EZ 135–180 €
DZ 198–320 €
Juniorsuite 250–385 €
inklusive Halbpension

Die Besitzerfamilie Dilitz hat das Hotel mit viel Liebe und Individualität eingerichtet. Es wirkt zwar sehr südtirolerisch, aber zugleich auch modern und reduziert, zudem steckt viel Persönlichkeit in allen Räumen und Zimmern. Der «Küglerhof» ist das ruhigste Hotel in Dorf Tirol, weit weg von jeder Durchfahrtsstrasse und vom touristischen Trubel, inmitten eines parkartigen Geländes mit Panoramablick auf Meran, das Etschtal und die Berge gelegen. Wo immer möglich, wird die wunderbare Naturkulisse ins Haus geholt. Das Drinnen ist draussen und das Draussen drinnen. Alles verschmilzt, nichts lässt sich künstlich trennen.

Ambiance: ★★★★★☆
Eleganter Familienbetrieb im zeitgemässen Landhausstil.
Lage: ★★★★★★
Am Sonnenhang über dem Dorfzentrum.

Service: ★★★★★☆
Die Mitarbeiter sind freundlich und kompetent, ohne dass man das Gefühl hat, auf Schritt und Tritt bedrängt zu werden.
Zimmer: ★★★★★☆
Behagliche, komfortable Zimmer und grosszügige Juniorsuiten.
Küche: ★★★☆☆☆
Südtiroler Spezialitäten und leichte mediterrane Gerichte aus heimischen Frischprodukten.
Freizeitangebot: ★★☆☆☆☆
Kleiner Wellnessbereich mit Freibad, Saunawelt, Whirlpool, diverse Körper- und Beautybehandlungen.

Anfahrt: Brennerautobahn bis Ausfahrt Bozen Süd, Schnellstrasse nach Meran bis Ausfahrt Meran Süd, dann Landstrasse Richtung Öztal/Fernpass bis Abzweigung Dorf Tirol. In Dorf Tirol Richtung Seilbahnstation Hochmut und 100 Meter über der Station rechts zum Hotel abbiegen.

Südtirol

Neu Erika 155
I-39019 Dorf Tirol bei Meran

Tel. +39 0473 926 111
Fax +39 0473 926 100
www.erika.it
info@erika.it
Mitte April bis Anfang November geöffnet

Preise
EZ 191–171 €
DZ 254–362 €
Juniorsuite/Suite 378–462 €
inklusive Vollpension

Auf dem Sonnendeck des Lebens: eine traumhafte Lage hoch über Meran, dazu ein grosszügiger Wellnessbereich und fröhlich stimmende Zimmer. Das Motto des Gastgeberpaars Erika und Pepi Nestl lautet: «Glücklich ist, wer glücklich macht.» Das Interieur verfügt durch die warmen Farben und natürlichen Materialien über einen hohen Gemütlichkeitsfaktor. Die Dekorationen der Hausherrin sind fast schon legendär: So soll kein Ferientag dem anderen gleichen; jeder Tag hat hier seine Farbe – von der Kleidung der Mitarbeiter bis zur Tischwäsche ist alles auf die Tagesfarbe abgestimmt.

Ambiance: ★★★★★☆
Südtiroler Ferien- und Wellnesshotel wie aus dem Bilderbuch.
Lage: ★★★★★★
Am Dorfrand, mit grossartigem Panoramablick auf Meran und die Berge.
Service: ★★★★★☆
Trotz ständig ausgebuchtem Haus charmant, bescheiden und liebenswürdig.
Zimmer: ★★★★★☆
63 freundliche, grösstenteils geräumige Zimmer und Suiten, alle mit Balkon. Sehr schön sind die neuen Zimmer der Kategorie «Olive» (38 Quadratmeter), in denen sich alles um das Thema Olive dreht.

Küche: ★★★★☆☆
Gut zubereitete Südtiroler Küche und mediterrane Spezialitäten in behaglichen Stuben und auf herrlichen Terrassen. Mittags Wellnessbuffet mit Antipasti, Salaten, Suppen und jeweils einem warmen Gericht. Nachmittags Kuchenbuffet. Bemerkenswerter Weinkeller mit über 550 Positionen (vorwiegend aus Italien) zu ausgesprochen gastfreundlichen Preisen.

Freizeitangebot: ★★★★☆☆
Grosser Wellnessbereich mit 4 Innen- und Aussenschwimmbädern in diversen Temperaturen, Saunawelt, Fitnessraum, zahlreiche Körper- und Beautybehandlungen. 2 Aussen-Sandtennisplätze und 3 Beachvolleyball-Plätze mit Flutlicht 50 Meter vom Hotel entfernt, Bogenschiessen, Fahrräder, geführte Wanderungen, Rad- und Nordic-Walking-Touren, betreuter Actionsport in den umliegenden Bergen und Flüssen (kostenpflichtig), Weindegustationen, Kinderbetreuung an sechs Tagen die Woche (ab 3 Jahren), Kids Club mit Bastelecke, Kletterwand, Riesentrampolin, Videoraum, Aussenspielplatz. Täglich Gymnastik- und Entspannungslektionen.

Anfahrt: Brennerautobahn bis Ausfahrt Bozen Süd, Schnellstrasse nach Meran bis Ausfahrt Meran Süd, dann Landstrasse Richtung Öztal/Fernpass bis Abzweigung Dorf Tirol. Die Einfahrt zum Hotel liegt an der Hauptstrasse im Dorf.

Stella d'Italia   156
I-22010 San Mamete Valsolda

Tel. +39 0344 68139
Fax +39 0344 68729
www.stelladitalia.com
info@stelladitalia.com
Anfang April bis Mitte Oktober
geöffnet

 Preise
EZ 90–135 €
DZ 120–160 €
Dreibettzimmer 170–200 €
ohne Frühstück (10 € pro Person)

Das «Stella d'Italia» ist genau die Art von Landhotel, die man gerne seinen Freunden vorführt. Es liegt am italienischen Ufer des Luganersees und vollbringt das Kunststück, drei Gästegenerationen zufriedenstellen zu können. Gastgeber Mario Ortelli liebt sein Metier und versteht es, eine wohlige, familiäre Atmosphäre zu schaffen. Das Innenleben des 1910 eröffneten Dreisternehauses verdankt seinen Charme der – auf eine nette Art – altmodischen Einrichtung, seinen Blümchentapeten, seinen kupfernen Nippsachen, hübschen Blumensträussen und Ölbildern. Der Garten mit Zitronenbäumen, Platanen und Palmen sowie plätscherndem Brunnen lädt zu einem Prosecco oder zu hausgemachter Pasta ein, der kleine Privatstrand neben dem Bootsanlegeplatz von San Mamete zum (Sonnen-)Baden. Abends schleicht sich tiefes Glück in die Seele – und morgens, beim Frühstück, munteres Wohlbefinden in den Magen. Man hört die Wellen ans Ufer plätschern, schaut auf die mediterran anmutende Landschaft und wird seine Wanderung ins nahe Tessin oder seinen Tagesausflug in einen der botanischen Gärten am Comersee verschieben. Weil es hier so schön ist, dass man lieber verweilt.

Ambiance: ★★★★☆☆
Liebevoll gepflegter Familienbetrieb mit charmant altmodischem Ambiente.

Lage: ★★★★★☆
Im Dorfzentrum und direkt am italienischen Luganerseeufer, 9 Kilometer östlich von Lugano.

Service: ★★★★★☆
Der Padrone versteht es in bester italienischer Herzlichkeit, jedem Gast das Gefühl zu vermitteln, er sei ganz besonders willkommen.

Zimmer: ★★☆☆☆
34 freundliche, eher einfache Zimmer, viele mit eigenem Balkon und Seeblick. Die Südzimmer im alten Haupthaus sind die schönsten.

Küche: ★★★★★☆
Die tadellos zubereiteten Fische, die hausgemachte Pasta, der feine Risotto erfreuen sich auch bei den Einheimischen grosser Beliebtheit. Verträumte Kiesterrasse, die von Rosen und wildem Wein überschattet wird.

Freizeitangebot: ★☆☆☆☆
Kleiner Privatstrand.

Anfahrt: Autobahn Bellinzona–Chiasso bis Ausfahrt Lugano Nord, Lugano durchqueren Richtung Castagnola/St. Moritz, dann Landstrasse am nördlichen Seeufer via Gandria nach San Mamete. Das Hotel liegt an der Seestrasse im Dorfzentrum.

Albergo San Giorgio   157

I-22019 Lenno-Tremezzo

Via Regina 81
Tel. +39 0344 40415
Fax +39 0344 41591
www.sangiorgiolenno.com
sangiorgio.hotel@libero.it
Anfang April bis Mitte Oktober geöffnet

 Preise
EZ 100–110 €
DZ 125–160 €
ohne Frühstück (10 € pro Person)

Kein Zweifel: Dies ist ein magischer Ort, verzaubert. Dort, wo der Comersee sich weit öffnet und als Meisterwerk der Natur präsentiert, am Westufer gegenüber der Halbinsel von Bellagio, versteckt sich hinter uralten Bäumen das Dreisternehotel «Albergo San Giorgio». Die Gartenanlage voller Glyzinien, Magnolien und Olivenbäume endet im Wasser, der Ausblick auf den heiter-anmutigen See und die wilde Gebirgsszenerie ist ein Fest für die Augen. «Als hätte der liebe Gott einen Feng-Shui-Kurs besucht», befindet ein Gast. Drei Generationen lang hat hier das Familienunternehmen Cappelletti allen Wechselfällen des Schicksals standgehalten. Die beiden miteinander verbundenen Hotelgebäude präsentieren sich nach aussen rührend unzeitgemäss, auch die Salons, die Loggia und die 26 Zimmer sind unverschämt altmodisch, aber gepflegt und voller Italianità. Die Abfahrtsstelle der Schiffe nach Bellagio, Varenna und Como liegt hundert Meter nah, am südlichen Ende der Bucht von Tremezzina lockt der geschichtsträchtige Park der «Villa del Balbiannello». Wanderer kommen in der Region ebenso auf ihre Rechnung wie Segler und Surfer, und in den Dörfern entlang der Via Antica Regina taucht man ein in ein Openair-Museum, in dem sich zahllose Villen an (verblichenem) aristokratischem Glanz und verschwenderischer Dekadenz überbieten.

Ambiance: ★★★★★★
Alles wirkt so, als sei hier die Zeit schon immer etwas langsamer vergangen. Die Atmosphäre ist so

entspannt, dass man sich kaum wie in einem Hotel fühlt.
Lage: ★★★★★★
In einer hübschen Gartenanlage mit direktem Seeanstoss.
Service: ★★★★☆☆
Freundlich familiär, mit kleinen Nachlässigkeiten.
Zimmer: ★★★☆☆☆
26 eher einfache, aber zumeist grosse, mit Antiquitäten möblierte Zimmer. Alle mit Balkon, viele mit Blick auf die Bucht von Tremezzina. Die Zimmer zur Strasse sind etwas laut.
Küche: ★★★☆☆☆
Lombardische Spezialitäten, köstliche Pasta. Restaurant nur für Hotelgäste.
Freizeitangebot: ★☆☆☆☆☆
Privatstrand, Tennisplatz, Kinderspielplatz.

Anfahrt: Autobahn Bellinzona–Chiasso bis Ausfahrt Lugano Nord, Lugano durchqueren Richtung Castagnola/St. Moritz, dann Landstrasse am nördlichen Luganerseeufer via Gandria nach Menaggio. Von dort Richtung Como bis Lenno (direkt nach dem Ort Tremezzo).

Belvedere 158
I-22021 Bellagio

Via Valassina 31
Tel. +39 031 95 04 10
Fax +39 031 95 01 02
www.belvederebellagio.com
belveder@tin.it
Mitte April bis Ende Oktober
geöffnet

Preise
EZ 146–160 €
DZ 236–360 €
Suite 460–520 €
inklusive Frühstück

Mit der Fähre ab Menaggio hinfahren und schauen, schauen, schauen: Bellagios Lage an der Gabelung des Sees ist schöner als jeder Ferienprospekt. An manchen Sommerwochenenden kann das adrette Dörfchen mit der gross orchestrierten Uferpromenade den stillen Geniesser jedoch in die Flucht schlagen – zumindest tagsüber wird es von Touristen überschwemmt. Dreihundert Meter ausserhalb des Dorfzentrums, in einer terrassenförmig abfallenden Gartenanlage, versteckt sich das «Belvedere». Das behutsam modernisierte Hotel wird seit 1880 von starken Frauen der Martinelli-Familie geführt, derzeit von Tiziana Martinelli, deren Tochter Giulia sich bereits darauf vorbereitet, die fünfte Generation im «Belvedere» zu repräsentieren.

Ambiance: ★★★★☆☆
Elegante und zugleich entspannte Atmosphäre mit einem Hauch Italianità. Man spürt die individuelle Gastlichkeit eines «gewachsenen» Familienbetriebs, der mit den Anforderungen der heutigen Zeit Schritt hält.

Lage: ★★★★★☆
Ruhig in einer Gartenanlage mit schönem Ausblick auf See und Berge.

Service: ★★★★★☆
Freundlich, individuell, aufmerksam. Gastgeberin Tiziana

Martinelli kann kaum ein Wunsch aus der Fassung bringen.

Zimmer: ★★★★☆☆
59 komfortable, helle Zimmer und 5 Suiten, verteilt auf drei Gebäude.

Küche: ★★★☆☆☆
Gut gemachte lombardische Gerichte.

Freizeitangebot: ★☆☆☆☆☆
Kleiner Wellnessbereich mit Freibad, Sauna, Dampfbad, Massagen und Beautybehandlungen.

Anfahrt: Autobahn Bellinzona–Chiasso bis Ausfahrt Lugano Nord, Lugano durchqueren in Richtung Castagnola/St. Moritz, dann Landstrasse am nördlichen Luganerseeufer via Gandria nach Menaggio. Von dort mit der regelmässig verkehrenden Fähre nach Bellagio. Im Ort der Hotelbeschilderung folgen.

Lombardei

Albergo Milano 159
I-23829 Varenna

Via XX Settembre 35
Tel. +39 0341 830 298
Fax +39 0341 830 061
www.varenna.net
hotelmilano@varenna.net
Mitte März bis Anfang November geöffnet

 **Preise**
EZ 110–150 €
DZ 120–160 €
Dreibettzimmer 165–185 €
inklusive Frühstück

Seeluft macht sorgenfrei. Besonders, wenn man sich in einem derart charmanten Hotel wie dem «Albergo Milano» befindet und nur eine Aufgabe zu bewältigen hat: den richtigen Wein zum Abendessen bestellen. Von der Restaurantterrasse des gelben Dorfhauses geniesst man einen wunderbaren Blick auf den Lago di Como, die acht Zimmer präsentieren sich in edler Einfachheit und verfügen alle über Balkon mit

Seesicht. Bettina und Egidio Mallone kümmern sich mit heiterer Gelassenheit um ihre Gäste.

Ambiance: ★★★★★☆
Sympathisches kleines Hotel, das nicht mehr sein will, als es ist und gerade deswegen eine entspannte Ferienatmosphäre und eine Heiterkeit des Seins ausstrahlt.

Lage: ★★★★★☆
Im Dorfzentrum mit Blick auf den See.

Service: ★★★★☆☆
Sehr persönlich und hilfsbereit.

Zimmer: ★★☆☆☆
8 kleine, gemütliche, aber auch etwas hellhörige Zimmer, alle mit Balkon und Seeblick.

Küche: ★★☆☆☆
Täglich frisch zubereitetes Dreigang-Auswahlmenü (29 € pro Person).

Freizeitangebot:
Kein spezifisches Angebot im Hotel.

Anfahrt: Autobahn Bellinzona–Chiasso bis Ausfahrt Lugano Nord, Lugano durchqueren Richtung Castagnola/St. Moritz, dann Landstrasse am nördlichen Luganerseeufer via Gandria nach Menaggio. Von dort mit der Fähre nach Varenna (20 Minuten). Auto auf dem Hauptplatz (blaue Felder, zahlungspflichtig) parkieren, vom Fährhafen zu Fuss der Seepassarelle entlang und die erste Treppe direkt beim kleinen Hafen hochgehen.

Neu Hotel Villa Cipressi 160
I-23829 Varenna

Via IV Novembre 18
Tel. +39 0341 830 113
Fax +39 0341 830 401
www.hotelvillacipressi.it
info@hotelvillacipressi.it
Anfang April bis Ende November geöffnet

Preise
EZ 110–130 €
DZ 140–190 €
Suite 260–300 €
inklusive Frühstück

Das Dreisternehotel strahlt jenen Mix aus romantischer Gemütlichkeit und historischer Eleganz aus, den man am Comersee zu entdecken hofft, aber nur selten findet. Das stilvoll renovierte, zwischen 1400 und 1800 errichtete Anwesen liegt in einem zauberhaften Park, in dem man sich verlaufen und immer wieder neue Entdeckungen machen kann.

Und trotz freundlichen Zimmern und allerbester Panoramalage im wundersam unverschandelten Dorf Varenna am Ostufer des Sees muss man nicht sein Konto plündern, um hier zu übernachten. Auch die Küche legt Wert darauf, jederzeit gute Qualität auf den Tisch zu bringen, egal ob man ihr einen Tomaten-Mozzarella-Salat oder ein viergängiges Menü abverlangt. Während des Abendessens

Lombardei

im Garten gehen die Lichterketten an den gegenüberliegenden Ufern langsam in den leuchtenden Sternenhimmel über.

Ambiance: ★★★★★★
Die Vergangenheit ist überall präsent, ob im riesigen Park mit seinen alten Statuen, in den Salons mit ihren Originalmöbeln oder an den kunstvoll verzierten Fassaden. Verstaubt fühlt es sich dennoch nicht an. Hier ist die Gratwanderung zwischen alter Grandezza und zeitgemässer Hotellerie geglückt.
Lage: ★★★★★★
In einer terrassierten Parkanlage am östlichen Comerseeufer.
Service: ★★★☆☆☆
Routiniert freundlich.
Zimmer: ★★★☆☆☆
32 komfortable, sehr unterschiedliche, teilweise etwas kleine Zimmer und 4 Suiten.
Küche: ★★★★☆☆
Fein zubereitete lombardische Spezialitäten und internationale Klassiker.
Freizeitangebot: ★☆☆☆☆☆
Massagen, Bademöglichkeit am Seeufer.

Anfahrt: Autobahn Bellinzona–Chiasso bis Ausfahrt Lugano Nord, Lugano durchqueren Richtung Castagnola/St. Moritz, dann Landstrasse am nördlichen Luganerseeufer via Gandria nach Menaggio. Von dort mit der Fähre nach Varenna (20 Minuten). In Varenna Hauptstrasse Richtung Lecco.

I Due Roccoli 161
I-25049 Colline di Iseo

Via Silvio Bonomelli
Tel. +39 0309 8229 77
Fax +39 0309 8229 80
www.idueroccoli.com
relais@idueroccoli.com
Anfang April bis Ende Oktober geöffnet

💰 Preise
EZ 100 €
DZ 100–150 €
Suite 140–180 €
ohne Frühstück (10 € pro Person)

Wie ein dickes, behäbiges S windet sich der Lago d'Iseo von Paratico im Südwesten bis nach Lovere am Nordufer. Eingerahmt von bewaldeten Bergen, an deren Hängen sich romantische Dörfer klammern, strahlt er nicht die Eleganz des Comersees oder die Geschäftstüchtigkeit des Gardasees aus. Dafür eine ganz besondere Mischung aus südländisch lieblicher Seenlandschaft und herber alpenländischer Bergwelt. Der Iseosee hat ein Hotel, das diesem Charakter entspricht: «I Due Roccoli» besteht aus einer schönen Patriziervilla, einem alten Bauernhof und einem neueren Gebäude, in dem sich die dreizehn Gästezimmer befinden; die einen gehen auf den Park, andere blicken auf See und Berge, alle sind sie geschmackvoll mit regionalen Accessoires und freundlichen Pastellfarben eingerichtet. Die Tage verlaufen hier friedlich: das Frühstück auf der herrlichen Panoramaterrasse, ein Spaziergang durch die nahen Wälder, am Nachmittag Dolcefarniente am Pool, und abends freut man sich auf eine authentische lombardische Küche.

205

Ambiance: ★★★★☆
Raum für Gedanken – und für ein Wohlgefühl, das nicht aus dem Überfluss, sondern der Konzentration auf das Wesentliche entsteht.

Lage: ★★★★★★
In einer weitläufigen Gartenanlage auf einem der grünen Hügel, die den Iseosee umgeben, auf 500 Meter über Meer, mit traumhafter Aussicht auf See und Berge.

Service: ★★★★☆☆
Aufmerksam unkompliziert.

Zimmer: ★★★★☆☆
13 ländlich-elegante Zimmer, alle mit eigenem Balkon, teilweise mit Seeblick.

Küche: ★★★★☆☆
Regionale Rezepte und einheimische Produkte mit stets frischen Fischen, hausgemachten Wurstspezialitäten und Gemüse aus biologischem Anbau.

Freizeitangebot: ★☆☆☆☆
Freibad, Aussen-Whirlpool, Tennisplatz, Bocciabahn.

Anfahrt: Autobahn Chiasso–Milano–Bergamo–Brescia bis Ausfahrt Rovato. Von dort Landstrasse nach Iseo, dann 6 Kilometer Richtung Polaveno.

Cappuccini 162
I-25033 Cologne Franciacorta

Via Cappuccini 54
Tel. +39 030 715 725 4
Fax +39 030 715 725 7
www.cappuccini.it
info@cappuccini.it
Ganzjährig geöffnet ausser die zwei mittleren Januarwochen und die zwei mittleren Augustwochen

Preise
EZ 110 €
DZ 170 €
Suite 200 €
ohne Frühstück

Die Franciacorta, die hügelige Weinlandschaft zwischen Brescia und dem Lago d'Iseo, fristet ein bäuerliches Schattendasein neben dem nahen Gardasee und gilt als «Durchlaufstrecke» ins nahe Verona. Wer sich um solche Vorurteile wenig schert, kann sich hier durchaus wohl fühlen und wenige Minuten von der Autobahn entfernt nur noch das Zwitschern der Vögel hören und die Düfte der Akazien geniessen – am besten vielleicht im «Cappuccini», einem ehemaligen Kloster aus dem 16. Jahrhundert. Hier stimmt alles. Die Einrichtung der sieben Gästezimmer ist geschmackvoll schlicht und der Verzicht auf jeglichen Kitsch wohltuend. Die grösseren Zimmer verfügen über einen kleinen Salon mit Kamin. In den für Klosterbauten typischen langen Fluren und Gewölbepassagen kann man auf den Spuren der Mönche wandeln, denen das Motto Patina statt Prunk ebenso

Villa Giulia 163

I-25084 Gargnano

zu eigen war wie dem heutigen Besitzer Massimo Pelizzari.

Ambiance: ★★★★☆☆
Beim Umbau des ehemaligen Klosters galt das Motto: Weniger ist mehr. Das «Cappuccini» erfreut mit diskreter Eleganz und ist ein gutes Beispiel dafür, wie man den Charme alter Tage vom Mief befreien kann.

Lage: ★★★★★☆
Freistehend 1,5 Kilometer nördlich des Dorfs, inmitten der heiteren Hügel- und Weinlandschaft der Franciacorta.

Service: ★★★★★☆
Herzlich, persönlich, kompetent.

Zimmer: ★★★★★☆
6 komfortable Zimmer und 1 Suite.

Küche: ★★★★☆☆
Gut zubereitete lombardische Spezialitäten.

Freizeitangebot: ★☆☆☆☆☆
Kleiner Wellnessbereich mit Hallenbad, Sauna, Dampfbad, diverse Körper- und Beautybehandlungen.

Anfahrt: Autobahn Chiasso–Milano–Bergamo–Brescia bis Ausfahrt Palazzolo sull'Oglio. Von dort Landstrasse nach Cologne. Vom Dorf aus ist das Hotel ausgeschildert.

Viale Rimembranza 20
Tel. +39 0365 71022
Fax +39 0365 72774
www.villagiulia.it
info@villagiulia.it
Ostern bis Mitte Oktober geöffnet

Preise
EZ 140 €
DZ 226–345 €
inklusive Frühstück

Gargnano ist vielleicht das am «italienischsten» gebliebene Dorf am Gardasee. Direkt am Seeufer liegt hier die «Villa Giulia», ein romantischer Bau im neugotischen Stil. 1900 als Sommerresidenz eines Schweizer Generals errichtet, im Zweiten Weltkrieg von den deutschen Offizieren im Gefolge von Mussolini besetzt, wurde die Villa Mitte des 20. Jahrhunderts von der Familie Bombardelli übernommen und zunächst in eine einfache Pension, dann in ein charmantes kleines Hotel verwandelt. Die Atmosphäre im Aufenthaltsraum mit Muranoleuchter, in der Bar und im Restaurant kann man als ausgesprochen heiter bezeichnen. Im Sommer speist man auf der herrlichen Gartenterrasse, und abends erstrahlt am

dichter bewohnten Gegenufer, am Fuss des mächtigen Bergrückens des Monte Baldo, eine lang gestreckte, im letzten Dunst funkelnde Kette von Lichtperlen, im Süden enger gereiht und die Anhöhen hinaufgestreut: ein Sommernachtstraum.

Ambiance: ★★★★★★
Die «Villa Giulia» zählt zu den viktorianischen Kleinoden am Gardasee und ist ein idealer Ort, um in romantischer Umgebung die italienische Lebensart zu geniessen.

Lage: ★★★★★★
In einer Gartenanlage direkt am Gardasee, wenige Gehminuten vom Ortszentrum entfernt.

Service: ★★★★★☆
Sehr persönlich und aufmerksam.

Zimmer: ★★★★☆☆
24 geschmackvoll eingerichtete, teilweise etwas kleine Zimmer.

Küche: ★★☆☆☆
Korrekt zubereitete lombardische Spezialitäten mit Schwergewicht auf frischem Fisch aus dem See.

Freizeitangebot: ★☆☆☆☆
Privatstrand, Freibad, Whirlpool, Fitnessgeräte, Sauna, Dampfbad.

Anfahrt: Autobahn Chiasso–Milano–Verona bis Ausfahrt Brescia Ost, dann Landstrasse Richtung Lago di Garda West und am See entlang bis Gargnano fahren. Das Ortszentrum durchqueren und immer geradeaus bis zum Hotel.

Neu Villa Sostaga 164
I-25084 Gargnano

Via Sostaga 19
Tel. +39 0365 791 218
Fax +39 0365 791 777
www.villasostaga.com
info@villasostaga.com
Ganzjährig geöffnet

Preise
EZ 90–165 €
DZ 130–250 €
Juniorsuite 160–370 €
inklusive Frühstück

Die ehemalige Jagd- und Sommerresidenz der Grafen Feltrinelli besticht mit der atemberaubenden Lage hoch über der Westküste des Gardasees und dem bis heute spürbaren Ambiente einer exklusiven Privatvilla. Als Gast des 2005 eröffneten, bis ins beglückende Detail gepflegten Boutiquehotels ist man hier nicht einfach eine Nummer, sondern ein herzlich willkommener Gast der heutigen Besitzerfamilie Seresina. Das Hotel könnte kaufmännisch sicher strenger geführt werden, aber man gibt hier eben gerne Geld für die Individualität aus. Eigentlich

die Individualität aus. Eigentlich sollten wir hier nicht mehr Lob aussprechen als unbedingt nötig, denn sonst sind hier bald überhaupt keine Zimmer mehr zu bekommen.

Ambiance: ★★★★★★
Privatsphäre sichtbar und spürbar. Das Anwesen scheint wie geschaffen, um Zeit zu finden, die innere Uhr zu richten, oder ganz einfach, um sich abseits von Hektik und Nervosität für ein paar Tage aus dem Alltag auszublenden.

Lage: ★★★★★★
In einem 40 Hektar grossen bewaldeten Park auf dem Hügel über Gargnano, mit grandiosem Ausblick auf Gardasee und Berge. 7,5 Kilometer von Gargnano und der Seestrasse entfernt.

Service: ★★★★★☆
Rezeptions- und Serviceteam agieren mit einer Hingabe, Freundlichkeit und Aufmerksamkeit, als hinge der Erfolg des Hauses allein von ihnen ab.

Zimmer: ★★★★☆☆
19 komfortable Zimmer und Juniorsuiten in warmen Farben, verteilt auf die Villa und die 2008 renovierte 35 Meter entfernte Dépendance.

Küche: ★★★★☆☆
Fein zubereitete lombardische Gerichte aus heimischen Produkten.

Freizeitangebot: ★★☆☆☆☆
Freibad, Dampfbad, Massagen, Beautybehandlungen. Regelmässig Konzerte und Tanzabende.

Anfahrt: Autobahn Chiasso–Milano–Verona bis Ausfahrt Brescia Ost, dann Landstrasse Richtung Lago di Garda West und am See entlang bis Gargnano. Im Ort den Wegweisern Richtung Navazzo/Valvestino bis zum Hotel folgen.

Ambiance: ★★★★☆
Das Hotel lebt von der Inselromantik und vom Blick auf den Lago Maggiore.
Lage: ★★★★★★
Am Rand der Insel, direkt am Wasser.
Service: ★★★☆☆
Freundlich-familiär.
Zimmer: ★★☆☆☆☆
12 einfache Zimmer, alle mit eigenem Minibalkon.
Küche: ★★★★☆☆
Delikate regionale Spezialitäten mit Schwerpunkt Fisch. Sogar Einheimische ziehen die «Verbano»-Fischsuppe der eigenen vor.
Freizeitangebot: ★☆☆☆☆☆
Hauseigene Boote, Wassersport.

Albergo Verbano 165

I-28838 Isola dei Pescatori-Stresa
Tel. +39 0323 30408
Fax +39 0323 33129
www.hotelverbano.it
hotelverbano@tin.it
Mitte März bis Ende Oktober geöffnet

Preise
EZ 100–120 €
DZ 150–185 €
Dreibettzimmer 190–210 €
inklusive Frühstück

Während die blühenden Wunderinseln Isola Bella und Isola Madre mit üppigen Parkanlagen und Palästen gesegnet sind, lässt sich auf der benachbarten Isola dei Pescatori authentische Italianità erleben. Sie gehört nicht den reichen Borromei, sondern den Bewohnern, Fischern zumeist, und erinnert mit den bunt ineinander verschachtelten Häusern mit pflanzenumrankten Balkonen an eine griechische Insel. An einmaliger Lage am Ende dieser Fischerinsel versteckt sich das «Albergo Verbano», ein sympathisches rotes «Puppenhaus», dessen kleine Mängel letzten Endes seinen Charme ausmachen. Es bietet zwölf einfache Zimmer mit herrlicher Aussicht; wer hier übernachtet, hört nur noch das gleichmässige Plätschern der Wellen am Ufer. Auf der Terrasse des lauschigen Hotels, das seit über hundert Jahren von der Besitzerfamilie Zacchera geführt wird, kann man abends im Kerzenschein und mit Blick auf die exotischen Borromäischen Inseln essen.

Anfahrt: Gotthardautobahn bis Ausfahrt Locarno. Landstrasse Richtung Locarno, vor Locarno durch den Umfahrungstunnel Richtung Ascona/Brissago, dann Seestrasse via Brissago und Verbania nach Stresa. Im Hafen von Stresa das Auto abstellen (Gratisparkplätze) und per Schiff zur Isola dei Pescatori (regelmässig Kurse von 8 bis 19 Uhr). Oder abends, zwischen 19.30 und 23.30 Uhr mit dem hoteleigenen Motorboot von Stresa auf die Isola dei Pescatori (für Hotelgäste kostenlos).

Piemont und Ligurien

Relais Castello San Giuseppe 166
I-10010 Chiaverano di Ivrea

Tel. +39 0125 424 370
Fax +39 0125 641 278
www.castellosangiuseppe.it
info@castellosangiuseppe.it
Ganzjährig geöffnet ausser Januar

Preise
EZ 105–130 €
DZ 165–180 €
Juniorsuite 205 €
inklusive Frühstück

Das burgähnliche Anwesen aus dem 17. Jahrhundert liegt isoliert auf einem bewaldeten Hügel bei Ivrea und bietet einen herrlichen Ausblick auf die drei umliegenden Seen Sirio, San Michele und di Campagna. Wo sich einst Karmeliterinnen in vollkommener Armut dem Gebet hingaben und später Napoleon Bonaparte das an strategisch günstiger Lage stehende Castello zu einer Festung ausbaute, wohnt es sich heute opulent romantisch. Im restaurierten Gemäuer mit gut erhaltener Architektur gibt es derart viel zu bewundern, dass eine Kurzbeschreibung schwer fällt; in jedem Fall wird man von den gewölbten Decken, den rauen Terrakottaböden, den zahlreichen Antiquitäten und den Freskomalereien beeindruckt sein und zweifellos ebenso von der die Vergangenheit beschwörenden Atmosphäre, die durch nichts gestört wird – eine Atmosphäre, die man heute ausser im Museum nur noch selten antrifft. Viel Platz zum Entspannen bietet der friedliche Garten, der zum Lustwandeln zwischen Olivenbäumen, Zedern und Magnolien einlädt.

Ambiance: ★★★★★☆
Geschichtsträchtiges Gemäuer voller Geheimnisse und Skurrilitäten – wie aus dem Märchenbuch.

Lage: ★★★★★★
In einer Gartenanlage auf einem Hügel mit weitem Ausblick.
Service: ★★★☆☆☆
Routiniert freundlich.
Zimmer: ★★★★☆☆
18 sehr unterschiedliche, teilweise etwas überladene Zimmer und 5 Suiten.
Küche: ★★★★☆☆
Gut zubereitete piemontesische Spezialitäten und Weine. Schöne Restaurantterrasse im Park.
Freizeitangebot: ★☆☆☆☆☆
Freibad, Massagen.

Anfahrt: Autobahn Chiasso–Milano–Torino bis Ausfahrt Ivrea, Landstrasse Richtung Lago Sirio/Biena. Das Hotel befindet sich 3 Kilometer nordöstlich von Ivrea nahe Chiaverano.

La Casa in Collina
Agriturismo 167
I-14053 Canelli

Località Sant'Antonio 30
Tel. +39 0141 82 28 27
Fax +39 0141 82 35 43
www.casaincollina.com
casaincollina@casaincollina.com
Ganzjährig geöffnet

Preise
EZ 90 €
DZ 110 €
Dreibettzimmer 130 €
inklusive Frühstück

Der private Landsitz, der sich seit Generationen im Besitz der Familie Amerio befindet und zehn Hektaren Wein bewirtschaftet, hat sich vor ein paar Jahren zu einem exquisiten «Bed & Breakfast» mit sechs Gästezimmern gemausert. «Agriturismo», wie das in Italien heisst. Die Gäste der «Casa in Collina» sind in einem Flügel des Familienanwesens untergebracht. Alles wurde mit grosser Sorgfalt restauriert und bei der Ausstattung eine gewisse Strenge beibehalten, die der bodenständigen Architektur des Gebäudes seine ganze Grösse verleiht. Die Zimmer sind reizvoll: Balken, antike Schränke, schmiedeeiserne Betten und Terrakottaböden schaffen ein zwar rustikales, aber elegantes Ambiente. Unglaublich ist die Fernsicht, unendlich zieht sich der Fleckenteppich aus grünen Wein- und ockerfarbenen Kornfeldern dahin. Giancarlo Amerio kümmert sich mit diskreter Liebenswürdigkeit um seine Gäste. Gerne gibt er sein Insiderwissen über die zahlreichen kulturellen, gastronomischen und landschaftlichen Highlights der Gegend weiter, öffnet auch mal Türen für Degustationen bei regionalen Kultwinzern. Zu sagen, «La Casa in Collina» sei ein Geheimtipp, wäre falsch. Wer hier wohnen möchte, bucht erst ein Zimmer und plant um diesen

Piemont und Ligurien

Termin herum seinen Piemont-Aufenthalt, denn die Agriturismo-Herberge ist oft ausgebucht.

Ambiance: ★★★★☆
Edler privater Landsitz mit familiärer Note.
Lage: ★★★★★★
In ländlicher Idylle und absoluter Ruhe inmitten der hauseigenen Moscato-Weinberge.
Service: ★★★★☆
Giancarlo Amerio und seine Familie sind die Freundlichkeit in Person.
Zimmer: ★★★★☆
6 grosse, behagliche Zimmer im regionalen Look mit schmiedeeisernen (Himmel-)Betten, antiken Möbeln, Terrakottaböden und modernen Bädern.
Küche:
Kein Restaurant im Haus. Das unprätentiös feine Restaurant «La Luna e i Falo» liegt 800 Meter nah. Das Gourmetlokal «San Marco» (1 Michelin-Stern) ist 2 Kilometer, die typisch piemontesische Osteria «C'era una Volta» 3 Kilometer entfernt.
Freizeitangebot: ★☆☆☆☆
Kleines Freibad.

Anfahrt: Autobahn Chiasso–Milano–Alessandria bis Asti, Schnellstrasse Richtung Alba bis Isola d'Asti, dann Landstrasse nach Canelli. Dort 2 Kilometer Richtung Regione S. Antonio.

Cascina Sondrea 168
I-12050 Sinio

Localita Chiabotto Metrio 1
Tel. +39 0173 26 39 39
Fax +39 0173 26 37 57
www.sondrea.ch
info@sondrea.ch
Ganzjährig geöffnet

 Preise
EZ 85 €
DZ 105 €
Dreibettzimmer 132 €
inklusive Frühstück

Die Langhe, das Herzstück des Piemont, ist berühmt für Trüffeln, Pilze und Wein (Barolo und Barbera). Inmitten von Weinbergen liegt denn auch das dreihundertjährige, sanft renovierte Bauernhaus, das von den Schweizern Sonja und Andi Mächler als Landwirtschaftsbetrieb mit Gästezimmern betrieben wird. Neben guten Weinen und sanftem Tourismus

werden ein prachtvoller Ausblick, ein behagliches Ambiente und ein freundlicher Empfang geboten – was sich bei Menschen mit Geschmack und beschränkten finanziellen Mitteln herumgesprochen hat. Die «Cascina Sondrea» ist ein empfehlenswerter erschwinglicher Ausgangspunkt für Entdeckungstouren im Piemont.

Ambiance: ★★★★☆☆
Gepflegter Agriturismo-Betrieb mit schweizerischen Standards in punkto Sauberkeit und Zuverlässigkeit.

Lage: ★★★★★☆
Freistehend an schöner Panoramalage zwischen den altertümlichen Dörfern Sinio und Montelupoa auf 450 Meter über Meer, rund 15 Autominuten von Alba entfernt.
Service: ★★☆☆☆☆
Freundlich familiär, jedoch nicht immer abrufbar wie bei einem normalen Hotel.
Zimmer: ★★★☆☆☆
2 einfache, anheimelnde Doppelzimmer, 1 Dreibettzimmer. 2 Ferienwohnungen für 2–4 Personen (595–1120 €) pro Woche).
Küche:
Kein Restaurant im Haus. Ein Aufenthaltsraum mit Kochnische steht zur Verfügung.
Freizeitangebot: ★☆☆☆☆
Freibad.

Anfahrt: Autobahn Chiasso–Milano–Alessandria–Asti bis Ausfahrt Asti Ost, dann Landstrasse Richtung Alba, Schnellstrasse Richtung Barolo bis Ausfahrt Gallo. Die «Cascina Sondrea» liegt rund 10 Kilometer südlich von Alba, je 2 Kilometer von Sinio und Montelupo enfernt. Ab beiden Dörfern ist das Haus ausgeschildert.

Castello di Verduno 169
I-12060 Verduno

Via Umberto I, 9
Tel. +39 0172 47 01 25
Fax +39 0172 47 02 98
www.castellodiverduno.com
info@castellodiverduno.com
Mitte März bis Ende November geöffnet

 Preise
DZ 115–135 €
Juniorsuite/Suite 160–220 €
inklusive Frühstück

Als König Carlo Albert von Savoyen, Vater von Vittorio Emanuelle II., 1847 die Weine des Castello di Verduno probierte, kaufte er gleich das ganze Weingut und das Castello aus dem 18. Jahrhundert. Heute ist das Anwesen der Stolz und die Leidenschaft von Elisa und Gabriella Burlotto, die sich einerseits um die Gäste des Hotels und andererseits um die Weinproduktion kümmern. Der Geist des alten Königs scheint noch immer durch die historischen Räume mit Fresken, eindrucksvollen alten Möbeln und Gemälden zu schweben. Die zwanzig klösterlich schlichten Zimmer mögen auf den ersten Blick etwas altmodisch erscheinen; hier wird eben mehr Wert auf authentischen Charakter gelegt als auf Luxus und neueste Moden. Ohnehin dürfte in allen Räumen am meisten die herrliche Aussicht

Piemont und Ligurien

über die Rebhänge und in die savoyischen Alpen beeindrucken. Elisa Burlotto und ihre Töchter haben einen Blick für das Wesentliche und eine lächelnde Zurückhaltung, die dem Hotel jene Ruhe beschert, die sich der ermattete Stadtmensch ersehnt. Im Restaurant wird eine Küche gepflegt, die auf Produkten der Region basiert und klassische Rezepte nach den Erkenntnissen moderner Kochkunst modifiziert und verfeinert.

Ambiance: ★★★★★★
Piemont pur.
Lage: ★★★★★★
In einer Gartenanlage im Weingebiet der Langhe, 10 Kilometer südlich von Alba.
Service: ★★★★☆☆
Freundlich und individuell.
Zimmer: ★★★☆☆☆
20 zumeist einfache, aber angenehme Zimmer, verteilt auf das Stammhaus (Real Castello), das Nebengebäude (Castalderia) und das Bauernhaus (Nando Foresteria).
Küche: ★★★★★☆
Sehr gut gemachte piemontesische Spezialitäten zu reellen Preisen. Grosse Auswahl an Weinen der Langhe, am besten aber hält man sich an die hervorragenden hauseigenen Barolo-, Barbera- und Dolcetto-Weine, die von Elisas Schwester Gabriella Burlotto in der «Azienda Agricola Castello di Verduno» produziert werden.
Freizeitangebot: ★☆☆☆☆☆
Kunstausstellungen, Weindegustationen, Kochkurse.

Anfahrt: Autobahn Chiasso–Milano–Alessandria–Asti bis Ausfahrt Asti Ost, dann via Alba und Barolo nach Verduno.

Relais dei Poderi   170

I-12063 Dogliani

Borgata Gombe 31
Tel. +39 0173 70414
Fax +39 0173 742 017
www.relaiseinaudi.com
info@relaiseinaudi.com
Ganzjährig geöffnet

💰 Preise
EZ 65–100 €
DZ 90–140 €
Suite 110–180 €
inklusive Frühstück

Das schönste Hotel der Gegend muss nicht das teuerste sein. Charme, architektonische Integrität und Liebenswürdigkeit haben keinen Preis – im Gegensatz zum Luxus werden sie nicht in Rechnung gestellt. Das Gästehaus des Weinguts Poderi Luigi Einaudi, idyllisch inmitten der Rebhänge der Langhe gelegen, begeistert mit stilsicherem Dekor, nettem Empfang und viel Platz für jeden Gast. Zu sagen, das «Relais dei Poderi» sei ein Geheimtipp, wäre falsch. Das piemontesische Kleinod hat sich herumgesprochen, in Italien wie im Ausland. So buchen die Gäste hier nicht, wann es ihnen am besten passt, sondern fragen erst einmal scheu an, an welchem Wochenende wohl noch eines der zehn Zimmer frei wäre.

Ambiance: ★★★★★
Gekonntes Understatement. Das «Relais dei Poderi» zählt zu jenen

Villa Carita 171
I-12064 La Morra

Via Roma 105
Tel. +39 0173 509 633
www.villacarita.it
info@villacarita.it
Anfang März bis Mitte Dezember geöffnet

 **Preise**
EZ 100 €
DZ 110–120 €
inklusive Frühstück am ersten Morgen (danach 10 € pro Person)

Den Touristenhorden gegenüber, die das pittoreske Hügeldorf im Sturm nehmen, sind die Befestigungsanlagen von La Morra machtlos. Deshalb empfehlen wir Ihnen, den Ort tagsüber zu meiden, die Strategie des Trojanischen Pferdes anzuwenden und tagsüber in der «Villa Carita» zu verweilen. Sie liegt inmitten der Reben etwas ausserhalb, aber in Sicht- und Gehweite zum Dorf.

Hotels, in denen nichts künstlich aufgebrezelt wird, sondern eine selbstbewusste Natürlichkeit herrscht und man nicht mit aller Kraft darum bemüht ist, etwas vorzuführen, was nicht vorhanden ist.
Lage: ★★★★★★
Freistehend inmitten der hauseigenen Rebhänge.
Service: ★★★★★☆
Sehr persönlich und engagiert.
Zimmer: ★★★★★☆
8 komfortable Zimmer und 2 Suiten im zeitgemässen piemontesischen Landhausstil.

Küche:
Kein Restaurant im Haus.
Freizeitangebot: ★☆☆☆☆
Freibad, Weindegustationen im Weingut Luigi Einaudi.

Anfahrt: Autobahn Chiasso–Milano–Alessandria–Asti bis Ausfahrt Asti Ost, dann Richtung Alba und weiter Richtung Barolo/Dogliani. Im Zentrum von Dogliani Richtung Savona hinauffahren und nach 1,5 Kilometer links Richtung Belvedere/Savona abzweigen. Weingut und «Relais dei Poderi» befinden sich 300 Meter nach dieser letzten Abzweigung.

Piemont und Ligurien

Wenn dann am frühen Abend die letzten Tagesausflügler und Busse entschwunden sind, werden Sie in aller Ruhe durch La Morra schlendern und vielleicht in der schönen «Osteria Veglio» einkehren können. Zurück in der «Villa Carita», die über kein eigenes Restaurant verfügt, sorgt die Gastgeberfamilie mit unverfälsch-

ter Herzlichkeit dafür, dass Sie sich wie Freunde des Hauses fühlen und mit sich und der Welt zufrieden sind.
Ambiance: ★★★★☆☆
Unprätentiöses «Bed & Breakfast» an allerschönster Panoramalage.
Lage: ★★★★★★
Freistehend, umgeben von Barolo-Rebhängen mit weitem Blick über die Langhe, auf die Stadt Alba und die Schlösser Grinzane Cavour, Castiglione Falletto und Serralunga. Man wähnt sich mitten in einer Ansichtskarte.
Service: ★★☆☆☆☆
Unkompliziert familiär.
Zimmer: ★★★★☆☆
4 angenehme Zimmer mit Kitchenette und Terrasse (2 davon direkt in die Weinberge übergehend).
Küche:
Kein Restaurant im Haus. Frühstück wird in der Suite serviert. Im Dorf empfiehlt sich die «Osteria Veglio» mit guter regionaler Küche.
Freizeitangebot:
Kein spezifisches Angebot.

Anfahrt: Autobahn Chiasso–Milano–Alessandria–Asti bis Ausfahrt Asti Ost, dann via Alba und Barolo nach La Morra.

Villa Beccaris 172
I-12065 Monforte d'Alba

Via Bava Beccaris 1
Tel. +39 0173 78158
Fax +39 0173 78190
www.villabeccaris.it
villa@villabeccaris.it
Anfang Februar bis Mitte Dezember geöffnet

Preise
DZ 180–250 €
Suite 240–330 €
inklusive Frühstück

Das ehemalige Gutshaus aus dem 17. Jahrhundert liegt zuoberst auf einem Hügel über dem Dorf und blickt auf die sinnenbetörende Landschaft mit Weinbergen, Wäldern und Schlössern. Die wenigen Gäste, die man morgens in der «Villa Beccaris» antrifft, studieren die Landkarte, wandeln durch die Gartenanlage, satteln die bereitstehenden Mountainbikes für eine Tour um Monforte, rücken die Liegestühle zur Sonne hin, tunken einen Zeh in den Pool, überlegen, ob es noch zu früh sei für eine Weindegustation

Lage: ★★★★★☆
In einer Gartenanlage auf einer Hügelkuppe, 21 Kilometer südwestlich von Alba.
Service: ★★★★★☆
Sehr persönlich und individuell.
Zimmer: ★★★★★★
23 elegante Zimmer und 1 Suite.
Küche: ★★☆☆☆☆

in einem der zahlreichen Weingüter der Umgebung. Aus den Lautsprechern im Frühstückscafé säuselt leise Lucio Dalla. Das Leben hier ist sanft und auf eine kultivierte Weise ganz einfach, ein stets weichgezeichneter Film mit Zypressen im Hintergrund. Das gelbe Häuser-Ensemble mit den blauen Fensterläden und dem lauschigen Innenhof verbindet stilsicher zeitgemässen Komfort mit den alten Mauern. An keiner Stelle wurde gegen das historische Gebäude gearbeitet, die Besitzerfamilie hat es vielmehr verstanden, seine Eigenheiten zu nutzen. Die freskenverzierten Decken, die aussergewöhnlichen Parkettböden, die Antiquitäten und Ölgemälde wirken nicht altertümelnd, sondern fügen sich schwerelos in die renovierten Teile ein. Die Zimmer sind mit jener beiläufigen Eleganz eingerichtet, die entsteht, wenn man nichts dem Innenarchitekten und alles der eigenen Intuition überlässt.

Ambiance: ★★★★★★
Der wahrgewordene Traum vom zeitlos schönen piemontesischen Landhaus.

Kleine kalte Gerichte und piemontesische Weine im Wintergartenrestaurant. Selbstgebackene Kuchen und italienische Kaffeespezialitäten im Café. Eine Handvoll sympathischer Lokale liegt wenige Gehminuten entfernt, allen voran das «Il Giardino da Felicin», wo Nino und Silvia Rocca für gute Laune und leckeres Essen regionaler Prägung sorgen (www.felicin.it).
Freizeitangebot: ★☆☆☆☆☆
Freibad, Fitnessraum.

Anfahrt: Autobahn Chiasso–Milano–Alessandria–Asti bis Ausfahrt Asti Ost, dann via Alba und Barolo nach Monforte d'Alba.

Neu La Villa 173
I-14046 Mombaruzzo

Via Torino 7
Tel. +39 0141 739 890
Fax +39 0141 739 991
www.lavillahotel.net
info@lavillahotel.net
Mitte März bis Anfang Januar geöffnet

Preise
EZ 90 €
DZ 160–190 €
Juniorsuite/Suite 200–250 €
inklusive Frühstück

Als «Cheap-chic Palazzo» hat ein englisches Magazin das Boutiquehotel treffend bezeichnet, jedenfalls will die britische Besitzerfamilie unkomplizierte Eleganz in einem entspannten Ambiente bieten und damit Menschen ansprechen, die den Charme eines familiären Kleinbetriebs einem unpersönlichen Trendhotel vorziehen und nicht unbedingt mit der goldenen Kreditkarte anreisen. Nach aufwendigem und architektonisch umsichtigem Umbau wurde das vierhundertjährige Anwesen im Jahr 2005 erstmals als Hotel eröffnet. Alte Steinböden und Deckenbalken blieben erhalten, doch das diskret moderne Innendekor strahlt eine atmosphärische Leichtigkeit aus. Rund ums Haus gibt es viele ruhige Plätzchen, wo man die herrliche Weinlandschaft auf sich wirken lassen und den Duft der Gartenpflanzen einatmen kann. Spätestens hier wird einem klar, dass wahre Wellness nicht zwangsläufig mit riesigen Spa-Welten, Feinschmeckertum und gesteltzter Präsentation zu tun hat. «La Villa» heisst Kinder ab zehn Jahren willkommen.

Ambiance: ★★★★★★
Eines der schönsten und bestgeführten Hotels im Piemont, das grossen Ansprüchen und normalen Geldbeuteln mehr als gerecht wird.

Lage: ★★★★★★
In einem Garten inmitten der Monferrato-Rebhänge, mit weiten Ausblicken in alle Richtungen.

Service: ★★★★★★
Warmherzig, professionell, hilfsbereit. Der Gastgeberfamilie liegt es sehr am Herzen, dass ihre Gäste ihren Aufenthalt als gelungen empfinden. Mit sichtlicher Freude informiert sie über die Geschichte der Region, mögliche Touren, gute Restaurants und interessante Weingüter.

Zimmer: ★★★★★☆
14 komfortable Zimmer und Suiten in sehr unterschiedlichen Stilen von rustikal italienisch über klassisch französisch bis verspielt marokkanisch. Alle Zimmer mit kostenlosem WLAN.

Küche: ★★☆☆☆
Die Küche will bewusst nicht mit den vielen Toprestaurants im Piemont konkurrieren, sondern mit leichten Gerichten (mittags) und unprätentiösen Viergangmenüs (abends) eine Alternative im Hotel anbieten. Im Sommer wird unter der Pergola im Innenhof serviert. Mindestens einmal pro Woche ist Barbecue- oder Buffet-Abend.

Neu Villa Rosmarino — 174
I-16032 Camogli

Via Figari 38
Tel. +39 0185 771 580
www.villarosmarino.com
info@villarosmarino.com
Ganzjährig geöffnet

Preise
DZ 160–220 €
inklusive Frühstück

Freizeitangebot: ★★☆☆☆☆
Freibad, Fitnessraum, Weindegustationen, Kochkurse, Bibliothek (Bücher, DVDs und CDs).

Anfahrt: Autobahn Chiasso–Milano–Alessandria–Genova bis Ausfahrt Alessandria Süd, dann rechts Richtung Acqui Terme und bei der zweiten grösseren Abzweigung rechts Richtung Nizza Monferrato. Dieser Strasse 15 Kilometer bis Bazzana folgen, dann unmittelbar nach den Eisenbahnschienen Richtung Casalotto. Nach dem Ortsschild Casalotto und 100 Meter vor dem Ort rechts in die Privatstrasse zur «La Villa» einbiegen.

Es gibt keine Zimmernummern und keinen roten Teppich, auch keinen Fernseher und kein Restaurant – dafür ist die im Sommer 2008 eröffnete «Villa Rosmarino» ein überaus kultiviertes B&B an fantastischer Panoramalage hoch über dem ligurischen Küstenort Camogli. Die Innenarchitektur besticht durch klare Linien und präzise Feinabstimmung, mit viel zeitgenössischer Kunst und Stapeln von attraktiven Bildbänden. Alles sehr edel und doch nicht bemüht chic. Zudem sind Mario und Fulvio die liebenswürdigsten Gastgeber, die man sich denken kann. Den unterschwelligen Luxus, den die beiden scheinbar mühelos hinbekommen, ist einzigartig in der Region. Da das Haus ein Rückzugsort für stille Geniesser sein will, sind Kinder erst ab acht Jahren willkommen.

Ambiance: ★★★★★★
Eines jener Hotels, in die man nach Hause kommt. Schon beim Betreten der stilvollen Villa aus dem Jahr 1907 atmet man tief durch und freut sich auf «sein» Zimmer, das wie alle Innenräume

Piemont und Ligurien

🆕 **Eden** 175
I-16034 Portofino

Via Dritto 18
Tel. +39 0185 269 091
Fax +39 0185 269 047
www.hoteledenportofino.com
edenportofino@yahoo.it
Ganzjährig geöffnet

Preise
EZ 80–160 €
DZ 140–290 €
inklusive Frühstück

Die ligurische Küste ist für viele Nordländer die nächstgelegene Möglichkeit, Meerluft zu schnuppern. Wer bereit ist, ein paar Autostunden auf sich zu nehmen, findet an der ligurischen Riviera die Pforte zum lang ersehnten Paradies. Am schönsten östlich von Genua, im wundersam unverschandelten «Fischerdorf» Portofino. Keine hundert Schritte vom pittoresken Hafen und der Piazzetta entfernt, versteckt sich inmitten der Gassen dieses unprätentiöse und doch sehr angenehme Dreisternehotel. Von der Terrasse des Hauses überblickt man den friedlichen Garten. Signor Osta wacht mit Sperberaugen über die Abläufe in seinem Familienunternehmen und sorgt dafür, dass sein «Eden» eine echte Oase bleibt – zu einem vergleichsweise reellen Preis im ansonsten masslos überteuerten Ort.

Ambiance: ★★★★☆☆
Charmante Pension, ideal für alle, die ein authentisches Portofino in freundlicher, gepflegter Atmosphäre erleben möchten.
Lage: ★★★☆☆☆
In einem Garten inmitten der Gassen von Portofino, 50 Meter vom Hafen entfernt.
Service: ★★★★☆☆
Sehr persönlich. Der Hausherr bewahrt stets eine fröhliche Gelassenheit und vermag dabei jedem das Gefühl zu vermitteln, ein wichtiger Lieblingsgast zu sein.
Zimmer: ★★☆☆☆☆
Ein Dutzend einfache, saubere Zimmer.
Küche:
Kein Restaurant im Hotel. Zahlreiche Restaurants wenige Schritte entfernt.
Freizeitangebot:
Kein spezifisches Angebot.

Anfahrt: Autobahn Genova–La Spezia bis Ausfahrt Rapallo/Santa Margherita, von dort Küstenstrasse bis Portofino. Das Auto im öffentlichen Parkhaus am Eingang des autofreien Ortskerns abstellen.

geschmackvoll modern und wie in einem privaten Zuhause eingerichtet ist.
Lage: ★★★★★★
In einem hübschen Garten auf dem Monte Portofino hoch über Camogli, mit Blick auf die beiden Buchten Golfo Paradiso und Golfo del Tigullio.
Service: ★★★★★★
Sehr persönlich, zuvorkommend und individuell.
Zimmer: ★★★★★☆
6 komfortable, schlicht modern gestaltete Zimmer.
Küche:
Kein Restaurant im Haus. Hin und wieder bekocht Mario seine Gäste mit ligurischen Köstlichkeiten.
Freizeitangebot: ★☆☆☆☆☆
Freibad, Bibliothek.

Anfahrt: Autobahn Genova–La Spezia bis Ausfahrt Rapallo. Bei Santa Margherita Ligure Richtung Camogli (auf der Via Aurelia bis Abzweigung Via Figari).

221

Neu **Porto Roca** 176
I-19016 Monterosso al Mare

Via Corone 1
Tel. +39 0187 8175 02
Fax +39 0187 8176 92
www.portoroca.it
portoroca@portoroca.it
Anfang April bis Ende Oktober geöffnet

Preise
EZ 150–260 €
DZ 170–295 €
Suite 340–590 €
inklusive Frühstück

Die berühmten Felsennester der Cinque Terre muss man einmal gesehen haben: die Dörfer Monterosso al Mare und Vernazza, Corniglia, Manarola und Riomaggiore. Wahnwitzig die steilen terrassierten Hänge, an denen Reben ranken und die wie geometrisch gemustert wirken. Abenteuerlich die schmalen, hohen Häuser auf kleinstem Felsvorsprung. Die Magie dieser Dörfchen am Abgrund nimmt jeden Besucher gefangen. Der «Merian»-Reiseführer schreibt es so: «Hier will nichts besichtigt sein. Kein Palazzo ist abzuhaken, kein Michelangelo oder Leonardo besteht auf Huldigung. In den Cinque Terre darf man faul im Halbschatten lagern. Flanieren. Atmen – ein paar Nasen Oleander, Ginster, Zitrone. Wir sind, so hoffen wir, heimlich aus der Zeit gefallen.» Dennoch sind gute Hotels in den Cinque Terre rar, meist werden nur privat Zimmer vermietet. Das freundliche «Porto Roca» ist die einzige wirklich empfehlenswerte Herberge in den fünf Dörfern. In den dreiundvierzig Zimmern lässt es sich trotz teilweise wirrem Stilmix angenehm wohnen – der Ausblick von der grossen Hotelterrasse ist wahrhaft bezaubernd.

Ambiance: ★★★★☆☆
Hoch über dem Meer kann man sich herrlich weltentrückt fühlen und sich vom Wind die wunderbaren Düfte der mediterranen Wildnis zuwehen lassen. Über die wenig geglückte, weitgehend verkitschte Innendekoration braucht man sich deshalb kaum Gedanken zu machen.

Lage: ★★★★★★
Spektakulär in den Klippen. Toller Ausblick auf die Bucht von Porticciolo und den Strand von Fegina. 200 Meter vom Dorfzentrum entfernt.

Service: ★★★★☆☆
Der Empfang ist auf spontane Art sehr sympathisch und trägt bedeutend zu den Annehmlichkeiten dieses Hauses bei, in das man gerne zurückkehrt.

Zimmer: ★★☆☆☆☆
43 sehr unterschiedliche Zimmer, nicht alle mit Meerblick.

Küche: ★★☆☆☆☆
Regionalküche mit Schwerpunkt Fisch.

Freizeitangebot: ★☆☆☆☆☆
Privater Badestrand. Idealer Startpunkt für Wanderungen durch die Cinque Terre.

Anfahrt: Autobahn Genova–Livorno bis Ausfahrt Carrodano, dann Richtung Levanto und weiter nach Monterosso (Parcheggio Estivo Fegina). Da Monterosso Fussgängerzone ist, das Auto auf dem grossen bewachten Parkplatz abstellen und mit Taxi zum Hotel fahren (5 Minuten).

Neu Antica Dimora Firenze 177

I-50129 Florenz

Via San Gallo 72
Tel. +39 055 463 3292
Fax +39 055 463 4552
www.anticadimorafirenze.it
info@anticadimorafirenze.it
Ganzjährig geöffnet

Preise
DZ 100–150 €
inklusive Frühstück

Teure Traumhotels gibt es reichlich in und rund um Florenz, aber eine bezahlbare, gut gelegene und ansprechende Unterkunft zu finden ist ein kleines Kunststück. Ein paar dynamische Frauen rund um Lea Gulmanelli haben diese Lücke erkannt und es sich zur Aufgabe gemacht, auf dem teuren Pflaster von Florenz charmante Gästehäuser mit hübschen Zimmern zu vernünftigen Preisen anzubieten. Vorreiter der «Antica Dimora Firenze» waren die Minihotels «Residenza Johanna I & II» und «Antica Dimora Johlea», die sich alle in schönen Gebäuden aus dem 19. Jahrhundert befinden (alle Adressangaben unter www.johanna.it). Das erfolgreiche Konzept ist immer dasselbe: Verzicht auf breite Hoteldienstleistungen (die Rezeption ist nur von 8 bis 20 Uhr besetzt, weshalb die Gäste gebeten werden, vor 19 Uhr einzuchecken und den Schlüssel des Hauses in Obhut zu nehmen), dafür bieten die Häuser eine ungewöhnliche ästhetische Konsequenz für normale Portemonnaies. Die «Antica Dimora Firenze» ist das Vorzeigehaus der kleinen B&B-Privatkollektion, mit stimmiger Innendekoration in heiteren Pastelltönen, schönen Antiquitäten, Terrakottaböden und natürlichen Materialien. Im selben Besitz: die ebenfalls sehr empfehlenswerte und preiswerte «Villa Il Poggiale» in den Chianti-Hügeln (siehe Seite 224).

Ambiance: ★★★★☆☆
Kleine, feine Stadtresidenz mit Florentiner Charme.
Lage: ★★★★☆☆
In einer ruhigen Strasse im historischen Zentrum.
Service: ★★☆☆☆☆
Freundlich und hilfsbereit, aber nicht immer verfügbar wie in einem normalen Hotel.
Zimmer: ★★★★☆☆
6 gepflegte, in femininer Eleganz dekorierte Zimmer mit angenehmen Bädern.
Küche:
Kein Restaurant im Haus.
Freizeitangebot:
Kein spezifisches Angebot.

Anfahrt: Autobahn Milano–Roma bis Ausfahrt Firenze Nord, dann Richtung Fortezza da Basso und Piazza Libertà. Dort in die Via Cavour und geradeaus bis Piazza San Marco. Bei der Ampel rechts in die Via degli Arazzieri, dann gleich die erste wieder rechts (Via San Gallo). Die «Antica Dimora Firenze» befindet sich neben dem Palazzo Pandolfini.

Neu **Villa Il Poggiale** 178
I-50026 San Casciano Val di Pesa

Via Empolese 69
Tel. +39 055 82 83 11
Fax +39 055 82 94 296
www.villailpoggiale.it
villailpoggiale@villailpoggiale.it
Ganzjährig geöffnet ausser Februar

 Preise
DZ 130–205 €
Juniorsuite/Suite 195–240 €
inklusive Frühstück

Ein Haus mit Charakter, geprägt durch Harmonie, feinen Luxus und legeren Lebensstil in heiterer Gelassenheit. Hohe Räume prägen das Interieur der historischen Herrschaftsvilla, doch von dunklen Farben und schweren Möbeln, wie sie in Renaissance-Gebäuden üblich sind, fehlt hier jede Spur. Dafür gibt es bequeme Sessel und einladende Sofas im zentralen freskengeschmückten Salon; kleinere Räume bieten Platz zum Ausruhen oder Lesen. Frühstück, Mittag- und Abendessen (nur für Hausgäste) werden im Speisesaal im Erdgeschoss oder auf der Terrasse serviert. Die vierundzwanzig Zimmer und Suiten sind geräumig und geschmackvoll eingerichtet, die Wände mit Naturfarben gestrichen. Einmal angekommen, verwirft man möglicherweise das zu Hause geplante Ausflugsprogramm: Man liegt im Halbschatten im Garten, umgeben vom Duft Italiens mit Zypressen, Oleander, Oliven, Rosen, Rosmarin und Weinreben in Sichtweite, man geniesst den Blick übers Chiantigebiet, die Hügel, die Farben, man nimmt einen Schluck Wein, man nascht ein Stück Käse und ist dem lieben Gott dankbar, dass es die Toskana gibt.

Ambiance: ★★★★★☆
Wohnliches, stilvoll renoviertes Renaissance-Landhaus mit unkom-

Toskana und Umbrien

Neu Villa Le Barone 179
I-50020 Panzano in Chianti

Tel. +39 055 85 26 21
Fax +39 055 85 22 77
www.villalebarone.com
info@villalebarone.com
Ostern bis Ende Oktober geöffnet

Preise
DZ 185–345 €
inklusive Frühstück

Das Chiantigebiet ist der perfekte Ort, um sich von Alltagsneurosen und notorischem Lifestyle-Überdruss zu befreien. Denn hier findet man garantiert Ruhe. Zudem gibt es feines Essen, traumhafte Landschaften und natürlich reizende Hotels – beste Voraussetzungen für angenehme Ferientage. Ein idealer Ausgangsort für Entdeckungstouren in die Toskana – Florenz ist 29 Kilometer, Siena 33 Kilometer entfernt – ist die «Villa Le Barone», ein ehemaliges Herrenhaus aus dem 16. Jahrhundert mit antiker Möblierung und romantischem Flair. Man schläft gut, frühstückt auf der pittoresken Hofterrasse und diniert auf der ebenso schönen Restaurantterrasse. Die Eile hat hier kein Zimmer, und jeder Tag hat genug Stunden. Bei der Heimreise ist man frisch gestärkt für Stadt- und Berufsleben.

Zimmer: ★★★★☆☆
24 komfortable, sehr unterschiedlich gestaltete Zimmer und Suiten mit Steinfussböden und heiteren Farben.
Küche: ★★★☆☆☆
Toskanische Spezialitäten, abends hin und wieder vom Buffet (30 € pro Person).
Freizeitangebot: ★☆☆☆☆☆
Freibad, Sauna, Massagen.
Anfahrt: Autobahn Firenze–Roma bis Ausfahrt Firenze Certosa, dann Schnellstrasse Richtung Siena bis Ausfahrt San Casciano. Bei der Ortseinfahrt San Casciano rechts abbiegen Richtung Empoli-Cerbaia und dieser Strasse 3 Kilometer bis zum Hotel folgen.

pliziert familiärer Gastlichkeit.
Lage: ★★★★★☆
In einer Gartenanlage mit Blick aufs Chiantigebiet. 17 Kilometer von Florenz entfernt.
Service: ★★★☆☆☆
Ländlich leger. Die Rezeption ist lediglich zwischen 8.30 und 20 Uhr besetzt.

Ambiance: ★★★★★★
Eingebettet in eine üppig bepflanzte Parkanlage bietet die

🆕 **Villa Bordoni** 180
I-50022 Greve in Chianti

Loc. Mezzuola
Via San Cresci 31/32
Tel. +39 055 854 7453
Fax +39 055 851 9114
www.villabordoni.com
info@villabordoni.com
Mitte März bis Anfang Januar geöffnet

Preise
DZ 190–310 €
Juniorsuite/Suite 260–425 €
inklusive Frühstück

charmante historische Villa ihren Gästen ein wunderbares Erlebnis in einer Welt fern der Welt.

Lage: ★★★★★★
Absolut ruhig in einem 6 Hektar grossen Park am Rand der Rebhänge und Olivenhaine.

Service: ★★★☆☆☆
Familiär freundlich, hin und wieder etwas gar geruhsam.

Zimmer: ★★★★☆☆
30 komfortable, sehr unterschiedliche Zimmer im regionaltypischen Landhaus-Look.

Küche: ★★★★☆☆
Authentische, gut zubereitete toskanische Spezialitäten aus natürlichen heimischen Produkten (viele aus dem eigenen Gemüse- und Kräutergarten).

Freizeitangebot: ★★☆☆☆☆
Freibad, Tennisplatz, Fahrräder, Besuche in umliegenden Weingütern, geführte Ausflüge.

Anfahrt: Autobahn Firenze–Roma bis Ausfahrt Firenze Certosa, dann Schnellstrasse Richtung Siena bis Ausfahrt San Donato. Landstrasse Richtung Castellina, in San Donato und Sicelle jeweils Richtung Piazza, an der ersten und zweiten Kreuzung jeweils links Richtung Greve. In Panzano Richtung Pfarrkirche San Leolino (auf der rechten Seite steile, enge Strasse hoch).

Die Hotellerie braucht Überzeugungstäter. Die Hotellerie braucht Leidenschaft und Hingabe. Stil. Ein Stück Wahnsinn. Und ein bisschen Witz und Spass. So entsteht ein Hotel wie die «Villa Bordoni»: charaktervoll, aufregend und natürlich schön. Das schottische Gastgeberpaar David und Catherine Gardner, das sich in Florenz mit den beiden lebendigen Szenerestaurants «Trattoria Baldovino» und «Ristorante Beccofino» einen Namen gemacht hat, hat das mehrhundertjährige Gebäude 2002 als Ruine mit dschungelartig verwildertem Garten gekauft und vier Jahre später als aussergewöhnliches Hotel eröffnet. Bei der farblichen Gestaltung der zehn Zimmer liess sich der florentinische Innenarchitekt von den Mustern der antiken Bodenkacheln in den jeweiligen Bädern leiten, und auch sonst ist jedes Zimmer ein kleines

Toskana und Umbrien

Kunstwerk für sich. Natürlich nimmt auch die Küche der «Villa Bordoni» einen hohen Stellenwert ein, mit lustvoll modernen Interpretationen toskanischer Spezialitäten, serviert in zwei einladenden Restauranträumen oder unter freiem Himmel auf der wunderbaren Terrasse. Rund um den Pool finden sich diverse verträumte Plätzchen im Halbschatten, und wer auch in den Ferien nicht auf Hightech-Fitnessmaschinen verzichten kann, findet diese an der frischen Luft unter einem schützenden Dach mitten im Park.

Ambiance: ★★★★★★
Zeitgemässes Landhaushotel, wo das Besondere zum Inventar gehört.

Lage: ★★★★★★
In einer Parkanlage in den grünen Chiantihügeln über dem Ort Greve, auf halbem Weg zwischen Florenz und Siena.

Service: ★★★★☆☆
Charmant und hilfsbereit.

Zimmer: ★★★★★★
10 luxuriöse, geschmackvoll extravagant gestaltete Zimmer und Suiten, alle mit sehr schönen Bädern.

Küche: ★★★★★☆
Tadellos zubereitete toskanische Marktküche aus saisonalen Frischprodukten. Sehr gute Weinauswahl.

Freizeitangebot: ★☆☆☆☆☆
Freibad, überdachter Open-air-Fitnessraum im Garten, Mountainbikes, Kochkurse.

Anfahrt: Autobahn Firenze–Roma bis Ausfahrt Firenze Süd, dann Landstrasse SS222 via Grassina, Strada in Chianti nach Greve in Chianti. Beim Ortseingang, unmittelbar vor der Esso-Tankstelle, in die Via L. Falsettacci einbiegen und der Beschilderung «Fattoria Zano», dann «Villa Bordoni» folgen.

> Neu **Tenuta di Ricavo** 181
I-53011 Castellina in Chianti

Ricavo
Tel. +39 0577 74 02 21
Fax +39 0577 74 10 14
www.ricavo.com
ricavo@ricavo.com
Ostern bis Ende Oktober geöffnet

Preise
DZ 144–246 €
Juniorsuite/Suite 280–400 €
inklusive Frühstück

Toskanische Nächte in verträumten, alten Landhäusern bleiben unvergesslich – fast immer bergen deren Mauern Geheimnisse einer langen Geschichte, die nicht selten bis ins Mittelalter zurückreicht. Das Erfolgsgeheimnis der Toskana ist ihr Traditionsbewusstsein. Das galt und gilt nicht nur für Küche und Handwerk, sondern auch für die Baukunst: Stets wurde das Vorgefundene liebevoll weiterentwickelt, wie sich auch in der Architektur der «Tenuta di Ricavo» ablesen lässt. Der kleine Weiler, dessen Ursprünge bis ins Jahr 994 zurückverfolgt werden können, wurde in den 1950er Jahren in ein Hoteldörfchen umgewandelt und seitdem kontinuierlich verbessert und an die Zeit angepasst – inklusive WLAN-Empfang in der ganzen Anlage. Die dreiundzwanzig Zimmer verteilen sich auf diverse Gebäude und verbreiten eine gepflegt-rustikale Atmosphäre. Im Restaurant mit stimmiger Terrasse im zentralen Hof fühlen sich auch Familien mit Kindern wohl, und die Schweizer Besitzerin Christina Lobrano-Scotoni sorgt für einen Empfang von aufrichtiger Freundlichkeit.

Ambiance: ★★★★★☆
Der kleine mittelalterliche Weiler hat eine Anziehungskraft, der man sich kaum entziehen kann. «Abitare la storia» ist hier kein leeres Wort.

Lage: ★★★★★☆
Allein in wildromantischer Natur, umgeben von Eichen- und Zypressenwäldern.

Service: ★★★★★☆
Tadellos. Man merkt die schweizerische Führung durch Christina Lobrano-Scotoni.

Zimmer: ★★★★☆☆
23 komfortable, sehr unterschiedliche Zimmer und Suiten.

Küche: ★★★★★☆
Auf den Tisch kommt beste toskanische Regionalküche, die durchwegs frischen Produkte haben einen so intensiven Geschmack, dass man die Sonne am Gaumen spürt. Guter Weinkeller.

Freizeitangebot: ★☆☆☆☆
Freibad, Fitnessraum.

Anfahrt: Autobahn Milano–Roma bis Ausfahrt Firenze Certosa, dann Schnellstrasse Richtung Siena bis Ausfahrt San Donato, dann links Richtung Castellina in Chianti. In Castellina den Hotelwegweisern folgen.

Toskana und Umbrien

Neu Villa Dievole   182
I-53019 Vagliagli/Castelnuovo Berardenga

Loc. Dievole 6
Tel. +39 0577 322 632
Fax +39 0577 321 018
www.villa-dievole.com
info@villa-dievole.com
Ganzjährig geöffnet

Preise
EZ 65–95 €
DZ 160–220 €
Suite 190–420 €
inklusive Frühstück

Dievole liegt so klassisch, wie ein Weingut in der Toskana nur liegen kann – zwölf Kilometer nordöstlich von Siena, umgeben von grüner Hügellandschaft, die weltweit als Garantie für schönste Glücksgefühle gilt. Eine beeindruckende Zypressenallee als Auffahrt, rund um eine kleine Kapelle dann eine Handvoll alter Gebäude, in denen die Produktionsstätten des Weinguts, fünf Villen mit sechsundzwanzig gepflegten Gästezimmern und Ferienapartments sowie ein Restaurant und eine Bar untergebracht sind. Früher traf sich hier der Florentiner Adel zur Landpartie, heute verbringen geniesserisch veranlagte Paare und Familien ihren Urlaub, ohne bei der Abreise finanziell ruiniert zu sein.

Ambiance: ★★★★★☆
Beeindruckender Agriturismo-Betrieb. Obwohl auf Dievole nichts nachgebaut ist, sondern alles original erhalten und sorgsam renoviert, denkt man unwillkürlich, dass dies der Prototyp für eine Hollywood-Produktion zum Thema Wein wäre.

Lage: ★★★★★★
Absolut allein für sich an berauschender Panoramalage inmitten der Hügel des Chianti classico.

Service: ★★★★☆☆
Das gut motivierte Hotelteam weiss, was althergebrachte Gastfreundschaft bedeutet und

sorgt mit warmherziger Italianità dafür, dass die Gäste sich wie Freunde des Hauses fühlen.

Zimmer: ★★★★☆☆
26 Zimmer und Suiten im toskanischen Landhausstil, alle mit Blick auf Weinberge und Olivenhaine.

Küche: ★★★☆☆☆
Toskanische Spezialitäten, die von den Weinen aus eigenem Anbau begleitet werden.

Freizeitangebot: ★★★☆☆☆
2 Freibäder, Wein- und Olivenöl-Seminare, Konzertabende, Vita-Fitnessparcours durch die Weinberge, Kinderspielplatz. Massagen, auf Wunsch in den Weinbergen. Geführte Ausflüge in die Toskana.

Anfahrt: Autobahn Milano–Roma bis Ausfahrt Firenze Certosa, dann Schnellstrasse Richtung Siena bis Ausfahrt Siena Nord. Am ersten und zweiten Kreisel jeweils links abbiegen und nach wenigen Kilometern rechts auf die SP102 Richtung Vagliagli.

Neu Relais Villa Belpoggio 183
I-52024 Loro Ciuffenna

Via Setteponti Ponente 40
Tel. +39 0559 694 411
www.villabelpoggio.it
info@villabelpoggio.it
Ganzjährig geöffnet

Preise
DZ 130–220 €
inklusive Frühstück

Die dreihundertjährigen Mauern strahlen eine Atmosphäre aus, die mit keinem Luxus der Welt aufzuwiegen ist. So, als würde von den Gebäuden eine Art Gelassenheit ausgehen – was nicht verwunderlich wäre, schliesslich haben diese Mauern schon die verschiedensten Besitzer und allerlei Wirren überdauert. Zuletzt war die «Villa Belpoggio» ein Kloster, bevor das Anwesen mit kleiner Kapelle Anfang des 21. Jahrhunderts in das heutige Hotel mit zwölf soliden Gästezimmern und zwei Ferienwohnungen umgewandelt wurde. Übrigens: Loro Ciuffenna zählt zu den schönsten Orten der Toskana, ohne jedoch von Touristenhorden und Souvenirläden in Beschlag genommen worden zu sein. Und der Gebirgszug des Pratomagno zwischen Florenz und Arezzo eignet sich dank seines Wegnetzes hervorragend zum Wandern.

Toskana und Umbrien

Ambiance: ★★★★☆☆

Alles hier ist echt, mit einer nachhaltigen Philosophie untermauert und von toskanischem Gepräge – von den Fresken an den Wänden über das Mobiliar bis zum regionaltypisch salzlosen Brot zum Frühstück.

Lage: ★★★★☆☆

In einem Garten mit plätscherndem Brunnen an den Hängen des Pratomagnos, mit Blick über das Arnotal und in die Chiantihügel.

Service: ★★★☆☆☆

Freundlich und hilfsbereit, aber nicht immer zur Stelle, wenn man ihn braucht.

Zimmer: ★★★☆☆☆

10 eher einfache, aber tadellos gepflegte Zimmer und 2 Suiten. Alle Zimmer mit Steinböden, doch ohne Klimaanlage.

Küche:

Kein Restaurant im Haus. Die Gastgeber kennen sich jedoch gut aus in der Region und stehen den Gästen mit Rat und Tat zur Seite.

Freizeitangebot: ★☆☆☆☆☆

Freibad, Kochkurse.

Anfahrt: Autobahn Firenze–Arezzo bis Ausfahrt Valdarno, dann rechts Richtung Terranuova Bracciolini und nach 500 Metern links, eine Eisenbahnbrücke unterqueren und im Kreisel Richtung Loro Ciuffenna. Nach 7 Kilometern und einem weiteren Kreisel links Richtung Castelfranco/Firenze und der Strasse 5 Kilometer bis zum Hotel folgen.

Neu Relais Sant'Elena 184

I-57020 Bibbona

Via Campo di Sasso
Tel. +39 0586 671 071
Fax +39 0586 671 882
www.relaissantelena.it
tenutagardini@gmail.com
Anfang April bis Anfang November geöffnet

Preise

DZ 140–340 €
inklusive Frühstück

Moira und Manoli Rossi Ciampolini haben den ehemaligen Familiensitz inmitten ihres Landwirtschaftsbetriebs Tenuta Gardini 2008 zum charmanten «Hideaway» umgebaut. Hinter den historischen Steinmauern verstecken sich liebevoll gestaltete Räume mit Terrakottaböden, alten Deckenbalken, schönen Antiquitäten und sanften Creme- und Erdfarben in Wandfarben und Stoffwahl. Im Zentrum steht der einladende Wohnsalon mit Kamin, hier wird auch das lukullische Frühstück mit diversen Brotsorten, hausgemachten Konfitüren und Kuchen, Honig, Käse, Salami, Früchten und Gemüsen serviert. Eine südliche Gelassenheit liegt in der Luft – alles wirkt so, als sei hier die Zeit schon immer etwas langsamer vergangen. Rund um das «Relais Sant'Elena» erstrecken sich 580 Hektaren hauseigenes Land mit Olivenhainen, Kornfeldern, Rebhängen und Macchia. Zu den Sandstränden der Riviera degli Etruschi sind es fünfzehn Autominuten beziehungsweise ein knappes Fahrradstündchen. Das Hotel heisst Kinder über elf Jahren willkommen.

Ambiance: ★★★★★☆

Toskanisches Landhaus mit einer grossen Portion Charme und zeitgemässem Flair.

Lage: ★★★★☆
In Alleinlage, umgeben von der eigenen Landwirtschaft.
Service: ★★★☆☆
Persönlich und hilfsbereit.
Zimmer: ★★★☆☆
12 wohnliche, teilweise eher kleine Zimmer und 3 Suiten. Die Zimmer im Erdgeschoss verfügen jeweils über eine kleine Gartenterrasse.
Küche:
Kein Restaurant im Haus.
Freizeitangebot: ★☆☆☆☆
Freibad.

Anfahrt: Autobahn La Spezia–Livorno–Rosignano Marittimo und weiter auf der Schnellstrasse E80 südlich bis Ausfahrt La California, dann 2 Kilometer Richtung Grosseto bis Abzweigung Bibbona. Nach 4 Kilometern (nach der Kirche) rechts Richtung Ortszentrum, dieses durchqueren und der Strasse weitere 2 Kilometer folgen bis zur Beschilderung «Tenuta Gardini».

Neu **Poggio ai Santi 185**
I-57027 San Vincenzo

Via San Bartolo 100
Tel. +39 0565 798 032
Fax +39 0565 798 090
www.poggioaisanti.com
poggioaisanti@toscana.com
Mitte Februar bis Anfang Januar geöffnet

Preise
Juniorsuite 140–218 €
Suite 153–396 €
inklusive Frühstück

Eine kleine Strasse führt von der tyrrhenischen Küste hinauf zum Oliven und Getreide produzierenden Landwirtschaftsbetrieb «Poggio ai Santi». Kein Baderummel und keine Stechmücken mehr, dafür ländliche Ruhe, eine angenehme Brise und weite Blicke aufs Meer – an klaren Tagen bis zur Insel Elba. Die elf Juniorsuiten und Suiten und das Restaurant spiegeln die Liebe zum Detail der Hausherrin Francesca Vierucci wider, deren Interieurs die ganze Sonne der Toskana eingefangen haben. Zum Frühstück, das im Sommer auf einer grossen Terrasse mit Blick aufs Meer und an kälteren Tagen in einem hübschen Wintergarten serviert wird, gibt es hausgemachtes Brot, hausgemachte Konfitüren, Früchtekuchen und eine grosse Auswahl regionaler Produkte, darunter auch diverse selbst produzierte biologische Honigsorten. Abends lädt das Restaurant zum Bleiben ein: Der Koch beherrscht sein Metier und setzt auf mediterrane Aromen. Für Familien mit Kindern unter vierzehn Jahren steht das benachbarte, ebenfalls zum Anwesen gehörende Landgut «La Muccharia» mit elf Ferienwohnungen und eigenem Pool zur Verfügung (www.muccheria.com).

Toskana und Umbrien

Ambiance: ★★★★★★
Luxuriöser, engagiert geführter Agriturismo-Betrieb mit zeitgemässem Dekor, vorwiegend in Beige- und Weisstönen.
Lage: ★★★★★★
Allein in sanfter Hügellandschaft 150 Höhenmeter über der Küste der nördlichen Maremma. 3 Kilometer vom nächsten Strand entfernt.

Service: ★★★★★☆
Die Herzlichkeit der Mitarbeiter ist ansteckend: Gute Laune schwebt über dem Haus.
Zimmer: ★★★★★★
2 komfortable, geräumige und ausgesprochen geschmackvoll gestaltete Juniorsuiten und 9 Suiten, verteilt auf Haupthaus und zwei Nebengebäude. Die meisten Suiten mit privater Terrasse.
Küche: ★★★★★☆
Toskanische Tischkultur in Vollendung.
Freizeitangebot: ★☆☆☆☆
Freibad.
Anfahrt: Autobahn La Spezia–Livorno–Rosignano Marittimo und weiter auf der Schnellstrasse E80 südlich bis Ausfahrt San Vincenzo, anschliessend weiter Richtung San Carlo und der Beschilderung «Poggio ai Santi» folgen.

Neu Borgo Santo Pietro 186
I-53012 Chiusdino

Loc. Palazzetto
Tel. +39 0577 75 1222
Kein Fax
www.borgosantopietro.com
info@borgosantopietro.com
Anfang April bis Anfang Januar geöffnet

Preise
DZ 230-550 Euro
Juniorsuite/Suite 450-1760 Euro inklusive Frühstück

Ungewöhnliche Menschen betreiben ungewöhnliche Hotels. Jeanette Thottrup, dänische Modedesignerin, und ihr Mann Claus, renommierter Immobilienmakler in London, sahen sich zu Beginn der Nullerjahre nach einer eigenen Ferienresidenz in der Toskana um. Ihren Traum vom privaten Zufluchtsort fanden sie in der Hügellandschaft der Maremma. «Borgo Santo Pietro» heisst das Landgut seit dem frühen 13. Jahrhundert, die Thottrups konnten es von einer alteingesessenen Familie kaufen. Sieben Jahre und einige Millionen Euro später sind eine Handvoll ockerfarbener Häuser zu einem kleinen Paradies mit geschmackvoll opulenter Innenarchitektur mutiert. Ein Paradies, das die Thottrups zunächst mit Freunden und Freundesfreunden teilten, und seit 2008 auch anspruchsvollen Hotelgästen öffnen. Die

233

Zimmerpreise im Hochsommer mögen den Rahmen dieses Führers sprengen, doch im Frühjahr und Herbst gelten meist «3 für 2 Nächte»-Angebote – und selbst der Höchstsaisonpreis von 350 Euro fürs stilvolle Zimmer ist jeden Euro wert. Die fünf Hektar grosse Gartenanlage zählt zu den schönsten der Toskana und lässt jedem Gast Freiräume für seine eigenen Vorstellungen. Hier darfst du sein, wie du bist, sagt dieses Hotel. Räkle dich, wie es dir gefällt. Alles ist möglich, wenn es passt. Du musst dich nicht dem Hotelrhythmus anpassen, sondern bist frei, zu frühstücken oder zu schwimmen oder zu Mittag zu essen, wann und wo du dies wünschst – Improvisation zugunsten des Gastes macht hier keinen nervös. Das «Borgo San Pietro» bietet etwas, das fast alle Hotels vorgeben, aber selten wirklich erreichen: Hier abzusteigen ist wie in einem exklusiven privaten Anwesen zu wohnen, dabei jedoch über die Ausstattung eines Luxushotels zu verfügen – etwa ein Spa, grosszügig ausgestattete Zimmer und ein perfekter, nie aufdringlicher Service. «Wenn ich mich selbst wohlfühle», sagt Jeanette Thottrup, «dann fühlen sich auch meine Gäste wohl!» So einfach ist das.

Ambiance: ★★★★★

Toskanisches Edel-Landhaus für alle, die sich bestens umsorgt, aber nicht wie in einem Hotel fühlen wollen. Zu den Besonderheiten gehören die jederzeit fühl- und erlebbare Nähe zur Natur und die Detailpflege im Innern: Auf den Lounge-Tischen stapeln sich schöne Bildbände, in den Salons knistern Kamine, beim Frühstück locken hausgemachte Brote und Marmeladen.

Lage: ★★★★★☆☆

In einer bezaubernden Gartenanlage, die an die urtümliche Wald- und Wiesenlandschaft des Valle Serena grenzt. Auf halber Strecke zwischen Massa Marittima und Siena (jeweils eine halbe Autostunde entfernt).

Service: ★★★★★

Das Servicekonzept lautet: Anti-Service. Damit sind nicht unfreundliche Portiers gemeint, die dem Gast signalisieren: Trage deinen

Toskana und Umbrien

Neu Locanda Vesuna 187

I-53020 Trequanda

blöden Koffer ruhig selbst. Es bedeutet vielmehr, dass die Mitarbeiter selbständig und situationsabhängig spüren, wann sie den überaufmerksamen Service zurücknehmen und den Gast besser allein lassen.

Zimmer: ★★★★★★
Die 11 luxuriösen Zimmer und Suiten sind auf die Villa und mehrere Nebengebäude verteilt und wirken so, als seien sie nicht für Fremde, sondern für Freunde konzipiert.

Küche: ★★★★★★
Raffinierte italienische Marktküche. Die meisten Zutaten stammen aus dem üppigen biologischen Gemüse- und Kräutergarten auf dem Hotelgelände.

Freizeitangebot: ★★★☆☆☆
Freibad, Spa mit zahlreichen Body- und Beauty-Behandlungen (auf Wunsch unter freiem Himmel), Weindegustationen, Mountainbikes.

Anfahrt:

Von Livorno auf der E80 Richtung Grosseto/Roma bis Ausfahrt «Follonica Est». Dann Landstrasse Richtung Siena/Massa Marittima. Nach 19 Kilometern rechts halten bei Località Pian dei Mucini/SS441 und weiter Richtung Siena bis Palazzetto. Bei der Dorfeinfahrt links in die Hoteleinfahrt einbiegen.

Podere Pecorile, Località Sant'Ambrogio
Tel. +39 0577 665 318
Fax +39 0577 665 319
www.locandavesuna.com
info@locandavesuna.com
Anfang März bis Ende Oktober geöffnet

Preise
EZ 100–120 €
DZ 140–180 €
Suite 200–260 €
ohne Frühstück (10 € pro Person)

Der italienische Schauspieler und Fernsehmoderator Marco Columbro hat sich hier 1998 den Traum vom eigenen Landhotel erfüllt. Beim Umbau des mehrhundertjährigen Gemäuers legte er Wert auf nachhaltig sinnvolle Sanierungstechniken, und auch die tägliche Bewirtschaftung der «Locanda Vesuna» beweist, dass Umweltbewusstsein und moderner Lifestyle heute perfekt zusammenpassen. Der Ausblick auf die zum Anwesen gehörende Landwirtschaft und die sanfte Hügellandschaft im Süden der Toskana ist überwältigend. Nichts stört die himmlische Ruhe – hier ist nur das Sirren der Zikaden zu hören, es riecht nach Lavendel und Rosmarin, und Monica, die Gastgeberin, agiert auch bei vollem Haus wohltemperiert souverän. Zu den Passionen des Hausherrn gehören weite Reisen, was sich an zahlreichen Accessoires aus Indien, Tibet, Südamerika und Ägypten ablesen lässt. Dennoch braucht man sich nicht vor einem wilden Sammelsurium zu fürchten – alles ist kunstvoll arrangiert und ergibt im Ganzen ein harmonisch-energetisches Ensemble mit «Seele». Nicht ganz zufällig war der Dalai Lama auch schon hier zu Gast.

Ambiance: ★★★★★★
Zurückhaltend elegantes, nach ökologischen Prinzipien funktionierendes Landgut, in dem kein Detail dem Zufall überlassen wurde.
Lage: ★★★★★★
Alleinlage in schönster Natur zwischen Trequanda und Pienza. Das Postkartenpanorama ist derart schön, dass man nicht die geringste Lust verspürt, diesen Ort zu verlassen.
Service: ★★★☆☆☆
Freundlich familiär.
Zimmer: ★★★★☆☆
4 komfortable, schlicht-schöne Zimmer und 4 Suiten.
Küche: ★★★☆☆☆
Das Restaurant steht nur Hausgästen und auf Voranmeldung zur Verfügung. Gekocht werden authentische toskanische Mittags- und Abendmenüs, stets mit vegetarischer Variante. Das Gemüse stammt weitgehend aus dem eigenen Garten.
Freizeitangebot: ★☆☆☆☆☆
Freibad, Aussen-Whirlpool, Billardsalon, Fahrradverleih, geführte Ausflüge.

Anfahrt: Autobahn Firenze–Roma bis Ausfahrt Valdichiana, dann Richtung Pienza und weiter auf der SS146 Richtung S. Quirico D'Orcia, nach 1,4 Kilometer rechts Richtung Trequanda. Nach weiteren 2,5 Kilometern die Brücke überqueren und 2 Kilometer dem Feldweg folgen.

Neu La Gioia 188
I-06044 Castel Ritaldi

Colle del Marchese 60
Tel. +39 0743 25 40 68
Fax +39 0743 25 40 46
www.lagioia.biz
benvenuti@lagioia.biz
Ende März bis Ende Oktober geöffnet

Preise
EZ 100–115 €
DZ 170–250 €
inklusive Frühstück

Was ist das Umbrische an Umbrien? Klar: die Natur, das Wetter. Ein Leben in Zeitlupe. Nichts lenkt ab von Sonne, grünen Hügeln und Dolcefarniente. Hört sich langweilig an? Ist es auch, wenn man sich nicht darauf einlässt. Sonst ist es ein Traum. Einfach nichts tun – eine Entziehungskur für Erlebnishungrige, fern von Turbotourismus, Partys, Verkehrsstaus, Kriminalität und italienischen Machos am Strand. Die umbrische Landschaft südlich der Toskana hat ein Hotel, das ihr entspricht: «La Gioia», die Freude. Das Feriengefühl fängt schon bei der Annäherung mit dem Auto an. Verlässt man die Autobahn bei Campello sul Clitunno, werden die Strassen immer schmaler und holpriger, hier ein Bauernhof, dort ein Olivenhain, dann ein Flüsschen und endlich das Hotel. Man muss sich gar nicht daran gewöhnen, hier zu sein, sondern fühlt sich auf Anhieb wohl und angenommen. Marianne und Daniel Aerni – beide aus der Deutschschweiz – sind die liebenswürdigsten Gastgeber, die man sich denken kann. Zudem haben sie beim Umbau der ehemaligen Oliven- und Getreidemühle im Jahr 2002 jenes Feingefühl bewiesen, die das zauberhafte Anwesen verdient. Sie haben es verstanden, die Eigenheiten des Hauses zu nutzen und zeitgemässen Komfort kunstvoll mit den alten Mauern zu verbinden. Durch die Fenster fällt der Blick auf den weitläufigen Garten, der es den Gästen schwer macht, die Hotelanlage für Ausflüge in die Umgebung zu verlassen. Liege- und Sitzplätze sind weit verstreut, unter Bäumen, versteckt am Bach, bei der Bocciabahn oder am Pool. Gemütlich im Halbschatten einer Pinie liegend, einen Strohhut tief in die Stirn gezogen, wird man mühelos Teil der Gesamtästhetik.

Toskana und Umbrien

Ambiance: ★★★★★★
Die Hotelanlage scheint gleichermassen aus der Landschaft herausgewachsen und in die Umgebung hineinkomponiert zu sein. Alles ist aus natürlichen Materialien, von den Terrakottaböden über die kalkverputzten Wände bis zu den Leinenstoffen, die aus traditionsreichen Webereien in Montefalco stammen.

Lage: ★★★★★☆
Allein für sich, umgeben von Wäldern, Feldern und Olivenhainen. Nachts leuchten die Sterne wie sonst nur mitten auf dem Ozean. Florenz und Rom liegen je zwei Autostunden entfernt.

Service: ★★★★★☆
Warmherzig, zuvorkommend, sehr persönlich.

Zimmer: ★★★★★☆
11 wohnliche Zimmer in zurückhaltend sonnigen Farben. Alle haben Terrakottaböden mit Bodenheizung und hübsche Bäder, einige eine Galerie zum Schlafen oder Arbeiten, andere einen eigenen Gartensitzplatz.

Küche: ★★★★★☆
Mediterrane Sonnenküche aus saisonalen Frischprodukten aus dem hauseigenen Biogarten und von regionalen Kleinproduzenten. Im Weinkeller lagern die besten umbrischen Gewächse.

Freizeitangebot: ★☆☆☆☆☆
Freibad, Mountainbikes, auf Wunsch Kochlektionen (anderthalb Stunden), grosse Bibliothek, riesige CD-Auswahl an Klassik und Jazz.

Anfahrt: Autobahn Chiasso–Bologna–Firenze–Perugia und weiter Richtung Rom bis Ausfahrt Campello sul Clitunno. Beim darauffolgenden Kreisel rechts Richtung Castel Ritaldi/La Bruna, in La Bruna rechts über die Brücke und nach 1 Kilometer (unmittelbar vor dem Autohändler «Ferroni Auto») links. Bei der nächsten Kreuzung (nach 1 Kilometer) rechts und nach 50 Metern gleich wieder links und den Wegweisern zum Hotel folgen.

Frankreich

L'Abbaye de Talloires 189
F-74290 Talloires

Chemin des Moines
Tel. +33 (0)450 60 77 33
Fax +33 (0)450 60 78 81
www.abbaye-talloires.com
abbaye@abbaye-talloires.com
Mitte Februar bis Mitte November geöffnet

Preise
DZ 170–380 €
Juniorsuite/Suite 510–620 €
ohne Frühstück (15 € pro Person)

Die Landschaft am Lac d'Annecy könnte einem Gemälde von Paul Cézanne nachempfunden sein. Tatsächlich war es aber umgekehrt: Cézanne, der hier den Sommer 1896 verbrachte, liess sich von der Szenerie zu einer Serie von Bildern inspirieren. Der Meister logierte noch im damaligen Benediktinerkloster aus dem 17. Jahrhundert. Die Mönche sind inzwischen ausgezogen, ansonsten ist vieles geblieben, wie es immer schon war. Die Atmosphäre ist ruhig und gedämpft, die dreissig meist einfachen Zimmer in den ehemaligen Mönchszellen gruppieren sich um eine beeindruckende Galerie. Die Klosterküche hat sich gewissermassen dem geschichtsträchtigen Ort angeglichen und bereitet von den Moden wenig belastete savoyische Gerichte zu. Im Sommer werden Frühstück, Mittag- und Abendessen im verträumten Garten serviert – Letzteres bei Kerzenlicht.

Ambiance: ★★★★★★
Stolzes Klostergebäude mit romantischem Flair. Die Vergangenheit liegt hier in der Luft und kann förmlich eingeatmet werden.

Lage: ★★★★★★
Pittoresk an der Seepromenade von Talloires. Nach hinten ein schöner privater Garten.

Service: ★★★☆☆☆
Wechselhaft. Vieles klappt mehr durch Zufall als nach Plan.

Zimmer: ★★★☆☆☆
In allen 30 Zimmern geniesst man den Luxus des Einfachen, etwas weniger einfach ist das sehens- und erlebenswerte «Chambre du Prieur».

Küche: ★★★☆☆☆
Korrekt zubereitete savoyische Spezialitäten. Gute Weine aus Savoyen und ganz Frankreich.

Freizeitangebot: ★☆☆☆☆☆
Kleiner Wellnessbereich mit Sauna, Whirlpool, Massagen und Beautybehandlungen.

Anfahrt: Autobahn Genf–Annecy bis Ausfahrt Annecy Süd, Richtung Stadtzentrum/östliches Seeufer, dann Richtung Thônes bis Talloires. Das Hotel liegt im Hafen des kleinen Ferienorts.

🆕 Les Grands Montets 190
F-74400 Argentière-Chamonix

Chemin des Arbérons 340
Tel. +33 (0)450 54 06 66
Fax +33 (0)450 54 05 42
www.hotel-grands-montets.com
info@hotel-grands-montets.com
Ende Juni bis Ende August und
Mitte Dezember bis Ende April
geöffnet

Preise
EZ 106–170 €
DZ 116–210 €
Suite 180–270 €
Familien-Duplexzimmer
(2 Erwachsene + 2 Kinder)
145–260 €
inklusive Frühstück

Weite Glasfronten holen die höchsten Berge Europas ins Innere, und selbst in den dunkelsten Wintermonaten gelangt viel Tageslicht in die gemütlich eingerichteten öffentlichen Räume. Von vielen anderen schmucken Hotels am Fuss des Montblanc unterscheidet sich das «Les Grands Montets» durch die erstaunlich erschwinglichen Preise. Fast könnte man sagen, es sei zu günstig, zumindest für ein gutes Dreisternehotel in den savoyischen Alpen. Ziel des Gastgeberpaars Stella und Alain Blanc-Paque ist es jedoch, auf ehrliche, gastfreundliche, gemütliche und nicht zuletzt bezahlbare Weise seinen Gästen die Freude an den Bergen zu vermitteln und eine ungekünstelt-persönliche Atmosphäre zu schaffen. Und das gelingt hier bestens.

Ambiance: ★★★★☆☆
Unkompliziertes und doch sehr gepflegtes savoyisches Ferienhotel, ideal für wintersportbegeisterte Paare und Familien.

Lage: ★★★☆☆☆
Am Fuss des Skigebiets bei der Talstation der Bergbahnen, mit schönem Blick auf das Montblancmassiv.

Service: ★★★★☆☆
Familiär freundlich und sehr hilfsbereit.

Zimmer: ★★★☆☆☆
48 unterschiedliche, unprätentiös angenehme Zimmer und Familienappartements, die meisten mit Balkon. Die Zimmer blicken entweder zum Montblanc oder auf den Glacier d'Argentière.

Küche: ★★★☆☆☆
Kein Restaurant im Haus. Hübsche Kamin-Lounge mit Bar.

Freizeitangebot: ★★☆☆☆☆
Hallenbad, Aussen-Whirlpool, Sauna, Dampfbad, Fitnessraum, Massagen, Billard.

Anfahrt: Autobahn Genf–Montblanc bis zum Autobahnende und weiter nach Chamonix, dort auf der Landstrasse N506 Richtung Martigny. Nach Les Grassonnets bei der Brücke die Hauptstrasse verlassen und den Wegweisern «La Rosière» und «Téléphériques des Grands Montets» folgen. Das Hotel liegt auf der rechten Seite am Rand des Parkplatzes der Bergbahnen.

Au Coin du Feu 191
F-74120 Megève

Route du Téléphérique
de Rochebrune
Tel. +33 (0)450 21 04 94
Fax +33 (0)450 21 20 15
www.coindufeu.com
contact@coindufeu.com
Mitte Dezember bis Ende März
geöffnet

Preise
DZ 190–355 €
Juniorsuite 315–390 €
inklusive Frühstück
(18 € pro Person)

Das «Coin du Feu» ist der Prototyp eines charmanten savoyischen Chalet-Hotels, das absolutes Wohlbehagen weckt. Es zählt zur Hotelsammlung von Jocelyne und Jean-Louis Sibuet, denen auch weitere und deutlich teurere Häuser im Dorf gehören («Les Fermes de Marie», «Le Lodge Park», «Mont-Blanc»). Das «Coin du Feu» ist ihr authentischster und intimster Betrieb. Ländlicher Chic und savoyisches Savoir-vivre vereinigen sich hier zu einem unvergesslichen Erlebnis für alle, die Tradition und gepflegte Gastlichkeit lieben. Zum Erfolgsgeheimnis der Sibuets gehört der Mut zum Klischee: Im Salon knistert stets ein Kaminfeuer, viel altes Holz an Wänden und Decken, restaurierte Bauernmöbel, karierte Stoffe, naive Bilder, Hirschgeweihe, getrocknete Blumen sowie tausend wohnliche Accessoires. Am Abend isst man bei Kerzenlicht im Restaurant «Le Saint Nicolas» an hübsch gedeckten Tischen. Um jedoch zu den Glücklichen zu gehören, die hier zur winterlichen Hauptsaison unterkommen, muss man frühzeitig reservieren.

Ambiance: ★★★★★★
Alpines Bijou mit sehr viel Charme.

Lage: ★★★★☆☆
Am oberen Dorfrand, wenige Schritte vom Zentrum und von der Talstation der Seilbahn entfernt.
Service: ★★★★★☆
Die Gastgeber sind Meister der kleinen Gesten und lassen vom Moment der Ankunft vertrautes Wohlgefühl aufkommen.
Zimmer: ★★★★☆☆
23 kuschelige, teilweise etwas gar kleine Zimmer.
Küche: ★★★★☆☆
«Le Saint Nicolas» zählt zu den beliebtesten Restaurants des Ortes und setzt auf schmackhafte savoyische Spezialitäten. Auch einfachere Gerichte wie Fondue oder Raclette werden hier zu einem kleinen Fest.
Freizeitangebot: ★☆☆☆☆☆
Sauna, Fitnessgeräte.

Anfahrt: Autobahn Genf–Montblanc bis Ausfahrt Sallanches, dann Landstrasse nach Megève. Das Hotel liegt an der Strasse nach Rochebrune.

Neu **Le Couvent des Minimes** 192
F-04300 Mane-en-Provence

Chemin des Jeux-de-Maï
Tel. +39 (0)492 74 77 77
Fax +39 (0)492 74 77 78
www.couventdesminimes-hotel-spa.com
reservations@couventdesminimes-hotelspa.com
Ganzjährig geöffnet

Preise
DZ 170–415 €
Juniorsuite/Suite 370–670 €
ohne Frühstück (25 € pro Person)

Die sich um einen schönen Innenhof gruppierenden Gebäude eines ehemaligen Paulanerinnen-Klosters aus dem frühen 17. Jahrhundert wurden 2008 aufwendig zum puristisch schicken Hotel umgebaut. Die beiden Restaurants, die Lounge-Bar, die Bibliothek mit Kamin, das kleine Spa und die sechsundvierzig Zimmer präsentieren sich in zurückhaltend moderner Eleganz, wie sie in der Provence sonst kaum anzutreffen ist. Dabei hat das «Couvent des Minimes» nur noch wenig zu tun mit den typischen Designhotels der neunziger Jahre, deren Zimmer man nach japanischem Vorbild einfach ausräumte, damit der Gast die unglaubliche Enge nicht spürte, oder mit dem Personal, das zwar hübsch lächelte und modisch gekleidet war, einen einfachen Milchkaffee jedoch nicht ohne ein kleines Malheur servieren konnte. Bei aller ästhetischen Schlichtheit strahlt das «Couvent des Minimes» viel atmosphärische Wärme und regionale Verwurzelung aus. Der Gast kann mit allen Sinnen spüren, wo er ist – auch kulinarisch. Und damit auch bei vollem Haus niemals Hektik aufkommt, dafür ist Hotelier Pierre-Alexandre Francin besorgt. Sein wichtigstes Handwerkszeug ist unsichtbar: Fingerspitzengefühl, Diskretion, Menschenkenntnis. Francin setzt um, was in unserer Zeit von selbstverständlich zu aussergewöhnlich geworden ist: Er fühlt sich als erste Servicekraft in seinem Hotel, ohne jemals an Würde zu verlieren.

Ambiance: ★★★★★
Ein Traum für Ästheten und eine besonders gelungene Mischung aus mittelalterlicher Architektur und klarem, modernem Design – ohne böses Erwachen beim Bezahlen der Rechnung.
Lage: ★★★★☆
Ruhig und sonnig in einer terrassenförmigen Gartenanlage

Provence

über dem Dorf – keine Strasse, keine Siedlung rückt der Idylle zu nah. Um jedoch möglichen Enttäuschungen vorzubeugen, muss gesagt sein, dass der Ort zwar geografisch zur (nördlichsten) Provence gehört, aber noch nicht das typische Bilderbuch-Provence-Gefühl heraufbeschwört.

Service: ★★★★★★
Der hochprofessionellen Crew gelingt es, ein legeres Lebensgefühl mit gekonntem Service zu verbinden.

Zimmer: ★★★★★★
40 luxuriöse, geschmackvoll gestaltete Zimmer und 6 Suiten. Kostenloses WLAN in allen Zimmern und im ganzen Hotel.

Küche: ★★★★★☆
Ausgezeichnete mediterrane Marktküche in 2 Restaurants.

Freizeitangebot: ★★★☆☆☆
Freibad, Hallenbad, Tennisplatz, Fitnessraum, Leihfahrräder, Boule-Plätze, Bibliothek, Billardtisch, Wellnessbereich mit Saunawelt und diversen Körper- und Beautybehandlungen.

Anfahrt: Autobahn Aix-en-Provence–Gap bis Ausfahrt La Brillane, dann Landstrasse nach Forcalquier, den Ort durchqueren und weiter nach Mane-en-Provence. In Mane links Richtung Manosque und vor dem Ortsende links in den Chemin des Jeux-de-Mai.

Neu Château de Massillan 193
F-84100 Uchaux

Chemin de Hauteville
Tel. +39 (0)490 40 64 51
Fax +39 (0)490 40 63 85
www.chateau-de-massillan.com
reservation@chateau-de-massillan.com
Anfang April bis Ende Oktober geöffnet

Preise
DZ 195–535 €
Suite 655 €
ohne Frühstück (19 € pro Person)

Die Geschichte des Anwesens lässt sich bis ins Jahr 1550 zurückverfolgen, als Heinrich II. das befestigte Gebäude für seine bevorzugte Geliebte Diane de Poitier als Jagdschloss erbauen liess. Weitere Anbauten stammen aus dem 17. Jahrhundert. Die heutige Mitbesitzerin, die in London ansässige deutsche Innenarchitektin Birgit Israel, hat das «Château de Massillan» zu einem zeitgemässen Boutiquehotel umgestaltet. Das hat sie Millionen gekostet. Aber sie wusste offensichtlich, was sie tat – und was sie wollte: ein Hotel mit einer ganz besonderen Note – ihrer. Der historischen Architektur und den ausgesuchten Antiquitäten stellt sie modernes Mobiliar und originelle Wohnaccessoires gegenüber. Im Zentrum steht der grosse, in sich geschlossene und deshalb auch windgeschützte Innenhof mit Brunnen, Restaurant- und Loungeterrassen sowie – durch Pflanzen verdeckt – einem schönen Freibad mit Sonnenliegen. In der ganzen Anlage hört man Tag und Nacht nichts anderes als den Wind in den Bäumen – die nahen Touristenzentren im Land des Lavendels scheinen weit weg.

Ambiance: ★★★★★★
Romantisch-luxuriöser Landsitz aus dem 16. Jahrhundert mit wunderbar eklektischem Design-

Château de Montcaud 194
F-30200 Sabran

Hameau de Combe-Sabran
Tel. +33 (0)466 89 60 60
Fax +33 (0)466 89 45 04
www.chateau-de-montcaud.com
montcaud@relaischateaux.com
Mitte April bis Mitte Oktober
geöffnet

Preise
DZ 170–390 €
Juniorsuite/Suite 450–750 €
ohne Frühstück (23 € pro Person)

Deko in alten Mauern. Ein Rückzugsort für detailverliebte Ästheten und laut dem englischen Lifestyle-Magazin «Tatler» «the ultimate in bohemian shabby chic».

Lage: ★★★★★☆
Allein für sich in einer herrlichen Parkanlage, die direkt in die umliegenden Weinberge übergeht. In der nördlichen Provence zwischen Bollène und Orange.

Service: ★★★☆☆☆
Unkompliziert familiär.
Zimmer: ★★★★☆☆
12 komfortable, geschmackvoll gestaltete, teilweise jedoch etwas kleine Zimmer und 1 Suite.
Küche: ★★★★☆☆
Moderne französische Marktküche aus regionalen Frischprodukten.
Freizeitangebot: ★☆☆☆☆☆
Freibad.

Anfahrt: Autobahn Valence–Avignon bis Ausfahrt Bollène, dann Landstrasse Richtung Nyons/Vaison-la-Romaine, nach 2 Kilometern auf die D994 Richtung Nyons und nach weiteren 1,5 Kilometern rechts auf die D12 Richtung Uchaux. Im Ort Les Farjons (gegenüber der Kirche) rechts in die sehr schmale Strasse abbiegen und dieser 1 Kilometer folgen bis zum Hoteltor.

Rudy W. Baur geht mit dem Leben etwas anders um als andere. Er sucht das Aussergewöhnliche, das Magische, das Schöne. Er sagt, er tue dies, weil er das normale, bleierne Leben oft nicht ertrage, das Grobe, das Fantasielose – «ich stelle meine Wirklichkeit dagegen». Seine Wirklichkeit hat der engagierte Deutschschweizer im Jahr 1992 in der nördlichen Provence kreiert, indem er aus einem heruntergekommenen Landgut ein kleines Traumhotel gemacht hat. Sobald man das Eingangstor hinter sich gelassen hat, scheint der touristische Trubel der Provence weit entfernt. Eine natürliche Harmonie liegt über dem gepflegten Anwesen. Man hat das Gefühl, sich in einer privaten Residenz aufzuhalten, was das «Château Montcaud» einst auch war. Von den achtundzwanzig freundlichen Zimmern und Suiten blickt man

Provence

auf den weitläufigen Park mit jahrhundertealten Bäumen. Rudy W. Baur empfängt jeden Gast, als wäre er ein persönlicher Freund, beantwortet geduldig Fragen zu Ausflugsmöglichkeiten in der Umgebung. Feinschmecker geniessen das tägliche Fest im Restaurant, Kinder den weiten Auslauf im Park und Eltern die Ruhe, die hier nur durch das Zirpen der Zikaden unterbrochen wird.

Ambiance: ★★★★★★
Elegantes Landhaus mit Stil, Klasse und schweizerischem Qualitätsbewusstsein bis ins Detail.
Lage: ★★★★☆☆
In einem gepflegten, 5 Hektar grossen Park in der wildromantischen, leicht hügligen Landschaft der nördlichen Provence.
Service: ★★★★★☆
Sympathisch, ohne Fehl und Tadel.

Zimmer: ★★★★☆☆
28 komfortable Zimmer und Suiten. Die grosszügigeren Zimmer befinden sich im Château, die einfacheren im Empfangs- und Restaurantgebäude.
Küche: ★★★★★☆
Fein zubereitete mediterrane Spezialitäten mit frischen Erzeugnissen der Region. An warmen Sommerabenden wird das Diner im idyllischen Patio serviert.
Freizeitangebot: ★★☆☆☆☆
Freibad, Tennisplatz, Bouleplatz, Bikes. Musikabende, jeden Sonntag im Sommer Louisiana-Jazz-Lunch. Kinderspielplatz.

Anfahrt: Autobahn Valence–Marseille bis Ausfahrt Bollène, von dort Landstrasse nach Pont St-Esprit und Bagnols-sur-Cèze, dann 4 Kilometer auf der Landstrasse D6 Richtung Alès. Das Hotel ist ausgeschildert.

Neu La Treille Muscate 195
F-26270 Cliousclat

Tel. +39 (0)475 63 13 10
Fax +39 (0)475 63 10 79
www.latreillemuscate.com
latreillemuscate@wanadoo.fr
Mitte Februar bis Mitte Dezember geöffnet

Preise
DZ 65–150 €
inklusive Frühstück

Alles in diesem kleinen Dorfhaus-Hotel ist eine Herzensangelegenheit. Die zwölf hübschen Zimmer, das einladende Restaurant mit Kamin und Gewölbedecke, die naturverbundene Küche und der nette Empfang sind von jener schönen Schlichtheit, in der man sich sogleich wohlfühlt. Auf den beiden Terrassen – die eine zum Dorf, die andere im Garten mit weitem Blick in die wunderbare Hügellandschaft – geniesst man abends in aller Seelenruhe warmen Ziegenkäse auf grünem Salat, Rotbarbenfilets auf Pistousauce oder Lammcarrée mit Ratatouille, trinkt dazu einen Côte du Rhone und denkt darüber nach, warum die besten Dinge im Leben eben keine Dinge sind.

Ambiance: ★★★★★☆
Provence pur. In den Räumen dominieren die Farben dieser Landschaft – Pistaziengrün,

Pfirsichorange und Sonnenblumengelb.
Lage: ★★★★★☆
Im Ortszentrum des Bilderbuch-Dörfchens zwischen Valence und Montélimar.
Service: ★★★☆☆☆
Unkompliziert familiär.
Zimmer: ★★★☆☆☆
12 eher kleine, freundliche Zimmer.
Küche: ★★★★☆☆
Lecker zubereitete provenzalische Gerichte zu genussfreundlichen Preisen.
Freizeitangebot:
Kein spezifisches Angebot.

Anfahrt: Autobahn Valence–Avignon bis Ausfahrt Loriol, dann Landstrasse RN7 Richtung Montélimar und nach einigen Kilometern links auf die D57 Richtung Cliousclat abbiegen.

Le Mas du Loriot 196
F-84220 Murs-en-Provence

Route de Joucas
Tel. +33 (0)490 7262 62
Fax +33 (0)490 7262 54
www.masduloriot.com
hotel@masduloriot.com
Ende März bis Mitte November geöffnet

Preise
DZ 55–135 €
ohne Frühstück (12 € pro Person)

Das mediterran geprägte Naturschutzgebiet des Lubéron bildet für viele Besucher das Herz der Provence – und ist Millionen von Lesern in aller Welt aus den Geschichten des britischen Erfolgsautors und Provence-Propheten Peter Mayle bekannt. In den spektakulär gelegenen Felsnestern und hübschen Dörfern – Gordes, Lacoste, Bonnieux, Roussillon – hat man das Gefühl, Hunderte von Kilometern von der übrigen Welt entfernt zu sein. Die Strassen sind von mächtigen Bäumen gesäumt. Die Luft duftet herrlich nach Thymian, Rosmarin und Lavendel. Das Licht strahlt wie auf den

Provence

Gemälden Cézannes, und die Häuser leuchten in warmen Ockertönen. Ein Logenplatz in dieser landschaftlichen Szenerie lässt sich im «Mas du Loriot» reservieren, ein unprätentiöses kleines Hotel mit Flair. Es lebt in erster Linie von der Aussicht, von der man einfach nicht lassen kann – man kann aber auch einen Blick nach innen wagen: Frische Farben prägen die schlichte, gemütliche Einrichtung. Unter den Gästen kennt man sich schnell, es wird gelacht, herzlich gegrüsst oder auch mal kurz verweilt, um sich gegenseitig einen Schwank aus dem Leben zu erzählen.

Ambiance: ★★★★☆☆
«Mas» ist das provenzalische Wort für «Maison» (Haus) und im Süden Frankreichs ein recht beliebter Name für Gasthäuser. Ein schönes Exemplar seiner Gattung ist das «Mas du Loriot». Wer einmal bei Sonnenuntergang auf der Terrasse dieses authentischen Gehöfts diniert hat, ist der Provence verfallen.

Lage: ★★★★★★
Inmitten der duftenden Garrigues, mit weitschweifendem Panorama-blick auf den Lubéron. Das lauteste Geräusch ist der Gesang der Zikaden.

Service: ★★★★☆☆
Christine und Alain Thillard sind um einen freundlich familiären Empfang besorgt und stehen den Gästen mit verlässlichen Tipps zu Ausflügen und Restaurants zur Verfügung.

Zimmer: ★★★☆☆☆
7 kleine, gemütliche Zimmer nach Süden, alle im Erdgeschoss, davon 6 mit privaten Terrassen.

Küche: ★★☆☆☆☆
Montag-, Mittwoch- und Freitagabend bekocht Madame Thillard auf Wunsch und Voranmeldung die Hausgäste (Menü 30 € pro Person).

Freizeitangebot: ★☆☆☆☆☆
Schönes Freibad.

Anfahrt: Autobahn Valence–Marseille bis Ausfahrt Cavaillon, dann Landstrasse D2 Richtung Apt, in Coustellet nach Gordes abbiegen, Gordes links liegen lassen und 4 Kilometer weiter auf der D102 nach Joucas. Dort nochmals 4 Kilometer weiter auf der Strasse nach Murs.

Neu La Bastide de Voulonne   197
F-84220 Cabrières d'Avignon

Tel. +33 (0)490 76 77 55
Fax +33 (0)490 76 77 56
www.bastide-voulonne.com
contact@bastide-voulonne.com
Mitte Februar bis Mitte November geöffnet

Preise
DZ 95–150 €
Dreierzimmer 180–205 €
Viererzimmer 220–245 €
ohne Frühstück (12 € pro Person)

«Demeure d'hôtes – Auberge de charme» steht im Hotelprospekt. Tatsächlich strahlt dieses Haus aus dem 18. Jahrhundert liebenswürdige Gastlichkeit und provenzalisches Wohlgefühl aus. Penny und Julien Hemery geben jedem Gast

Ambiance: ★★★★☆
Provenzalisches Landhaus mit einer grossen Portion Charme.
Lage: ★★★★☆☆
Ruhig in einer 5 Hektar grossen Gartenanlage in der Lubéron-Ebene, umgeben von Weinfeldern und Obstplantagen.
Service: ★★★☆☆
Freundlich und aufmerksam.
Zimmer: ★★★☆☆
10 komfortable, liebevoll eingerichtete Zimmer und 3 Suiten.
Küche: ★★☆☆☆
Authentische, vom Süden inspirierte Gerichte aus marktfrischen Bioprodukten an der abendlichen «Table d'hôtes» um 20 Uhr (auf Wunsch und vorherige Reservation, 32 € pro Person).
Freizeitangebot: ★☆☆☆☆
Freibad.

Anfahrt: Autobahn Valence–Marseille bis Ausfahrt Avignon Süd, dann Richtung Apt bis Coustellet. Bei der Kreuzung in Coustellet Richtung Gordes/Cabrières. Beim Kreisel Collège du Calavon Richtung Gordes/Les Imberts und nach 1 Kilometer nach rechts abbiegen und 600 Meter bis zum Hotel linker Hand.

das Gefühl, ein Freund des Hauses zu sein. Das Interieur wurde stilsicher in den Farben, Stoffen und Materialien des Südens gestaltet – Orange, Gelb und Ziegelrot geben den Ton an, die Böden sind fast durchwegs aus Terrakotta, die Möbel aus Rattan oder hellem Holz. An der abendlichen «Table d'hôtes» finden sich Gastgeber und Gäste zu leckerem Essen und gemütlichem Beisammensein im Speiseraum mit historischem Holzbackofen oder im Innenhof neben dem plätschernden Brunnen ein. Die intensiven, betörenden Aromen, die man hier an einem Sommerabend unter dem unendlich weiten Sternenhimmel der Provence einatmet, vermischen sich zu einer balsamischen Mischung, die man in keiner Parfümflasche nach Hause tragen kann.

La Maison de Bournissac   198
F-13550 Paluds-de-Noves

Montée d'Eyragues
Tel. +33 (0)490 90 25 25
Fax +33 (0)490 90 25 26
www.lamaison-a-bournissac.com
bournissac@wanadoo.fr
Mitte Februar bis Anfang Januar geöffnet

Preise
DZ 145–240 €
Suite (2–4 Personen) 210–270 €
ohne Frühstück (17 € pro Person)

In Südfrankreich gibt es eine Handvoll Hotels, die das provenzalische Lebensgefühl mit moderner Sensibilität interpretieren und gekonnt zwischen raffiniertem und rustikalem Ambiente balancieren.

Das «La Maison de Bournissac» bei Saint-Rémy zählt dazu. Den herrlichen Anblick, wenn bei der Anfahrt das stolze Gehöft inmitten von sanft geschwungenen Rebhängen und Olivenbaumzuchten auftaucht, vergisst man nicht so schnell. Dann tritt man ein und gerät in fein dosierte Aufregung: Getrocknete Lavendelsträusse, helle Leinenstoffe, lässig aufgemöbelte Antiquitäten, Kunstbücher, originelle Wohnaccessoires und riesige Terrakottatöpfe rivalisieren in ihrer Anmut und Schönheit miteinander. Alles ist stilsicher bis ins Detail, als würden gleich die Fotografen für ein Modemagazin hereinschauen. Jedes der dreizehn schlicht-

schönen Gästezimmer ist ein
Unikat. Wer einmal seine sieben
Sachen ausgepackt hat, will
gar nie wieder weg.

Ambiance: ★★★★★★
Hier wohnt man nicht wie im
Hotel, sondern wie bei einem
Freund mit besonders gutem Ge-
schmack. Eine Adresse zum
Durchatmen – und ein Ort, den
man geheim halten möchte.

Lage: ★★★★★☆
Auf einem Hügel mit schönem
Ausblick auf die Bergkette
der Alpilles. Die Hotelanlage geht
direkt in den angeschlossenen
Landwirtschaftsbetrieb Domaine
de Bournissac über.

Service: ★★★★★☆
Zuvorkommend und gastorientiert.

Zimmer: ★★★★☆☆
10 heiter stimmende Zimmer und
3 Suiten. Manche der Zimmer sind
etwas klein, aber durchwegs geschmackvoll schlicht eingerichtet.

Küche: ★★★★★★
Begeisternde, mit einem Michelin-
Stern ausgezeichnete mediterrane
Gourmetküche.

Freizeitangebot: ★☆☆☆☆☆
Freibad, Kinderspielplatz.

Anfahrt: Autobahn Valence–
Marseille bis Ausfahrt Avignon
Süd, dann Landstrasse D30 via
Noves Richtung Saint-Rémy-de-
Provence bis zur Abzweigung
nach Eyragues. Dort nach rechts in
die Landstrasse D29 einbiegen
und 2 Kilometer bis zur Hoteleinfahrt.

Les Ateliers
de l'Image 199
F-13210 Saint-Rémy-de-Provence

Boulevard Victor Hugo 36
Tel. +33 (0)490 92 51 50
Fax +33 (0)490 92 43 52
www.hotelphoto.com
info@hotelphoto.com
Anfang März bis Ende November
geöffnet

Preise
DZ 165–380 €
Suiten 300–600 €
ohne Frühstück (19 € pro Person)

Mitten im quirligen Saint-Rémy
und doch wie auf dem Land:
Das Hotel liegt in einer grossen
privaten Parkanlage im Ortszentrum, und alles sieht hier in
Wirklichkeit viel besser aus als
im Hotelprospekt – und das ist
höchst selten. Auf moderne Ästhetik wurde hoher Wert gelegt, die
Symbiose aus Avantgarde und
Provence-Flair, aus kühler Ästhetik
und Wohlfühlatmosphäre, aus
Kunst und Komfort, ist hier exemplarisch gelungen. Zahlreiche
Jungfamilien aus Paris verbringen
hier ihre Sommerferien – Kinder
aller Altersstufen beleben die mit
zeitgenössischer Fotografie deko-
rierten öffentlichen Räume. Die
Herzlichkeit der Mitarbeiter ist
ansteckend: Gute Laune schwebt

Provence

über der lichtdurchfluteten Hotelanlage.

Ambiance: ★★★★★★
Das einstige Kino ist seit 2002 ein modernes Hotel mit Zimmern und Fotogalerie, lässig und informell, mit unverhofften, unverkennbaren architektonischen Qualitäten sowie konstant guter Service- und Küchenleistung. Diese Art von Understatement (zu gut deutsch: mehr sein als scheinen) gehört zum Markenzeichen des Hauses.

Lage: ★★★★★★
In einer weitläufigen privaten Parkanlage im Ortszentrum.

Service: ★★★★★☆
Liebenswert und unaufdringlich effizient.

Zimmer: ★★★★★☆
28 raffiniert schlicht gestaltete Zimmer und 4 Suiten (1 Suite mit Hängebrückenverbindung zu einem Baumhaus). Die Zimmer im «Espace Atelier» blicken zur Strasse, diejenigen im «Espace Provence» auf die Alpilles.

Küche: ★★★★☆☆
Fein zubereitete provenzalische Marktküche. Sushi-Bar (nur im Sommer geöffnet). Herrliche, teilweise überdachte Terrasse mit Blick in den Garten und auf die Alpilles.

Freizeitangebot: ★★☆☆☆☆
Sehr schönes Freibad im Park. Massagen. Fotokurse. Regelmässig Jazz- und Klassikkonzerte sowie Fotoausstellungen.

Anfahrt: Autobahn Valence–Marseille bis Ausfahrt Cavaillon, dann Landstrasse D99 bis Saint-Rémy. Das Hotel liegt an der Strasse, welche die Innenstadt umrundet.

La Bastide d'Eygalières 200
F-13810 Eygalières

Chemin de Pestelade/Route d'Orgon
Tel. +33 (0)490 95 90 06
Fax +33 (0)490 95 99 77
www.labastide.com.fr
contact@hotellabastide.com
Ganzjährig geöffnet

🍋 Preise
EZ 76–96 €
DZ 84–145 €
Suite (4 Personen) 115–170 €
ohne Frühstück (12 € pro Person)

Das lang gestreckte provenzalische Gehöft mit den blauen Fensterläden hat seine Authentizität bis heute zu erhalten vermocht. Man wird empfangen wie in einem unkomplizierten Privathaus und fühlt sich auch so. Die vierzehn Zimmer sind mit Sinn für Ästhetik und fürs Detail gestaltet – und sind aufgrund des guten Preis-Leistungs-Verhältnisses leider oft ausgebucht. Ein Schwimmbad sorgt im Sommer für Entspannung, und als Abwechslung zum Hotelrestaurant finden sich im nahe gelegenen Dorf Eygalières eine Handvoll empfehlenswerter Restaurants, allen voran das «Maison Bru» (trendige mediterrane Gourmetküche, zwei Michelin-Sterne).

Ambiance: ★★★★☆☆
Ein Ort voller Charme und provenzalischer Heiterkeit.

D'Arlatan 201
F-13631 Arles

Tel. +33 (0)490 93 56 66
Fax +33 (0)490 49 68 45
www.hotel-arlatan.fr
hotel-arlatan@wanadoo.fr
Anfang April bis Mitte November geöffnet

Preise
DZ 85–157 €
Suite 177–247 €
ohne Frühstück (15 € pro Person)

Lage: ★★★★☆
In idyllischer Ruhe in einem Garten, umgeben von Olivenbäumen und freier Natur.
Service: ★★★☆☆
Französisch leger.
Zimmer: ★★★★☆
14 geräumige, ansprechende Zimmer.
Küche: ★★☆☆☆
Einfache Regionalküche und vegetarische Gerichte aus Bioprodukten.

Freizeitangebot: ★☆☆☆☆
Freibad.

Anfahrt: Autobahn Valence–Marseille bis Ausfahrt Cavaillon, dann Landstrasse Richtung Saint-Rémy bis zur Abzweigung Eygalières, im Dorf Richtung Orgon (D24B), dann Privatweg (1 Kilometer).

Der Lärm der Stadt ist in Arles so allgegenwärtig wie seine Kunst, und beides nimmt man mit der Zeit nicht mehr wahr. Was im Fall der Kunst bedauerlich ist, zumal das Beeindruckende an Arles nicht nur die Ansammlung kultureller Schätze ist, sondern gerade die unaufdringliche Art, wie die Kunst, insbesondere in ihrer architektonischen Form, den Alltag dieser mittelalterlichen Bilderbuchstadt durchdringt. Die wunderbaren Plätze, die schön verzierten Häuser, die kunstvoll verwinkelten Gassen. Zwar hat an allem der Zahn der Zeit genagt, aber dem Charme tut dies keinen Abbruch. Die Museumsstadt Arles verfügt über ein Hotel, das ihr entspricht, denn auch das legendenumwobene «D'Arlatan» hat die Spuren vergangener Zeiten bewahrt und ist voller archäologischer und architektonischer Überraschungen: römische Überreste im Frühstücksraum, Fragmente

Provence

🆕 **Hôtel des deux Rocs** 202
F-83440 Seillans

Place Font d'Amont 1
Tel. +39 (0)494 76 87 32
Fax +39 (0)494 76 88 68
www.hoteldeuxrocs.com
hoteldeuxrocs@wanadoo.fr
Mitte Februar bis Anfang Januar geöffnet

🏷️ Preise
DZ 73–135 €
ohne Frühstück (13 € pro Person)

Ach, wäre nur alles im Leben so einfach, wie an der Provence Gefallen zu finden. Ihre Landschaft, in der einem das Herz aufgeht. Ihre Dörfer, bei deren Anblick einer Mauer aus dem 4. Jahrhundert (sichtbar unter dem gläsernen Fussboden in der Hotelhalle), Balken und Kamine aus dem 17. Jahrhundert und vieles mehr. Aus den Zimmern blickt man entweder auf die Dächer der Altstadt, auf einen kleinen Garten – oder sie führen auf eine ruhige Terrasse. Im Ganzen eine absolut einmalige, erstaunlich preisgünstige Adresse für Hotelliebhaber.

Ambiance: ★★★★★☆
Irgendwie hat es das historische Gebäude im Herzen der Altstadt geschafft, nicht von lärmenden Touristenhorden plattgetreten und seiner Einzigartigkeit beraubt zu werden. Im Gegenteil, es konnte seine Magie behalten und eine überaus charmante Stadtoase bleiben.

Lage: ★★★★★☆
Wenige Schritte von der zentralen Place du Forum entfernt.

Service: ★★★★☆☆
Freundlich und hilfsbereit.

Zimmer: ★★★☆☆☆
41 sehr unterschiedliche, durchwegs gepflegte Zimmer und 7 Suiten, teilweise mit antiker Möblierung und historischen Balken.

Küche:
Kein Restaurant im Haus. Zahlreiche Restaurants in unmittelbarer Umgebung.

Freizeitangebot: ★☆☆☆☆☆
Kleines Freibad im Innenhof.

Anfahrt: Autobahn Valence–Marseille bis Orange, dann A9 bis Nîmes, von dort A54 bis Arles. Dort die Place du Forum im Stadtzentrum ansteuern.

Lage: ★★★★★☆
An einem wunderbaren Platz im obersten Ortsteil des mittelalterlichen Hügeldorfs.

Service: ★★★★★☆
Das strahlende Team umsorgt die Gäste mit guter Laune und grossem Engagement.

Zimmer: ★★★☆☆
13 sehr unterschiedliche, eigenwillig wohnlich gestaltete Zimmer ohne Fernseher und ohne Minibar.

Küche: ★★★★☆☆
Feine Sonnenküche mit ausschliesslich frischen Produkten vom Markt.

Freizeitangebot:
Kein spezifisches Angebot.

Anfahrt: Autobahn Aix–Nice bis Ausfahrt Les Adrets, dann Landstrasse Richtung Fayence. Fayence durchqueren und 5 Kilometer weiter westlich nach Seillans.

hundert modernes Leben eingehaucht, ohne die gediegene Ursprünglichkeit zu verletzen. Das heiter stimmende Dreisternehotel verströmt provenzalischen Charme und Gastfreundschaft in Reinkultur und hat nur einen Nachteil: Es fällt schwer, wieder abzureisen.

Ambiance: ★★★★★★
Pittoresk, authentisch und liebenswert. Es ist ein bisschen so, als spaziere man durch die Kulisse einer Peter-Mayle-Verfilmung.

es dem Mitteleuropäer dämmert, dass Geschichte keine Last sein muss, sondern ein Schatz sein kann, der die Vergangenheit zur Gegenwart werden lässt. Ein Filetstück der Provence erlebt man in der Gegend um Fayence, besonders anmutig im Dorf Seillans, das auf einem Bergkamm auf vierhundert Meter Höhe liegt. Künstler wie Max Ernst oder Robert Doisneau lebten jahrelang hier. Ganz zuoberst, an einem hübschen Platz mit Brunnen und grosser Platane, liegt das «Hôtel des deux Rocs». Die Hoteliers Julie und Nicolas Malzac haben dem patinaschweren Herrenhaus aus dem 17. Jahr-

Villa Louise   203
F-21420 Aloxe-Corton

Rue Franche 9
Tel. +33 (0)380 26 46 70
Fax +33 (0)380 26 47 16
www.hotel-villa-louise.fr
hotel-villa-louise@wanadoo.fr
Ganzjährig geöffnet

 Preise
DZ 85–138 €
Suite 195 €
ohne Frühstück (15 € pro Person)

Klangvolle Namen schmücken die hübschen Winzerdörfer der Côte d'Or: Nuits-Saint-Georges, Gevrey-Chambertin, Chambolle-Musigny, Vosne-Romanée, Puligny-Montrachet und Aloxe-Corton. Letzteres lockt mit dem Hotel «Villa Louise», das in einem ehemaligen Gehöft aus dem 17. Jahrhundert untergebracht und behutsam renoviert worden ist. Die Atmosphäre ist sehr entspannt, das Interieur verbindet alte Balken und Kamine mit dezent moderner Einrichtung, keines der elf Zimmer gleicht dem anderen. Wenn Sie bei der Reservierung eine Beschreibung der Zimmer wünschen, werden Sie eine freundliche Auskunft erhalten. Véronique Perrin ist eine herzliche Gastgeberin. Sie liebt ihr Haus und kümmert sich in dritter Generation um die hauseigenen Weinberge, die direkt bis vors Haus wachsen. Natürlich macht sie nichts lieber, als ihre Gäste in die Kellergewölbe zu führen und sie dort ihren Corton Premier Cru Les Vercôts oder andere edle Tropfen benachbarter Winzer degustieren zu lassen. So können Sie sich (fast) ganz ohne kommerzielle Hintergedanken in die Weinkultur des Burgunds einführen lassen oder ihr Wissen vertiefen. Bei Regen, was im Burgund hin und wieder vorkommt, sitzt man im behaglichen Salon und blickt von bequemen Clubsesseln ins knisternde Rebenholzfeuer. An Sonnentagen lockt der verträumte Garten, der direkt in die Rebhänge übergeht.

Ambiance: ★★★★★★
Der Traum vom Burgunder Landhaus mit Charme, Charakter und zeitgemäss schwerelosem Lebensgefühl.

Lage: ★★★★★☆
In einem Garten am Dorfrand, mit direktem Anschluss an die Weinberge. Absolut ruhig.

Service: ★★★★★☆
Warmherzig und sehr persönlich.

Zimmer: ★★★★☆☆
10 eher kleine, geschmackvoll modern gestaltete Zimmer. Besonders schön ist Zimmer Nr. 40 und Suite Nr. 46 – beide mit privater Terrasse zum Garten.

Küche:
Kein Restaurant im Haus. Kleines Angebot kalter Speisen.

Freizeitangebot: ★★☆☆☆☆
Hallenbad, Sauna, Dampfbad. Fahrräder.

Anfahrt: Autobahn Mulhouse–Besançon–Beaune bis Ausfahrt Savigny-lès-Beaune, dann auf der N74 Richtung Dijon bis Abzweigung Aloxe-Corton. Das Hotel liegt am oberen Dorfrand neben dem Weinschloss Château Corton-André.

Le Hameau de Barboron 204
F-21420 Savigny-lès-Beaune

Tel. +33 (0)380 21 58 35
Fax +33 (0)380 26 10 59
www.hameau-barboron.com
lehameaudebarboron@wanadoo.fr
Ganzjährig geöffnet

 Preise
DZ 100–200 €
ohne Frühstück (15 € pro Person)

Die landschaftlich romantische Anfahrt auf einem kleinen Waldsträsschen, das vom Dorf Savigny-lès-Beaune zum Hotel führt, verlängert die Vorfreude auf ein Wochenende fernab von jedem Betrieb. Nach einigen Kurven und noch einer kommt schliesslich eine Talmulde mit einer grösseren Lichtung und eine Ansammlung von alten, etwas karg wirkenden Gebäuden in Sicht, die sich als das Ziel der Reise erweisen. Die Abgeschiedenheit erklärt sich durch die Vergangenheit des Ortes als Zisterzienserkloster. Nach der Französischen Revolution wurden die Mönche von Bauernfamilien abgelöst, die sich während einiger Generationen auf diesem stolzen Gut niederliessen. Ende der neunziger Jahre wurden die Gebäude sorgfältig renoviert und dienen nunmehr als rustikal-elegantes Hotel. Zwölf Gästezimmer, jedes ein bisschen anders, dazu ein wohnlicher Salon und ein Speiseraum, in dem man mit leiser klassischer Musik empfangen wird.

Ambiance: ★★★★☆☆
Obschon bei der Renovation eine gewisse klösterliche Strenge und die architektonische Kargheit der Anlage beibehalten wurden, kann man sich hier rundum wohlfühlen.
Lage: ★★★★☆☆
Einsam im Grünen, ein paar Kilometer abseits vom Rest der Welt.
Service: ★★★☆☆☆
Korrekt.
Zimmer: ★★★★☆☆
12 freundlich gestaltete Zimmer.
Küche: ★★☆☆☆☆
Abends wird auf Voranmeldung und nur für Hausgäste ein regionales Viergangmenü serviert (35 € pro Person).
Freizeitangebot:
Kein spezifisches Angebot.

Anfahrt: Autobahn Mulhouse–Besançon–Beaune, dann Landstrasse N74 nach Savigny-les-Beaune, von dort den Wegweisern zum 7 Kilometer abgelegenen «Hameau de Barboron» folgen.

La Montagne de Brancion 205
F-71700 Martailly-lès-Brancion

Col de Brancion
Tel. +33 (0)385 51 12 40
Fax +33 (0)385 51 18 64
www.brancion.com
reservation@brancion.com
Anfang März bis Anfang Januar geöffnet

 Preise
DZ 85–178 €
Suite (2–4 Personen) 189–230 €
ohne Frühstück (18 € pro Person)

Die Landschaft im Süden des Weinbauburgunds, im Besonderen um das hübsche Dorf Martailly-lès-Brancion herum, ähnelt einem Postkartenbild der «France profonde»: Frankreich, besonders echt und ländlich. Mittendrin steht das Dreisternehotel «La Montagne de Brancion» an herrlicher, fast atemberaubender Panoramalage inmitten der Rebhänge. Hier geniesst man die gepflegte Beschaulichkeit, aber auch die herzliche Gastfreundschaft von Jacques und Nathalie Million sowie die feine regionale Küche. Das Haus eignet

Burgund und Franche-Comté

sich auch für längere Aufenthalte und ist jedes Mal ein angenehmes Gesamterlebnis, das auch noch in schöner Erinnerung bleibt, wenn die Rechnung beglichen ist.

Ambiance: ★★★★☆☆
Gepflegtes Landhaus an Traumlage. Ideal für Ruhesuchende, die sich in idyllischer Abgeschiedenheit von den Plagen des Alltags erholen wollen.
Lage: ★★★★★★
In absoluter Ruhe auf einem Hügel über den Weinbergen.
Service: ★★★★★☆
Sehr persönlich und aufmerksam.
Zimmer: ★★☆☆☆
18 eher kleine, bunt dekorierte Zimmer und 1 Suite.
Küche: ★★★★☆☆
Traditionelle, schmackhaft zubereitete Burgunder Spezialitäten.
Freizeitangebot: ★☆☆☆☆☆
Freibad.

Anfahrt: Autobahn Lyon–Dijon bis Ausfahrt Tournus, dann N6 und beim «Hotel le Rempart» rechts auf die D14 Richtung Brancion. Ozenay und Martailly durchqueren und 1,5 Kilometer nach dem Ortsausgang von Martailly nach links.

Château d'Igé 206
F-71960 Igé

Tel. +33 (0)385 33 33 99
Fax +33 (0)385 33 41 41
www.chateaudige.com
chateau.ige@wanadoo.fr
Mitte Februar bis Mitte November geöffnet

Preise
DZ 95–165 €
Suite 185–225 €
ohne Frühstück (16 € pro Person)

Das «Château d'Igé» steht unter dem Zeichen der Blume. Nicht nur sind im ganzen Schlosshotel reichlich Blumen verteilt – Blumenmotive finden sich auch auf dem Teppich, auf den Möbeln, in Bildern, den Bett- und Sofabezügen, den Vorhängen und auf den Tapeten. Gar nicht zu reden vom bezaubernden Garten, in dem der Natur kaum Einhalt geboten wird. 1235 errichtet, wurde das efeuüberwucherte Schloss vor vier Jahrzehnten vor dem Verfall bewahrt und sorgfältig restauriert, so dass die mittelalterliche Atmosphäre im ganzen Gebäude bewahrt wurde. Zu den zwölf Zimmern gelangt man über alte Steintreppen und durch schwere Holztüren. Das «Herz» des Schlosses sind die drei Speiseräume, das Kaminzimmer, das blaue und das rote Zimmer – alle mit massiven Deckenbalken und geschichtsträchtiger Aura. Das Hotel bringt das Kunststück fertig, ein breites Spektrum von Gästen anzuziehen: Einerseits trifft man auf Tee trinkende ältere Damen, deren schärfster Gesprächsstoff das wechselnde Wetter ist. Andererseits sitzen beim Frühstück im Garten hypermodisch gekleidete Dandies aus Paris in Begleitung von jungen Models, die barfuss aus dem Maserati steigen.

Ambiance: ★★★★★★
Man begibt sich auf eine Reise in eine andere Zeit, mit allen Vor- und Nachteilen. In jedem Fall eine

einzigartige Adresse für ein romantisches Wochenende zu zweit.

Lage: ★★☆☆☆
In einem alten Park am Rand des Winzerdorfs, 10 Kilometer südöstlich von Cluny. Guter Ausgangspunkt für Entdeckungen in einer geschichtsträchtigen und an architektonischen Sehenswürdigkeiten reichen Gegend.

Service: ★★☆☆☆
Freundlich.

Zimmer: ★★★☆☆
8 sehr unterschiedliche, teilweise kleine und etwas ältlich eingerichtete Zimmer und 4 Suiten. Besonders romantisch ist das separat im Garten gelegene Turmzimmer «Tour du Parc» mit gewölbter Decke.

Küche: ★★★★☆☆
Klassische Burgunder Haute-Cuisine: Charolais-Rindfleisch, Schnecken, Tauben, Enten und das berühmte Huhn vom Bauernhof La Maison Michel in Bresse. Dazu gibt es wunderbare Weine, die teilweise vor der Haustür wachsen.

Freizeitangebot:
Kein spezifisches Angebot.

Anfahrt: Autobahn Genf–Mâcon bis Ausfahrt Mâcon Süd, dann Landstrasse N79 Richtung Moulins bis Abzweigung Pierreclos/Prisse/La Roche Vineuse. In La Roche Vineuse nach der Apotheke und der Bank rechts Richtung Verzé/Igé.

Château de Germigney 207
F-39600 Port-Lesney

Tel. +33 (0)384 73 85 85
Fax +33 (0)384 73 88 88
www.chateaudegermigney.com
germigney@relaischateaux.com
Ganzjährig geöffnet ausser Februar

Preise
DZ 200–280 €
Juniorsuite 295–350 €
ohne Frühstück (15 € pro Person)

Die Franche-Comté, anderthalb Autostunden westlich von Basel, ist nicht gerade eine Gegend, in der das Geld auf der Strasse liegt. Zwar ist Port-Lesney ein schmuckes französisches Dorf, umgeben von viel schöner Landschaft, aber wer kennt schon Port-Lesney? In den 1990er Jahren kaufte ein Schweizer Innenarchitektenpaar mitten im Dorf das «Château de Germigney», ein am Rand des Zerfalls stehendes, in einem Park gelegenes herrschaftliches Gebäude aus dem 18. Jahrhundert, und machte aus dem grossen Haus mit der wechselvollen Geschichte ein zeitgemässes Boutiquehotel. Dabei wurde das Gebäude nicht einfach nach historischem Vorbild und den Massregeln der Denkmalpflege saniert, sondern vielmehr das Landschloss neu erfunden. Die Hallen und Salons, die Treppenaufgänge, Korridore und Gästezimmer sind heute mit Sicherheit spektakulärer als die ursprünglichen es je waren. Man kann sich kaum sattsehen an dem betörenden Mix aus Toskana, Provence und Südengland – und kommt aus dem Staunen fast nicht wieder heraus.

Ambiance: ★★★★★★
Schmuckes Landhaus im zeitgeistig interpretierten Country-Look.

Lage: ★★★★☆☆
In einem ausgesprochen schönen, 3 Hektar grossen Park mit alten Bäumen.

Service: ★★★★★☆
Zuvorkommend und hilfsbereit.

Zimmer: ★★★★★☆
17 durchwegs charmante Zimmer und 3 Suiten. Alle sind anders gestaltet, alle erfreuen mit kraftvollen Farben, warmen Materialien, stimmigen Accessoires und hübschen Badezimmern.

Küche: ★★★★★★
Exzellente, mit einem Michelin-Stern ausgezeichnete mediterrane Küche mit jurassischen Einflüssen.

Burgund und Franche-Comté

Freizeitangebot: ★☆☆☆☆
Freibad, Kochkurse.

Anfahrt: Autobahn Mulhouse–Lyon bis Ausfahrt Arc-et-Senans, auf der Landstrasse D405 via Villers-Farlay nach Mouchard, dann links auf die N83 abbiegen bis Abzweigung Port-Lesney.

Neu **Hostellerie**
Les Bas Rupts 208
F-88400 Gérardmer

Route de la Bresse 181
Tel. +33 (0)329 63 09 25
Fax +33 (0)329 63 00 40
www.bas-rupts.com
basrupts@relaischateaux.com
Ganzjährig geöffnet

Preise
DZ 150–220 €
Suite 270–520 €
ohne Frühstück (22 € pro Person)

Wüsste man nicht, dass man sich in den Vogesen befindet, könnte man sich hier in einem luxuriösen österreichischen Landhotel wähnen. Das Dekor mit dem vielen Holz innen und aussen, die gemütlichen Stuben und Zimmer, die traditionsverbundene Gastlichkeit von Patron Michel Philippe, seiner Tochter Sylvie und Schwiegersohn Ghislain Witdouck verheissen einen angenehmen Aufenthalt, darüber hinaus ist das Gourmetrestaurant verdientermassen mit einem Michelin-Stern ausgezeichnet.

Ambiance: ★★★☆☆☆
Rustikal-elegantes Landhotel.
Lage: ★★★★☆☆
Inmitten der lieblichen Hügellandschaft.
Service: ★★★★★☆
Ausgesprochen freundlich und zuvorkommend.
Zimmer: ★★★★☆☆
21 komfortable, sehr unterschiedliche Zimmer und 4 Suiten. Die Zimmer sind mehrheitlich sehr schön und verfügen über angenehme Bäder, einzelne sind jedoch renovationsbedürftig.
Küche: ★★★★★★
Feinsinnige französische Gourmetküche.
Freizeitangebot: ★★☆☆☆☆
Kleiner Wellnessbereich mit Hallenbad, Freibad, Sauna, Dampfbad, Fitnessraum, Körper- und Beautybehandlungen. Tennisplatz.

Anfahrt: Von Colmar Landstrasse D417 nach Gérardmer und von dort Landstrasse D486 4 Kilometer Richtung La Bresse bis zum Hotel.

Les Alisiers 209
F-68650 Lapoutroie

Lieu-dit Faudé
Tel. +33 (0)389 47 52 82
Fax +33 (0)389 47 22 38
www.alisiers.com
contact@alisiers.com
Anfang Februar bis Anfang Januar
geöffnet

 Preise
DZ 60–130 €
ohne Frühstück (10 € pro Person)

Zum Schlemmen hinüber ins Elsässer Rebland, in einer der gemütlichen Weinstuben einkehren und Wein vom Winzer besorgen – für Geniesser immer wieder ein schöner Ausflug. Eine andere Region des Elsass lohnt allerdings nicht weniger: der «Canton vert», das grüne Bergland im Weisstal oberhalb von Kaysersberg. Hier ist es nicht mehr so mild und üppig wie im Weinland, aber auch noch nicht so rau wie in den Hochvogesen. Da entwachsen tiefgrünen Wiesen wuchtige Kirschbäume, die Lieferanten für den berühmten Elsässer Kirschbrand. Weiter oben an den Hängen stehen Mehlbeerbäume, im Herbst voll von roten Beeren, aus denen der «Alisier» gebrannt wird. Und dazwischen leuchten blütenweiss oder knallbunt Bauernhäuser mit grossen Torbögen. Schmale, steile Strassen verbinden die Höhen von Lapoutroie. Hart war hier die bäuerliche Arbeit.

Viele haben heute ihre Höfe aufgegeben und zu Ferien- und Gasthäusern umgebaut. Ein Beispiel dafür ist das «Les Alisiers», das sich in drei Jahrzehnten zu einem angenehmen Dreisternehotel entwickelt hat. Die grandiose Naturkulisse mit Panoramablick auf die Vogesen, der nette Empfang und die feine Regionalküche mit ausschliesslich frischen Produkten vom Markt tragen viel zur besonderen Atmosphäre bei, an die man sehnsüchtig zurückdenkt, wenn man sich erneut der konfektionierten Modernität ausliefert.

Ambiance: ★★★★☆☆
Eine unprätentiös angenehme Herberge für Leute, die reine Luft, absolute Ruhe und Natur pur suchen.

Lage: ★★★★★★
Allein für sich in einer saftiggrünen Landschaft auf 700 Meter Höhe mit Weitblick in die Vogesen.

Le Clos Saint Vincent 210
F-68150 Ribeauvillé

Osterbergweg
Tel. +33 (0)389 73 67 65
Fax +33 (0)389 73 32 20
www.leclossaintvincent.com
reception.leclos@wanadoo.fr
Mitte März bis Mitte Dezember geöffnet

Preise
EZ 115–220 €
DZ 135–220 €
Suite 200–250 €
ohne Frühstück (18 € pro Person)

Ein schöner gelegenes Hotel im Elsass gibt es kaum. Das «Clos Saint Vincent» thront einige Kurven über dem Städtchen Ribeauvillé inmitten der Rieslingweinberge – das Panorama über das Elsass, auf den Schwarzwald und die Alpen ist fantastisch. Hier zieht man denn auch vor allem wegen der unvergleichlichen Lage ein.

Die Gastgeberfamilie Chapotin macht kaum Konzessionen an irgendwelche Moden und verspürt nicht die geringste Lust, durch trendige Kreativität Aufsehen zu erregen. Nicht im innenarchitektonischen Bereich und auch nicht in der Kulinarik. Die vierundzwanzig Gästezimmer wie das Restaurant profitieren vom Ausblick und sind auf klassische Weise sehr gemütlich. Die Atmosphäre ist entspannt, und wer für ein Wochenende im Elsass nicht gerade sein Konto plündern möchte, sondern in absoluter Ruhe angenehm übernachten und abends traditionell zubereitete regionale Köstlichkeiten zu einem akzeptablen Preis auf dem Teller geniessen will, wird hier glücklich. Schön, dass ein kluger Kopf das Hinweisschild an der Hauptstrasse unten im Dorf so dezent angebracht hat, dass es kaum wahrgenommen wird. So bleibt der geballte Ausflugsverkehr unten. So weit unten, dass man ihn hier oben beinahe vergisst.

Service: ★★★☆☆☆
Persönlich, aber nicht jederzeit und allenorts abrufbar wie in einem Luxushotel.

Zimmer: ★★★☆☆☆
15 solide, sehr unterschiedliche Zimmer und 1 Suite. Am schönsten sind die drei zeitgemäss gestalteten «Chalet»-Zimmer und die Suite.

Küche: ★★★★☆☆
Gut zubereitete elsässische Küche mit aktuellen Tendenzen. Schöne Sommerterrasse.

Freizeitangebot:
Kein spezifisches Angebot.

Anfahrt: Autobahn Basel–Colmar, dann Landstrasse N415 Richtung St-Dié. In Lapoutroie vor der Kirche links, dann über schmalste Strässchen bis zum Hotel (ausgeschildert).

Elsass und Vogesen

Ambiance: ★★★★☆
Gepflegtes elsässisches Landhaus aus den sechziger Jahren mit Weitblick.
Lage: ★★★★★★
Allein für sich am Hang inmitten der Rebenflut.
Service: ★★★★☆☆
Familiär freundlich, mit kleinen Nachlässigkeiten.
Zimmer: ★★★★★☆
20 komfortable, geräumige Zimmer und 4 Suiten.
Küche: ★★☆☆☆
Herzhafte Elsässer Gerichte. Schöne Restaurantterrasse.
Freizeitangebot: ★☆☆☆☆☆
Kleiner Wellnessbereich mit Hallenbad, Sauna, Whirlpool und Fitnessraum.

Anfahrt: Autobahn Basel–Colmar, dann Landstrasse N83 Colmar–Strasbourg und weiter auf der D106 nach Ribeauvillé. Von dort Strässchen Richtung Bergheim.

A la Cour d'Alsace 211
F-67212 Obernai

Rue de Gail 3
Tel. +33 (0)388 95 07 00
Fax +33 (0)388 95 19 21
www.cour-alsace.com
info@cour-alsace.com
Mitte Dezember bis Ende Januar geschlossen

 Preise
EZ 88–209 €
DZ 120–229 €
Juniorsuite 269–299 €
Dreibettzimmer 149–279 €
ohne Frühstück (18 € pro Person)

Das Städtchen Obernai führt den Besucher gleich mit voller Wucht ins Elsässische ein: Grün, rot, gelb, lila leuchten die Fachwerkhäuser, auf jedem Fenstersims stehen Geranien vor Butzenscheiben – man spaziert geradewegs in ein Realität gewordenes Kalenderbild hinein. In diese Idylle fügt sich die über diverse Gebäude um einen alten Hof herum verteilte Hotelanlage «A la Cour d'Alsace» optisch nahtlos ein. Wer das traditionelle, authentische Elsass liebt und eine Atmosphäre familiärer Geborgenheit sucht, ist hier besonders gut aufgehoben. Hier hat man vom ersten Augenblick an das gute Gefühl, umsorgt zu sein, hier werden verschiedene Epochen der mehrhundertjährigen Baugeschichte lebendig, die Küchenmannschaft beherrscht ihr Metier, und im hübschen Garten finden sich versteckte Plätzchen unter alten Nussbäumen.

Ambiance: ★★★★★☆
Elsass pur.

Chut 212
F-67000 Strasbourg

Rue du Bain aux Plantes 4
Tel. +39 (0)388 32 05 06
Fax +39 (0)388 32 05 50
www.hote-strasbourg.fr
contact@hotel-strasbourg.fr
Ganzjährig geöffnet

Preise
DZ 105–160 €
ohne Frühstück (12 € pro Person)

Lage: ★★★★☆☆
In einem gepflegten Garten, der an die Stadtmauer des mittelalterlichen Orts Obernai angrenzt.
Service: ★★★★★★
Von fürsorglicher Professionalität.
Zimmer: ★★★★☆☆
48 gemütliche, sehr unterschiedliche Zimmer und 5 Suiten, teilweise mit Balkendecken.
Küche: ★★★★☆☆
Im Restaurant «Jardin des Remparts» und in der Winstub «Caveau de Gail» wird gutbürgerlich elsässisch gekocht, mit Betonung auf gut. Grosse Auswahl an regionalen Weissweinspezialitäten.
Freizeitangebot: ★☆☆☆☆☆
Kleiner Wellnessbereich mit Hallenbad, Sauna und Fitnessraum.

Anfahrt: Autobahn Basel–Colmar, dann Landstrasse N83 Colmar–Strasbourg bis Abzweigung Obernai. Den Ort auf der Hauptstrasse durchqueren bis zur ausgeschilderten Hoteleinfahrt.

Zeitgemässes Wohlfühlhotel mit schlichtem Design in alten Mauern (respektive Holzwänden), entspannter Zen-Atmosphäre und besonders nettem Empfang. Die neun Zimmer präsentieren sich in Weiss-, Beige- und Erdtönen und sind sehr wohnlich mit Retro-Mobiliar, moderner Kunst, Bildbänden, frischen Blumen und originellen Accessoires eingerichtet. Der schöne Innenhof ist ein Ruhepol inmitten des quirligen Stadtviertels Petite-France, und auch das hübsche Restaurant und die kleine Bar laden zum Bleiben ein.

Elsass und Vogesen

Beaucour 213
F-67000 Strasbourg

Rue des Bouchers 5
Tel. +33 (0)388 76 72 00
Fax +33 (0)388 76 72 60
www.hotel-beaucour.com
info@hotel-beaucour.com
Ganzjährig geöffnet

🏷 Preise
EZ 75–110 €
DZ 135–165 €
Juniorsuite 190–220 €
ohne Frühstück (13 € pro Person)

Wenn schon Strasbourg, dann aber mittendrin: Das «Beaucour», bestehend aus zwei Fachwerkhäusern mit lauschigem Innenhof, liegt im Herzen der Altstadt am Ufer der Ill. Sobald man das Portal aus dem 17. Jahrhundert durchschritten hat, berührt einen die Behaglichkeit dieses angenehmen, gut geführten Stadthotels. Hier erwartet einen jene Freundlichkeit, die ganz ohne Unterwürfigkeit oder Arroganz auskommt, so dass man sich weder belagert noch verstossen fühlt, sondern einfach als gern gesehener Gast.

Ambiance: ★★★★☆☆
Charmantes Stadthotel.
Lage: ★★★★★☆
Im Altstadtzentrum. Ein idealer Ausgangspunkt, um Strasbourg zu erkunden.
Service: ★★★★★☆
Man fühlt sich bestens umsorgt.

Zimmer: ★★★★☆☆
49 komfortable Zimmer und Juniorsuiten in warmen Farben.
Küche:
Kein Restaurant im Haus.
Freizeitangebot:
Kein spezifisches Angebot.

Anfahrt: Autobahn Basel–Strasbourg bis Ausfahrt Offenburg/Place de l'Etoile. Bei der Place de l'Etoile links Richtung Kathedrale. Das Hotel liegt gegenüber dem Parkhaus «Austerlitz».

Ambiance: ★★★★★★
Weder kitschig noch cool, sondern einfach nur schön.
Lage: ★★★★★☆
Im pittoresken historischen Stadtviertel Petite-France.
Service: ★★★★★☆
Sehr persönlich und zuvorkommend. Gäste werden wie Freunde aufgenommen und betreut.
Zimmer: ★★★★★☆
8 komfortable, geräumige und geschmackvoll gestaltete Zimmer.
Küche: ★★★★☆☆
Abwechslungsreiche Marktküche aus regionalen Frischprodukten. Schöne Sommerterrasse am Ufer der Ill.
Freizeitangebot:
Kein spezifisches Angebot.

Anfahrt: Autobahn Mulhouse/Basel nach Strasbourg bis Ausfahrt Place de l'Etoile/Centre, dann Richtung Musée d'Art Moderne und Petite France.

Neu La Clairière Bio & Spa Hotel 214
F-67290 La Petite Pierre

Route d'Ingwiller 63
Tel. +33 (0)388 71 75 00
Fax +33 (0)388 70 41 05
www.laclairiere.com
info@laclairiere.com
Ganzjährig geöffnet

Preise
EZ 103–151 €
DZ 129–219 €
Suite 249 €
ohne Frühstück (25 € pro Person)

«La Clairière» ist vom ersten Augenblick an das, worum sich andere Hotels vergeblich bemühen: ein Zuhause auf Zeit. Das hat natürlich auch mit den Dimensionen zu tun: Fünfzig Zimmer stehen zur Verfügung, und nach ein, zwei Tagen Aufenthalt kennt jeder Mitarbeiter jeden Gast mit Namen. Die ländliche Tradition der malerischen Umgebung wurde in diesem sympathischen Familienbetrieb bewahrt und mit neuzeitlichem Komfort verbunden – zuletzt etwa mit der Erstellung der meditativen Spa-Anlage, wo Design zur Antistresstherapie wird: Das puristische Ambiente soll helfen, sich auf das zu besinnen, was wichtig ist.

Ambiance: ★★★★☆☆
Beschaulicher Rückzugsort im Grünen.
Lage: ★★★☆☆☆
Auf einem bewaldeten Bergrücken im Naturpark Nordvogesen. Fast sieht man das Haus vor lauter Bäumen nicht.
Service: ★★★★★★
Tadellos in jeder Hinsicht.
Zimmer: ★★★☆☆☆
50 gepflegte, doch etwas banal eingerichtete Zimmer, die meisten mit eigenem Balkon. 1 Suite mit grossem Balkon.
Küche: ★★★☆☆☆
Gesunde und natürliche Küche auf der Basis elsässischer Tradition, ausschliesslich mit Produkten aus biologischer Produktion.
Freizeitangebot: ★★★☆☆☆
Kleiner Wellnessbereich mit Hallenbad, Freibad, Whirlpool, 2 Saunas. Diverse Massagen, Beauty- und Pflegebehandlungen, ayurvedische Therapien und Kuren. Fahrradverleih. Hochseilgarten für Teamwork-Trainings. Guter Ausgangspunkt für Wanderungen.

Anfahrt: Autobahn Basel–Karlsruhe bis Ausfahrt Baden-Baden, dann Landstrasse über Soufflenheim, Haguenau, Pfaffenhofen, Obermodern, Ingwiller nach La Petite Pierre.

Le Moulin 215
F-67110 Gundershoffen

Tel. +33 (0)388 07 33 30
Fax +33 (0)388 72 86 47
www.hotellemoulin.com
hotel.le.moulin@wanadoo.fr
Ganzjährig geöffnet ausser die drei ersten Wochen im August, eine Woche Anfang Januar und während den zwei letzten Februarwochen

 Preise
EZ 90 €
DZ 110–120 €
Juniorsuite 170–230 €
ohne Frühstück (19 € pro Person)

Der elsässische Ort Gundershoffen nördlich von Strassburg ist vor allem Feinschmeckern bekannt, die weite Wege auf sich nehmen, um im Zwei-Sterne-Restaurant «Au Cygne» zu dinieren. Weniger bekannt ist, dass das «Schwanen»-Gastgeberpaar vor ein paar Jahren einen lang ersehnten Traum realisierte und ein Gästehaus eröffnete. Wer Annie und François Paul kennt, weiss, dass es sich nicht um ein normales Gästehaus handeln kann. Die im Elsass üblichen folkloristischen Schnickschnack-Welten sind hier ebenso wenig zu finden wie die globale Einheitsnorm aus den Katalogen der Innenausstatter. «Le Moulin», wie das Familienlandgut heisst, begeistert durch stilsicheren Rustikal-Chic und viel Liebe zum Detail. Das Gebäude liegt in einer ruhigen Gartenanlage vierhundert Meter vom Gourmetlokal entfernt. Egal, aus welchem Fenster man blickt: Es ist stets grün. Im Innern sanfte Farben, edle Naturmaterialien und antike Möbel. Die Böden der zehn Gästezimmer sind entweder aus Holz oder aus Terrakotta, altes Fachwerk und historische Decken wurden sorgsam renoviert, und auch der Auswahl der Stoffe grosse Aufmerksamkeit geschenkt. Trotzdem wirkt das Ganze nicht übergestylt, sondern entspannt, zugänglich und echt.

Ambiance: ★★★★★★
Schmuckes Landhaus für Bonvivants, die das echte Elsass jenseits der touristischen Folklore suchen.
Lage: ★★★★☆☆
In einem hübschen Garten im Ort.
Service: ★★★★★☆
Sehr persönlich und aufmerksam.
Zimmer: ★★★★☆
8 unterschiedlich gestaltete, durchwegs charmante Zimmer und Juniorsuiten.
Küche: ★★★★★★
Das Restaurant «Au Cygne» zählt zu den besten im Elsass und ist mit zwei Michelin-Sternen ausgezeichnet.
Freizeitangebot:
Kein spezifisches Angebot.

Anfahrt: Von Strassburg Autobahn Richtung Paris bis Ausfahrt Haguenau Brumoth Nord, dann Richtung Haguenau bis Abzweigung der N62 Richtung Sarreguemines und bis Gundershoffen.

Die Hotels von A bis Z

Adler, Häusern 145
Agriturismo Amorosa, Gudo-
 Sementina 138
A la Cour d'Alsace, Obernai 263
Albergo Milano, Varenna 203
Albergo Ristorante Centovalli,
 Ponte Brolla 133
Albergo Ronco, Ronco s/Ascona 128
Albergo San Giorgio, Lenno-
 Tremezzo 201
Albergo Verbano, Isola dei Pescatori-
 Stresa 210
Alpenland, Lauenen-Gstaad 74
Alpinhotel Grimsel Hospiz,
 Guttannen 84
Al Ponte Antico, Intragna-Golino 135
Al Porto Marina Lachen, Lachen 46
Antica Dimora Firenze, Firenze 223
Apparthotel Zurbriggen, Zermatt 120
Auberge aux 4 Vents, Freiburg 96
Auberge d'Hermance, Hermance 109
Au Coin du Feu, Megève 241

Bad Schörgau, Sarnthein
 im Sarntal 189
Bären Dürrenroth, Dürrenroth
 im Emmental 86
Beaucour, Strasbourg 265
Bella Lui, Crans-Montana 217
Bella Tola, St-Luc 118
Bellavista, Silvaplana-Surlej 28
Bella Vista, Zermatt 121
Bellevue des Alpes,
 Kleine Scheidegg 81
Belvedere, Alp Grüm 26
Belvedere, Bellagio 202
Belvédère, Scuol 10
Berghotel Wanna, St. Antönien 23
Berghotel Zirmerhof, Radein 194
Bergkristall Wellnesshotel,
 Oberstaufen-Willis 152
Borgo Santo Pietro, Chiusdino 233

Boutique-Hotel Schlüssel,
 Beckenried 70

Café du Soleil, Saignelégier 98
Cappuccini, Cologne
 Franciacorta 206
Casa Ambica, Gordevio 136
Cascina Sondrea, Sinio 213
Castell, Zuoz 18
Castello di Verduno, Verduno 214
Cà Vegia, Golino 134
Central La Fainera, Valchava/Val
 Müstair 15
Chalet Hotel Hornberg, Saanen-
 möser-Gstaad 73
Chasa Chalavaina, Müstair 16
Château de Coudrée, Sciez 110
Château de Germigney,
 Port-Lesney 258
Château de Massillan, Uchaux 243
Château de Montcaud, Sabran 244
Château d'Igé, Igé 257
Chesa Valisa Naturhotel, Hirschegg,
 Kleinwalsertal 172
Chut, Strasbourg 264
Cœur des Alpes, Zermatt 122
Collinetta, Ascona-Moscia 130

D'Arlatan, Arles 252
Das Kranzbach, Kranzbach
 bei Garmisch-Partenkirchen 161
Das Tegernsee, Tegernsee 156
Dellago, Melide 139
Der Küglerhof, Dorf Tirol
 bei Meran 198
Der Sonnenberg, Hirschegg,
 Kleinwalsertal (135)
Der Teufelhof, Basel 40
Drei Zinnen, Sexten/
 Hochpustertal 187

Eden, Portofino 221
Eibsee-Hotel, Grainau bei Garmisch-
 Partenkirchen 160
Engiadina, Scuol 11
Erika, Dorf Tirol bei Meran 199

Fafleralp, Fafleralp, Lötschental 114
Flora Alpina, Vitznau 68
Fidazerhof, Flims-Fidaz 36
Forsthaus Auerhahn,
 Baiersbronn 149
Friedheim, Weggis 65

Gams Geniesser- und Kuschelhotel,
 Bezau, Bregenzerwald 165
Gannerhof, Innervillgraten 180
Gasthaus Crestasee, Trin/Flims 35
Gasthaus Krone, La Punt
 Chamues-ch 20
Gasthaus zum Gupf, Rehetobel 62
Gasthof Hirschen, Eglisau 47
Gasthof Hirschen,
 Schwarzenberg 164
Gasthof Kohlern, Bozen 188
Gasthof Sonne, Bezau 166
Gasthof Traube, Efringen-
 Kirchen/Blansingen 143
Gesundhotel Bad Reuthe,
 Reuthe 169
Grandhotel Giessbach, Brienz 83
Gstaaderhof, Gstaad 72
Guarda Val, Scuol 12

Haus Alpina, Lech am Arlberg 171
Hofgarten, Luzern 64
Hofgut Hafnerleiten,
 Bad Birnbach 157
Hohenwart, Schenna bei Meran 195
Hohnegg Alpine Resort,
 Saas Fee 126
Hostellerie Bon Accueil,
 Château-d'Œx 95

Hostellerie Bon Rivage, La Tour-de-Peilz 104
Hostellerie Les Bas Rupts, Gérardmer 260
Hotel Bad Schauenburg, Liestal 42
Hotel Blausee, Blausee 77
Hôtel de La Chaux-d'Abel, La Ferrière 100
Hôtel des deux Rocs, Seillans 253
Hôtel des Horlogers, Le Brassus 101
Hotel Müller Mountain Lodge, Pontresina 24
Hôtel-Restaurant Didier de Courten, Sierre 116
Hotel Therme Vals, Vals 38
Hotel Villa Cipressi, Varenna 204
Hubertus Alpin Lodge & Spa, Balderschwang 150

Icaro, Seiser Alm 191
I Due Roccoli, Colline di Iseo 205

Jade, Genf 106
J.-J. Rousseau, La Neuveville 90
Jungbrunn, Tannheim 174
Jungfrau Wengernalp, Wengernalp 80

Kaiserin Elisabeth, Feldafing 155
Kartause Ittingen, Warth 32
Klosterhotel St. Petersinsel, Erlach 91
Krafft, Basel 41
Kurhaus Bergün, Bergün 31

La Bastide d'Eygalières, Eygalières 251
La Bastide de Voulonne, Cabrières d'Avignon 247
L'Abbaye de Talloires, Talloires 239
La Casa in Collina Agriturismo, Canelli 212

La Clairière Bio & Spa Hotel, La Petite Pierre 266
La Cour des Augustins, Genf 107
La Gioia, Castel Ritaldi 236
La Maison de Bournissac, Paluds-de-Noves 249
La Montagne de Brancion, Martailly-les-Brancion 256
Landhaus Benediktenhof, Arzbach 159
Landgasthof Kemmeriboden-Bad, Schangnau im Emmental 87
Landgasthof Lengmatta, Davos Frauenkirch 32
Lanig, Oberjoch 153
La Treille Muscate, Cliousclat 246
L'Aubier, Montézillon 94
La Verniaz, Evian-les-Bains 112
La Villa, Mombaruzzo 219
Le Baron Tavernier, Chexbres 105
Le Cerneux-au-Maire, Les Bois 97
Le Clos Saint Vincent, Ribeauvillé 262
Le Couvent des Minimes, Maneen-Provence 242
Le Hameau de Barboron, Savigny-lès-Beaune 256
Lej da Staz Hotel, Celerina 23
Le Mas du Loriot, Murs-en-Provence 246
Le Moulin, Gundershoffen 267
Les Alisiers, Lapoutroie 261
Les Ateliers de l'Image, Saint-Rémy-de-Provence 250
Les Grands Montets, Argentière-Chamonix 240
Les Mazots du Clos, Villars 113
Locanda Vesuna, Trequanda 235

Mangler, Todtnauberg 144
Masson, Montreux-Veytaux 103

Mirabell, Olang 185
Mohr Life Resort, Lermoos 176

Naturhotel Grafenast, Schwaz 140
Naturhotel Moosmair, Sand in Taufers 184
Naturhotel Waldklause, Längenfeld 177

Palazzo Mysanus, Samedan 22
Palazzo Salis, Soglio 30
Parkhotel Bellevue, Adelboden 76
Pension am Bodensee, Kressbronn 58
Pension Briol, Barbian Dreikirchen 183
Pensione Ca'Serafina, Lodano/Valle Maggia 137
Pergola Residence, Algund bei Meran 196
Piz Linard, Lavin 14
Piz Tschütta, Vnà 9
Poggio ai Santi, San Vincenzo 232
POHO Post Hotel Weggis, Weggis 66
Porto Roca, Monterosso al Mare 222
Post, Bezau 167

Quellenhof, Leutasch 178

Relais Castello San Giuseppe, Chiaverano 211
Relais dei Poderi, Dogliani 215
Relais Sant'Elena, Bibbona 231
Relais Villa Belpoggio, Loro Ciuffenna 230
Reppert, Hinterzarten 148
Residenz am See, Meersburg 56
Riposo, Ascona 101
Riva, Konstanz 52
Romantikhotel de l'Ours, Sugiez 92
Romantikhotel Krone, Gottlieben 51

Romantikhotel Turm, Völs am
 Schlern 190

San Martino, Porto Ronco 129
Schlossgut Oberambach,
 Münsing 154
Schloss Salavaux, Salavaux 93
Schloss Wartegg,
 Rorschacherberg 61
Schönegg, Wengen 79
See & Park Hotel Feldbach,
 Steckborn 50
Seehalde, Uhldingen-Mühlhofen 55
Seehof, Immenstaad
 am Bodensee 57
Seehotel Sonne, Küsnacht
 am Zürichsee 43
Seiser Alm Urthaler, Seiser Alm 192
Silvana, Zermatt 123
Sonne Lifestyle Resort, Mellau 170
Sonnmatten, Zermatt 125
Spielweg, Münstertal 146
Stazione della Posta, La Rösa/
 Valposchiavo 27
Stella d'Italia, San Mamete
 Valsolda 200

Tenuta di Ricavo, Castellina
 in Chianti 228
Treschers Schwarzwaldhotel am See,
 Titisee 147
Twannberg, Lamboing 89

Ucliva, Waltensburg/Vuorz 37
Uto Kulm, Üetliberg, Zürich 45

Victoria, Glion sur Montreux 102
Villa Barleben am See, Konstanz 54
Villa Beccaris, Monforte d'Alba 217
Villa Bordoni, Greve in Chianti 226
Villa Carita, La Morra 216
Villa Carona, Carona 140
Villa Cécile, Yvoire 111
Villa Dievole, Vagliagli, Castelnuovo
 Berardenga 229
Villa Flor, S-chanf 17
Villa Giulia, Gargnano 207
Villa Il Poggiale, San Casciano
 Val di Pesa 224
Villa Le Barone, Panzano
 in Chianti 225
Villa Lindenegg, Biel 88
Villa Louise, Aloxe-Corton 255
Villa Rosmarino, Camogli 220
Villa Sostaga, Gargnano 208
Villino, Lindau 59

Waldhotel Doldenhorn,
 Kandersteg 78
Wellness Hotel Rössli, Weggis 67

Zum Schiff, Mammern 49